Mártires de Inglaterra

SANTIAGO MATA

Mártires de Inglaterra

La persecución a los católicos en Gran Bretaña e Irlanda en los siglos XVI y XVII

ENSAYO

SEKOTIA

SEKOTIA
www.sekotia.com
@sekotia

Nihil Obstat Quominus Imprimatur
Francisco Armenteros Montiel
Canciller-Secretario general
23 de septiembre de 2024
San Pío de Pietrelcina.

Imprimatur
Obispado de Getafe
Mons. José María Avendaño Perea
Obispo Auxiliar y Vicario General
Getafe, 1 de octubre de 2024
Santa Teresa del Niño Jesús y de la Santa Faz.

Primera edición: enero de 2025

Sekotia • Colección Biblioteca de historia
Editor: Humberto Pérez-Tomé Román
Corrección y maquetación: Helena Montané

info@almuzaralibros.com
Parque Logístico de Córdoba. Ctra. Palma del Río, km 4
C/8, Nave L2, nº 3. 14005 - Córdoba

Imprime: Romanyà Valls
ISBN: 978-84-19979-48-3
Depósito legal: CO-1883-2024
Hecho e impreso en España-*Made and printed in Spain*

ÍNDICE

INTRODUCCIÓN 11

ENRIQUE VIII, DE DEFENSOR A PERSEGUIDOR 13

MÁRTIRES DE 1535 Y AVANCE DEL LUTERANISMO 60

EDUARDO VI Y LA RUPTURA DE LA SUCESIÓN 98

MARÍA TUDOR 105

ISABEL I 110

JACOBO I Y EL COMPLOT DE LA PÓLVORA 228

CARLOS I Y LA GUERRA CIVIL 252

CARLOS II, EL COMPLOT DE OATES Y LA REVOLUCIÓN 277

MÁRTIRES EN LA FLORIDA ESPAÑOLA 293

CONCLUSIONES 301

BEATIFICACIONES Y CANONIZACIONES 312

BIBLIOGRAFÍA 315

ÍNDICE ONOMÁSTICO 325

Irlanda, Gales, Inglaterra, Escocia y Flandes (S. XVI y XVII)

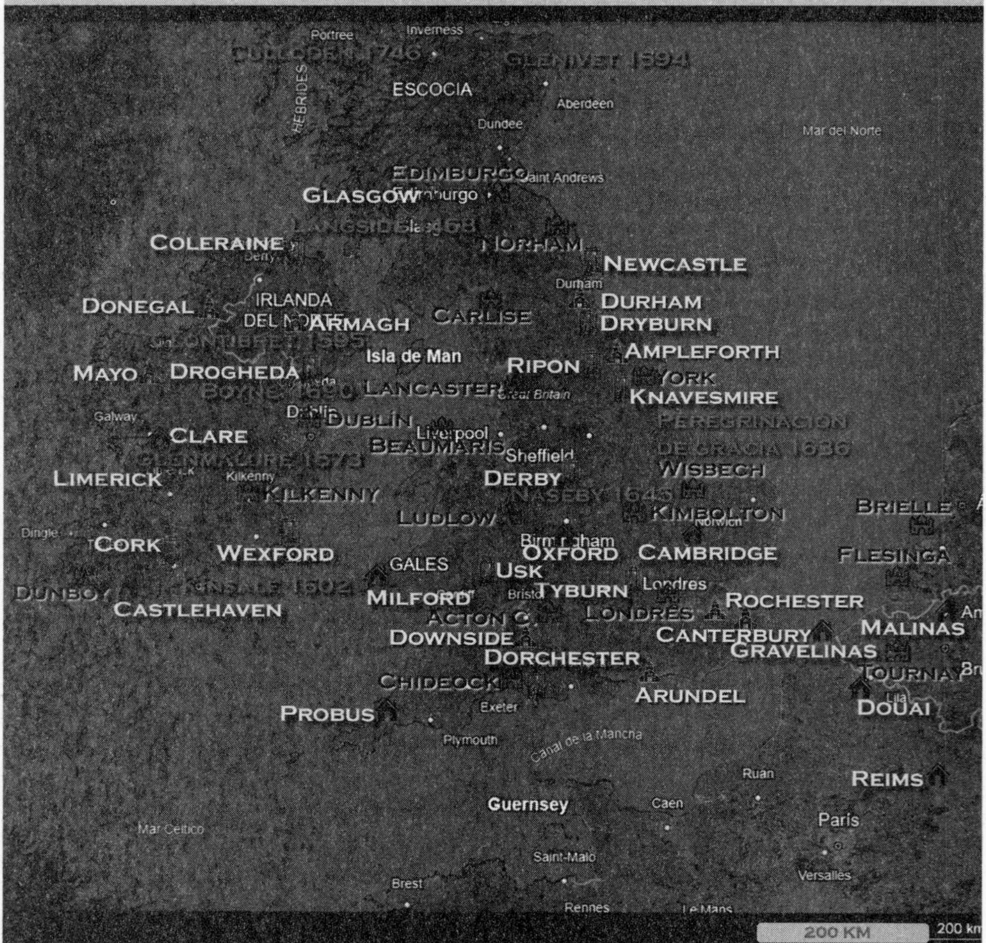

Templos Castillos

Ciudades

Patíbulos Batallas

Escala y leyenda

Londres en los siglos XVI y XVII

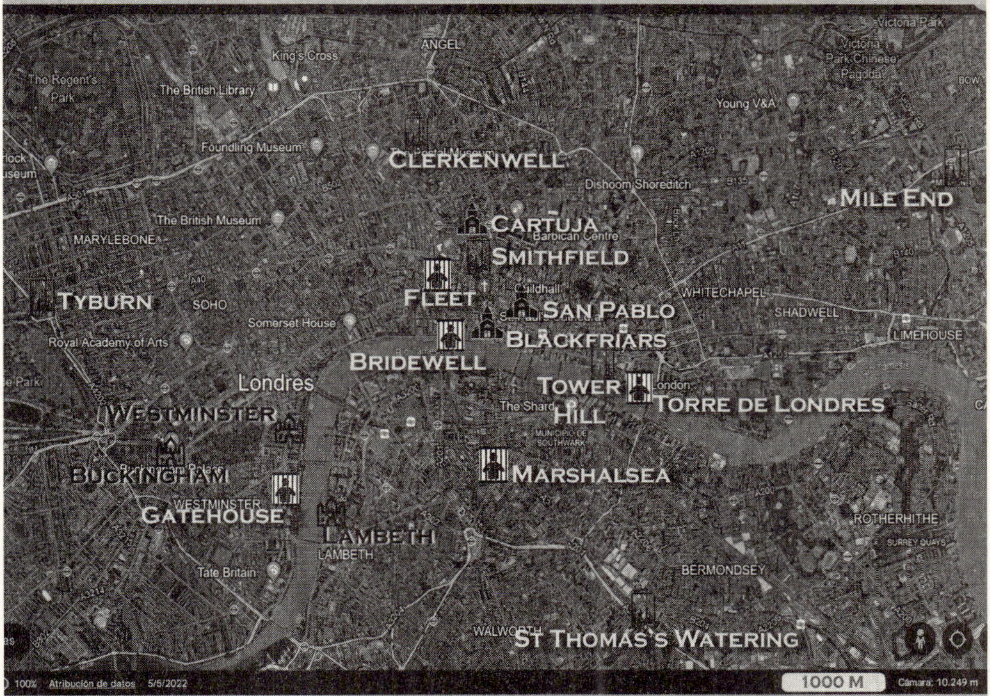

Templos

Prisiones

Palacios

Patíbulos

Escala y leyenda

INTRODUCCIÓN

En 1533, el rey de Inglaterra, Enrique VIII, decidió erigirse en autoridad suprema de la Iglesia en su país. Parecía una variante más de la negación de la autoridad papal, desatada a partir de 1517 por Lutero en Alemania. Para algunos —incluso para el propio Enrique VIII— podría parecer simplemente como un arrebato de ira para lograr una pretensión muy concreta: la de poderse casar con una mujer a la que ha dejado embarazada y a la que ha prometido que va a ser reina… y justificar a continuación la declaración de nulidad de su anterior matrimonio.

El paso dado por Enrique VIII fue al mismo tiempo novedoso y burdo: novedoso porque nadie hasta entonces —ni siquiera los césares del Imperio romano de Oriente— se había atrevido a asumir el poder del Papa, recurriendo a métodos de manipulación más sofisticados. Burdo porque, bajo apariencias de madurez e independencia frente a un poder extranjero, lo que hizo Enrique VIII —o al menos así lo afirmaron las leyes que él impuso— fue someter cualquier aspecto espiritual —por muy doctrinal, individual o teórico que se supusiera— de la vida a las decisiones del poder político.

Lo que se ha dado en llamar Reforma inglesa, concurriendo en paralelo con el protestantismo y enfrentándose al catolicismo en otros países o en el suyo propio, no pretendía reconocer la supremacía de la fe o de la Escritura, ni tampoco negar el individualismo y reafirmar una autoridad espiritual, pero distinta a la del Papa: era una pura negación de la existencia de un aspecto espiritual de la vida en el que no pueda ordenar y mandar la autoridad civil, y en concreto una sola: la del rey de Inglaterra.

Los reyes de Inglaterra desencadenaron persecuciones contra quienes afirmaban que existía un ámbito de espiritualidad en el que el poder político no tiene la última palabra. Entre quienes sufrieron persecución por ese motivo, se contaron durante casi tres siglos los católicos. En Inglaterra, pero también en Gales, Escocia, Irlanda y en América.

La Reforma inglesa, por su nombre, parecía asimilarse al protestantismo. Sin embargo, logró dar sensación de continuidad porque afirmaba seguir con lo que siempre se había vivido en la cristiandad inglesa. ¿Por qué motivos se convencieron muchos ingleses de que, en efecto, el cristianismo en su isla nunca había dependido de influencias extranjeras? ¿Y por qué hubo quienes aceptaron morir antes que romper la comunión con esos extranjeros?

ENRIQUE VIII, DE DEFENSOR A PERSEGUIDOR

Al comienzo de la cuarta parte del documental titulado *La mente del tirano*, David Starkey presenta un rollo de oraciones donde el joven príncipe y futuro rey Enrique VIII había escrito un mensaje a un amigo, pidiéndole que rezara por él. Ese papiro ilustrado con imágenes sería prueba de que, en su juventud, Enrique tuvo una devoción real a la Eucaristía, la Pasión y las llagas de Cristo.

Pero una cosa es la devoción y otra la política, en cuyo protagonismo Enrique VIII se estrenará en 1509 al ocultar, durante dos días, la muerte de su padre Enrique VII, para lograr la primera transición sin sangre en casi un siglo: desde Enrique V, que reinó entre 1413 y 1422.

Y si había violencia en las transiciones políticas en Inglaterra desde un siglo atrás, no menos violento fue el siglo anterior, en el que el país vivió envuelto en una gran guerra en Francia: la de los Cien Años (1337-1453), que Enrique V creyó ganar en la Batalla de Agincourt en 1415, aunque la lucha continuó bajo sus sucesores, abocando a la derrota de Inglaterra.

Apenas dos años después de terminar esa guerra con la pérdida de Francia —tras la Batalla de Castillon en 1453 solo les quedó a los ingleses durante unas décadas más la ciudad costera de Calais—, estalló la violencia en Inglaterra, con la Guerra de las Dos Rosas (1455-

1487), en la que se disputaron el trono inglés las casas de Lancaster (la rosa roja) y de York (la rosa blanca). La guerra llegó a su fin en 1485, al derrotar Enrique VII a Ricardo III en la Batalla de Bosworth.

Así comenzó la dinastía Tudor. Aunque Enrique VII acaudillaba el bando de Lancaster, del que procedía por parte de su madre, Margarita Beaufort, tras la batalla se casó con Isabel de York, para unir así al menos en teoría a ambos bandos bajo la nueva dinastía.

Pasados dos años, en 1487, aparece la primera conspiración de la casa de York contra Enrique VII, cuando un tal Lambert Simnel se hizo pasar por el conde de Warwick, Eduardo Plantagenet, aspirante al trono por la casa de York. Lo respaldaron varios nobles, hasta su derrota el 16 de junio en la batalla de Stoke, 20 km al noreste de Nottingham.

El auténtico Eduardo Plantagenet estaba confinado en la Torre de Londres, pero el impostor Simnel se ganó, por medio de un sacerdote llamado Richard Symonds, el favor del conde de Lincoln, quien huyó de la corte el 19 de marzo de 1487 y reclutó 2000 mercenarios alemanes y suizos.

En Malinas (Bélgica) se le unieron los líderes yorkistas y navegaron a Irlanda, donde la causa de York era popular, llegando a Dublín el 4 de mayo. Irlanda había sido teóricamente anexionada entre 1169 y 1171, cuando Enrique II envió allí a los normandos, descendientes de los guerreros con los que su bisabuelo Guillermo había conquistado Inglaterra y Gales, para apoyar a un rey local. Pero esa isla no sería efectivamente gobernada por los ingleses hasta que Enrique VIII estableciera en 1520 el Consejo de Irlanda.

Los yorkistas reclutaron a 4500 mercenarios y coronaron en Dublín a Simnel como rey Eduardo VI el 24 de mayo. Desembarcaron en Inglaterra el 4 de junio al norte de Lancaster, avanzando 320 km en cinco días para acampar con 8000 soldados en Bramham, 20 km al suroeste de York. El 10 de junio, en un ataque nocturno sorpresa, derrotaron a 400 soldados del rey Tudor en Tadcaster.

El ejército real, en Nottingham, consiguió superarles en número. Al cruzar los yorkistas el río Trent, fueron acorralados en una cima cerca del actual aeródromo de la RAF en Syerston. Los arqueros de

Oxford derrotaron a los irlandeses, que no tenían chalecos protectores. Los principales yorkistas murieron y Enrique VII perdonó a Simnel, empleándole en la cocina real y luego como cetrero. Los nobles irlandeses fueron indultados, pero el rey convenció al Papa para excomulgar al clero irlandés por apoyar a los rebeldes.

El segundo hijo y homónimo de Enrique VII, nacido el 28 de junio de 1491, estaba desde el verano de 1503 —cuando contaba solo 12 años— prometido con Catalina de Aragón, hija de los Reyes Católicos y viuda de su hermano Arturo, muerto un año antes.

Tres años después, contando 15 de edad, el futuro Enrique VIII se aficionó a las justas caballerescas al refugiarse en Weymouth —13 km al sur de Dorchester y 100 al norte de las más septentrionales islas del Canal de la Mancha (Alderney e islas Burhou)—, tras ser desviada por una tormenta, la flota de Felipe el Hermoso que iba camino de Castilla (de la que era rey consorte de Juana), donde moriría pasado apenas un mes tras resfriarse jugando a la pelota en Burgos.

En aquellos torneos organizados por el duque de Borgoña y fugaz rey consorte de Castilla, Enrique entabló amistad con los nobles de la casa de York que practicaban ese deporte y se consideraban víctimas de la opresión fiscal de su padre, el rey Enrique VII.

Al morir este en 1509, en lugar de ser víctima de la conspiración yorkista, Enrique VIII más bien la apadrinó, siempre según Starkey, al ocultar durante 48 horas la muerte del monarca y emplear ese tiempo para arrestar a los miembros del consejo privado del rey, acusándoles de terrorismo fiscal. De esa forma el joven rey se ganó al pueblo y la nobleza, al encontrar a quién acusar de los abusos de su padre y presentarse como liberador.

En concreto, Enrique VIII detuvo a Richard Empson y Edmund Dudley, conocidos por su dureza como recaudadores de impuestos para administrar el reino, acusándolos de corrupción, abuso de poder y extorsión.

En 1494, Enrique VII había nombrado a Empson, que estudió leyes en el Colegio de San Juan de Cambridge y era abogado, como uno de los dos principales consejeros financieros del reino, junto con Edmund Dudley, que había estudiado derecho en Oxford y Grey's

Inn. Juntos, Empson y Dudley se ganaron una reputación por su rigurosa recaudación de ingresos y su aplicación estricta de las leyes financieras. Establecieron un sistema de control y supervisión de las finanzas reales para asegurarse de que los ingresos fiscales se recolectaran de manera efectiva y se evitaran pérdidas.

Richard Empson y Edmund Dudley fueron juzgados, encontrados culpables y ejecutados en 1510. A pesar de sus métodos impopulares, Empson había logrado estabilizar las finanzas del reino después de décadas de conflicto y turbulencia. Por su parte, Dudley jugó un papel diplomático para consolidar la dinastía Tudor, participando en 1501 en las negociaciones posteriores al tratado de Ayton entre Inglaterra y Escocia, así como realizando otras misiones oficiales en nombre del rey.

El Tratado de Ayton, firmado en 1497 en ese pueblo del sureste de Escocia, cerca de la frontera con Inglaterra, fue auspiciado por los Países Bajos durante el reinado de Enrique VII de Inglaterra y Jacobo IV de Escocia para establecer una breve tregua en las hostilidades entre los dos reinos. Contenía disposiciones matrimoniales que tendrían un impacto duradero en la relación entre Inglaterra y Escocia.

Se acordó que Jacobo IV de Escocia se casaría con Margarita Tudor, la hija mayor de Enrique VII de Inglaterra, lo que sucedió en 1503. Ambos tuvieron un hijo, Jacobo V, cuya hija María sería también reina de Escocia. Esta casó con Henry Stuart (Lord Darnley) y tuvieron un hijo, Jacobo (1567-1625), que al abdicar su madre María I se convertiría en 1567, con menos de un año de edad, en Jacobo VI de Escocia, y que tras la muerte de Isabel I se convertiría en Jacobo I de Inglaterra e Irlanda.

Volviendo al reinado de Enrique VII, la impresión positiva que causó se refleja en una carta a Erasmo de Rotterdam escrita por William Blount, cuarto barón de Mountjoy, quien había sido tutor del monarca en su niñez y que afirmaba:

> *Nuestro rey no desea oro ni gemas, ni metales preciosos, sino virtud, gloria e inmortalidad.*

MATRIMONIOS, REGLAS Y AUTORIDAD

La segunda representación permanente de Castilla y León en el extranjero, tras la de la Santa Sede, fue la de Inglaterra con sede en Londres a partir de 1489. Los orígenes de la misma se remontan, en 1487, a la misión conferida a Rodrigo González de la Puebla, Juan de Sepúlveda y Diego de Guevara para tratar el matrimonio de la Infanta Catalina de Aragón, hija de los Reyes Católicos nacida en Alcalá de Henares el 16 de diciembre de 1485, con el príncipe de Gales, Arturo.

Isabel I de Castilla quería mantener la alianza con Inglaterra y propuso que Catalina se casara con el hermano menor de Arturo, Enrique. González de Puebla continuó representando a sus soberanos en Londres hasta 1508, recibiendo el título de «embajador residente».

Con Carlos V y Felipe II se mantendrá la representación diplomática en Londres hasta la ruptura de relaciones bilaterales entre los años 1584 y 1603. Después, se romperían de nuevo desde el estallido de la Guerra de Sucesión española en 1700, hasta la firma del tratado de Utrecht en 1715.

Arturo y Catalina tenían 15 y 16 años al casarse. Sobre lo que pasó aquella noche del 14 de noviembre de 1501 los testigos no hablarían hasta pasado un cuarto de siglo. Según Tracy Borman, entre los que afirmaron que el matrimonio nunca se consumó —es decir, que no mantuvieron relaciones sexuales— estaría Catalina, que declaró que entre ella y su marido no hubo más que castos abrazos.

Entre los que no tenían duda de que se consumó se cuenta el cronista Edward Hall, quien, como anota Borman, escribía en la década de 1540, cuando era obligado expresar esa opinión. El médico de Catalina, doctor Alcaraz, testificó en cambio que Arturo «carecía de la fuerza necesaria para conocer a una mujer, como si fuera un frío pedazo de piedra, porque estaba en los estadios finales de la tisis» (cap. 2, nota 31, del libro de Borman).

Borman supone que tanto Arturo como Catalina cayeron enfermos de gripe al regresar al castillo de Ludlow, sede del Príncipe de Gales (casi 60 km al oeste de Birmingham). La salud de Arturo se agravó, según Borman por añadírsele posiblemente tuberculosis, muriendo el 2 de abril de 1502.

La princesa viuda fue llevada a Londres e, inmediatamente, las sirvientas femeninas del ahora príncipe Enrique, de apenas 10 años, fueron sustituidas por varones al mando del ambicioso consejero *sir* Henry Marney, quien partiendo del cargo de caballero de la Orden del Baño que recibió en 1503, ascendería con el nuevo monarca Enrique VIII hasta el de Lord Gran Canciller de Inglaterra en 1523, año en que falleció.

En febrero de 1503 falleció la suegra de Catalina de Aragón, la reina Isabel, junto a la niña a la que acababa de dar a luz, a la que habían llamado Catalina. Su marido, el rey Enrique VII, de 46 años, apenas dos meses después estaba pensando en casarse, nada menos que con la viuda de su hijo.

Isabel la Católica escribió horrorizada al rey inglés en abril, lamentando que pensara «en una cosa muy mala, nunca antes vista, que ofende a los oídos», y pidiendo que le devolviera a su hija. Pero, al margen de lo que apeteciera a Catalina, Enrique VII deseaba también la dote de 200.000 escudos de oro aportada por los Reyes Católicos, una parte de la cual se la quedaría Catalina si se marchaba de Inglaterra.

Quizá consciente de la improbabilidad de que se le devolviera a su hija, Isabel la Católica propuso como novia alternativa para el rey Enrique VII a la hermana menor de su marido Fernando el Católico: la reina Juana de Nápoles (de Aragón), de 26 años, que llevaba viuda desde los 17, tras haber estado casada también solo durante unos meses con su primo Fernando II de Nápoles.

Aunque Enrique VII envió embajadores para examinar a la candidata, por razones políticas terminó por dar prioridad a Margarita de Saboya, hija del emperador Maximiliano I, de edad similar, pero dos veces viuda y que había jurado no volver a casarse.

Al final, sus propias enfermedades llevaron a Enrique VII, por una parte, a desistir del matrimonio y a proponer a su hijo Enrique que se casara con Catalina. El rey llamó a su hijo y, en presencia de Nicholas Fox, experto en derecho canónico, explicó a Enrique que ya «había acordado con el rey de Aragón que debes casarte con Catalina, la viuda de tu hermano, para que la paz entre nosotros pueda continuar», pero pidiendo su aquiescencia. El príncipe asintió.

En verano de 1503 se firmó un compromiso matrimonial cuyo original se conserva en el Archivo de Simancas (Valladolid). Antes de que Catalina cumpliera 20 meses de viudedad, el 26 de diciembre de 1503, el papa Julio II emitió una dispensa autorizando el matrimonio del nuevo Príncipe de Gales, Enrique —de 12 años—, y Catalina, a pesar de que esta hubiera estado casada con el difunto príncipe Arturo, «y de que quizá ese matrimonio se hubiera consumado».

El parentesco de afinidad dejó de ser un impedimento para la validez del Matrimonio al reformarse el Derecho Canónico con el Canon 3 de la Sesión XXIV del Concilio de Trento (1563), que requería una evaluación caso por caso. Pasaron casi cinco años y medio entre la dispensa papal y el 11 de junio de 1509 en que Catalina se casó con Enrique, que desde el 21 de abril anterior era ya rey con el ordinal de octavo.

Tras la muerte de Isabel la Católica en 1504, el rey Enrique VII había dejado de considerar valioso el matrimonio de su heredero con Catalina, y le sugirió romper el compromiso a espaldas de la novia. Catalina vivió durante años en un limbo diplomático, del que sería muestra la carta escrita por Enrique VII —firmando como «rey de Inglaterra y de Francia, y señor de Irlanda»— a Fernando el Católico el 12 de abril de 1507 criticando la prórroga del pago de la dote de Catalina (Archivo General de Simancas, PTR,LEG, 54, 61).

Se diría que estas dudas solo eran del rey Enrique VII o que si su hijo las compartía desaparecieron al morir el rey, ya que la boda entre el heredero y Catalina se realizó en privado días antes de la coronación real de ambos. Para Starkey, la carta con que Enrique VIII explicó su matrimonio a Fernando el Católico ilustra que el cambio tuvo un motivo personal, y que este fue el amor:

> *Respecto a todo ese amor que tenemos a nuestra serenísima reina consorte, día tras día, por sus inestimables virtudes que cada vez*

brillan, florecen y aumentan más, es tal que, incluso si todavía fuéramos libres, la elegiríamos a ella antes que a cualquier otra.

El propio Enrique VIII ilustró su locura de amor por Catalina con escenas como la de irrumpir en la cámara de la reina vestido de Robbin Hood junto con sus amigos, o disfrazándose de turco, cimitarra incluida. Eso, aparte de dedicar tiempo a la caza, baile, música y poesía, como aquella en la que aseguraba que nunca se dejaría gobernar por la juventud, pese a las apariencias, sino por la verdad con la que se había casado.

LA GUERRA CONTRA FRANCIA Y EL ASCENSO DE WOLSEY

Todavía en 1509, una Venecia amenazada por Francia, proponía a su embajador en Inglaterra usar de todas sus artes para tentar a la vanidad de Enrique VIII y lograr que declarara la guerra a Francia. Pero el monarca no necesitó ser incitado, ya que al agradecerle el embajador francés una misiva de paz recibida por el rey de Francia, el inglés se airó, preguntando quién había escrito esa carta.

El bando pacifista era el del Consejo real inglés, dirigido por clérigos como el obispo Fox y el arzobispo Warham. Este era también lord canciller y predicó en el Parlamento un sermón sobre la paz. Una visión muy contraria a la de los jóvenes amigos del rey, aficionados a los torneos y deseosos de entrar en combate.

A medio camino entre los pacifistas y los jóvenes estaba el clérigo Tomás Wolsey, aficionado a los juegos como el que más, pero buen maestro. En 1511, advirtió a los pacifistas que uno de los amigos del rey, Edward Howard, le incitaba a la guerra contra Escocia. Lo grave, sin embargo, era que «la guerra era algo que el propio rey quería, y apasionadamente», según afirma Starkey en el segundo capítulo de su documental. Y, lo que decidió Wolsey no fue frenar al rey, sino liberarlo de la presión del Consejo. Para ello, se apoyó en el Papa.

Efectivamente, el papa León X pidió a Enrique entrar en la liga contra Luis XII, apoyando la petición con exquisitos regalos culinarios y una rosa de oro. En respuesta, el 29 de junio de 1513 Enrique embarcó en Dover, dejando como regente a Catalina, que según Starkey no era menos belicista que su marido, y respondió a los intentos de invasión de los escoceses con la victoria de Flodden el 9 de septiembre, llevada a cabo por el conde de Surrey, en la que murió Jacobo IV de Escocia (y Catalina envió a su marido un trozo de la casaca del rey difunto), por lo que fue más sonada que la de Enrique VIII al capturar la ciudad francesa de Thérouanne, en la llamada Guerra de la Liga de Cambrai.

La complacencia de Enrique VIII fue tal que llegó a decir: «Si yo lo decido, Luis XII cruzará los Alpes, si yo lo decido, no los cruzará», lo cual, según Starkey, equivalía a rivalizar en orgullo con sus predecesores reyes-guerreros medievales Enrique V y Eduardo III. Incluso pretendió sentar en Tournay las bases de un nuevo imperio continental inglés, aunque hoy solo quede una torre que lleva su nombre en esa ciudad hoy belga, de la que dijo: «Tournay será inglesa para siempre».

La guerra erosionó el prestigio del papa y del propio rey inglés, al menos para el erudito Erasmo de Rotterdam, por entonces residente en Oxford, quien en una carta a Tomás Moro se lamentó de tener que beber cerveza en lugar del excelente vino francés, cuyo suministro impedía la guerra. En la sátira *Julius exclusus*, que escribió en 1514 (si bien la autoría es discutida), imaginaba a San Pedro criticando al papa Julio II por dedicarse a guerras y política en vez de seguir el ejemplo de Cristo.

En todo caso, la pretensión de Enrique VIII era vana, ya que carecía de dinero para continuar la guerra y no pudo impedir que, a la muerte de Luis XII, su hijo Francisco I se lanzara de nuevo a la conquista de Italia. Starkey comenta el cambio asegurando que, cuando el camino a seguir no estaba claro para Enrique VIII, «tendía a perder interés, habida cuenta la cantidad de cosas que podía hacer, como caza, torneos y juergas, en todas las cuales era muy bueno», lo que, a pesar de su inteligencia y habilidad, convertía al monarca «en algo parecido a una mariposa», que dejaba los asuntos al cardenal de York.

Este no era otro que Tomás Wolsey, cuya arrogancia en el desempeño de ese cargo, unido al de canciller, escandalizó al representante enviado en 1518 a Inglaterra por el papa León X, cardenal Lorenzo Campeggio. En opinión del embajador veneciano, Andrea Badoer, Wolsey manipulaba hasta tal punto al rey que pasó de decir «El rey lo hará», a decir «Lo haremos» y finalmente «Lo haré».

Para Starkey, no obstante, Wolsey nunca olvidó que su poder dependía de que diera al rey fama y gloria, para lo cual la guerra era demasiado cara, así que tuvo que buscar la forma de hacerlo con medios pacíficos. De hecho, lo convertiría en el gran pacificador, y con ese fin marchó a la conferencia organizada en una ciudad artificial montada del 7 al 24 de junio de 1520 a las afueras de Calais, para firmar una Paz Perpetua con Francisco I: un espectáculo al que se denominó *The Field of Cloth of Gold*, el Campo del Paño de Oro.

Al mismo tiempo, la importancia de Enrique VIII crecía para el nuevo emperador (desde el 28 de junio de 1519) Carlos V, al que garantizaba la apertura del Canal de la Mancha como vía para comunicar sus posesiones germanas y flamencas con las españolas, a las que había llegado en 1517, pero de las que marchó para ocuparse de su elección imperial, dando lugar en Castilla a partir de abril de 1520 a la rebelión conocida como Guerra de las Comunidades, que fueron derrotadas en Villalar (Valladolid) el 23 de abril de 1521.

Mientras tanto, en Inglaterra, tras once años de reinado, reaparecieron las nubes conspiracionistas con la que en 1520 se llamó la Conspiración del Cardenal. Involucró a Edward Stafford, tercer duque de Buckingham, descendiente de Eduardo III de Inglaterra, pero que tenía también vínculos con la Casa de York.

Se especulaba con que el duque de Buckingham buscaba reclamar el trono para sí mismo, basándose en su conexión con la Casa de Plantagenet. Algunos conspiradores informaron al rey sobre las actividades de Buckingham, que fue arrestado bajo cargos de traición. Se le acusaba también de tener reliquias (camisones) del mártir Tomás Becket (arzobispo de Canterbury martirizado en 1170 bajo la acusación de «traidor al rey y a la patria» por excomulgar al rey Enrique II) que le habrían dado legitimidad en caso de derrocar al rey, por eso se llamó a este complot también la conspiración de los camisones.

Aunque él negó los cargos en su contra, los 20 nobles (sobre un total de 50) encargados de juzgarle en mayo de 1521 lo declararon culpable de alta traición ante las evidencias presentadas, aunque hay que tener en cuenta que no tenían por qué ser fácticas, ya que los nobles preguntaron al presidente del tribunal del rey, John Fineux, si bastaban las palabras como cargo de alta traición, a lo que, según cita Gwyn (p. 162), contestó que sí. Enrique VIII firmó la orden de ejecución y Edward Stafford fue ejecutado en la Torre de Londres el 17 de mayo.

Los acusadores principales de Buckingham fueron Robert Gilbert, que fue su canciller durante dos décadas, John Dellacourt, su capellán y confesor, y Charles Knivet, pariente del duque. Ante la presunción de que un tribunal de nobles siempre se inclinaría a condenar a alguien acusado de alta traición, Gwyn cita (p. 163) el contraejemplo de William Lord Dacre, que fue absuelto en 1534.

No se encontraba entre los acusadores Tomás Moro, que había estudiado en Oxford entre 1499 y 1501, siendo desde 1504 miembro del Parlamento. Ya era amigo de Enrique cuando este ascendió al trono —momento en que escribió un poema en latín en que lo comparaba con el Mesías— y en 1516 dedicó al monarca su obra *Utopía*. Dos años después, viajó como embajador real a los Países Bajos y en 1529 el rey lo designó Lord Canciller.

En 1521, el Papa León X otorgó a Enrique VIII el título de «Defensor de la Fe», por rebatir en su obra *Assertio Septem Sacramentorum* («Defensa de los siete sacramentos») los argumentos manifestados desde 1517 por el reformador alemán Martín Lutero. En particular, Enrique VIII defendió la autoridad papal como superior a la autoridad de los reyes.

En este punto, Moro habría advertido al rey que su defensa de la autoridad papal suponía renunciar a los límites que a la misma había puesto el llamado Estatuto de *Praemunire*, aprobado por el Parlamento inglés en 1392. Según lo que su yerno Roper transcribió (p. 65-66), en su primer interrogatorio en la Torre de Londres en 1535, Moro negó haber influido en las ideas que Enrique VIII expresó en ese libro:

> *Yo solo era un clasificador y colocador de los principales asuntos allí contenidos. Por lo cual, cuando encontré la autoridad del Papa muy avanzada, y con fuertes argumentos poderosamente defendidos, dije a Su Excelencia: Una cosa debo recordar a vuestra alteza, y es esta. El Papa, como Su Excelencia sabe, es un príncipe como usted, y está aliado con todos los demás príncipes cristianos: en el futuro puede ocurrir que Su Excelencia y él varíen en algunos puntos de la liga, con lo cual puede surgir una ruptura de amistad y guerra entre ambos: creo, por lo tanto, que es mejor modificar ese lugar y tocar su autoridad de manera más sutil. «No, dijo Su Excelencia, no será así: estamos tan vinculados a la sede de Roma que nunca podemos honrarla demasiado». Luego le recordé además el Estatuto de Praemunire, por el que se suprimió una buena parte de la atención pastoral del Papa aquí. A lo que respondió Su Alteza que, frente a cualquier impedimento en contrario, expondremos esa autoridad al máximo, porque recibimos de esa sede nuestra corona imperial; algo de lo que nunca había oído hablar antes hasta que Su Excelencia me lo dijo con su propia boca.*

De forma genérica, el Estatuto de *Praemunire* afirmaba que la autoridad del rey está por encima de la del Papa. En su punto 4.º, el Estatuto niega incluso el derecho de trasladar obispos sin permiso real, culminando en el 6.º con la afirmación de la supremacía real frente al Papa, considerando que reconocer la supremacía papal sería la muerte del Estado:

> *La corona de Inglaterra, que ha sido tan libre en todo momento, que no ha estado sometida a ningún poder terrenal, sino inmediatamente sujeta a Dios en todo lo que concierne a la realeza de la misma corona, y a ningún otro, se sometería al papa, y las leyes y estatutos del reino serían derrotados y anulados a su*

voluntad, en la destrucción perpetua de la soberanía de nuestro señor el Rey, su corona, su realeza y de todo su reino, que Dios proteja.

Por tanto, resulta plausible admitir que en la redacción de este libro fuera principal consejero Juan Fisher, obispo de la pequeña ciudad de Rochester (en la orilla derecha del Támesis, unos 45 km al sureste de Londres), que en 1508 había publicado una meditación titulada *Exposición de los siete salmos penitenciales.*

No en vano Duffy califica en *Santos, sacrilegio y sedición* a Fisher (p. 14) como «el más distinguido teólogo católico en la Europa de su tiempo» y (p. 133) «sin rival como el escritor más formidable e influyente contra Lutero y contra la incipiente Reforma protestante», principalmente gracias a su obra *De veritate Corporis et Sanguinis Christi in Eucharistia.* Según Duffy, Fisher influiría «enormemente en los debates del Concilio de Trento relativos a la forma en que Lutero entendía la Justificación» (p. 143).

Respecto a los siete sacramentos, el monarca inglés argumentaba que el Papa era el máximo líder de la Iglesia, investido con la autoridad divina para interpretar las Sagradas Escrituras y gobernar la Iglesia de manera suprema. Sostenía que el Papa era el sucesor de San Pedro, a quien Jesús había dado las «llaves del reino de los cielos» y la responsabilidad de guiar a la Iglesia.

Pasemos al año 1522, cuando los monarcas inglés y español firmaron, el 20 de agosto, el Tratado de Windsor, con el que, en agradecimiento por la ayuda de Enrique VIII para aplastar a los comuneros castellanos, Carlos V le prometía nada menos que el trono de Francia.

El tratado incluía el compromiso de casar a María Tudor, la hija de los reyes de Inglaterra nacida en 1516, con Carlos V; el compromiso no prosperó y Carlos V se casó en 1526 con Isabel de Portugal.

En junio y julio de 1522, en el contexto de la llamada Guerra de la Liga de Cognac, los ingleses, al mando del conde de Surrey, Tomás Howard, trataron de apoyar a Carlos V en su guerra contra Francisco I, llegando desde Calais hasta Thérouanne y avanzando hacia Agincourt, pero fueron rechazados por tropas francesas y borgoñonas, y tuvieron que retirarse.

Habida cuenta de que Carlos V prometió apoyarle en próximas campañas, Enrique VIII emprendió una nueva campaña en otoño de 1523, esta vez a las órdenes de Charles Brandon, duque de Suffolk, aprovechando la traición de Carlos, duque de Borbón, que, humillado por el rey Francisco I, ofreció sus servicios al emperador Carlos.

El avance inglés fue el más espectacular desde tiempos de Enrique V, el vencedor en 1415 de la batalla de Agincourt, que capturó Ruán en 1419, pero murió en 1422. Suffolk llegó a cruzar el Sena y tener a su alcance París, pero de nuevo encontró resistencia y se retiró.

En 1524, el emperador Carlos prometió de nuevo a Enrique que para el año siguiente le apoyaría, pero según el embajador español en Inglaterra, para entonces había en la corte inglesa un «estado de ánimo endurecido» respecto a las promesas de ayuda militar, y por el impago de préstamos.

Precisamente en 1525, cuando Enrique VIII se mantuvo inactivo, fue sorprendido por la victoria española en Pavía, en la que Francisco I cayó prisionero. El inglés mandó sus planes para aniquilar la dinastía francesa. Pero el emperador ya no tenía interés en que Inglaterra fuera una gran potencia continental, por lo que le exigió el envío de un ejército para participar en la conquista, y al no poder enviarlo Enrique VIII, se encontró con la doble humillación de ver a Francisco I restaurado en el trono y a su hija rechazada como novia de Carlos V.

Los platos los pagaría Catalina, que escribió angustiada a Carlos:

> *Estoy segura de no merecer este trato, pues mi cariño y disposición al servicio de vuestra alteza es tal que merezco mejor recompensa.*

Carlos V y Francisco I compartían no solo el interés por Italia, sino el desinterés por permitir a Enrique VIII ser el rey poderoso que ansiaba ser. Al fracaso se añadió en este momento un accidente que lastraría la salud del rey inglés de por vida.

Y, sin embargo, mientras el rey de España se atrevía a poner cerco a Roma, Enrique VIII lanzaría, en expresión de Starkey, su particular cerco que le ganaría fama inmortal, no con la espada, sino con la pluma. Pasaría a la historia como el hombre que «rehizo este mundo y el siguiente, todo por amor».

ENTRE CATALINA Y ANA BOLENA

Las dudas sobre la validez del matrimonio que Enrique VIII había contraído el 11 de junio de 1509, recién ascendido al trono, con la hija de los Reyes Católicos, se manifestaron abiertamente en 1525.

Alison Weir (p. 156) acepta la afirmación del biógrafo y sirviente de Wolsey, George Cavendish, de que ya en 1523 el rey pasó de interesarse por su concubina María Bolena, a enamorarse de su hermana Ana, según confesaría a Wolsey al ordenarle que impidiera el matrimonio que Henry Percy, heredero del condado de Northumberland, había propuesto a la menor de las Bolenas.

El padre de ambas mujeres, que ya era tesorero de la casa real desde 1522 gracias a los favores sexuales de la mayor de sus hijas, recibió en 1525, a consecuencia del éxito de la segunda, el título de vizconde de Rochford.

Igualmente da crédito Weir (p. 160) a la afirmación de George Wyatt (primer biógrafo de Ana Bolena, e hijo del poeta Tomás, enamorado de ella y futuro rebelde contra la reina María) de que, cuando en febrero de 1526 Enrique VIII hizo públicas por primera vez sus aspiraciones a que Ana fuera su concubina (bordándose un lema en la armadura que usó en un torneo), fue porque ella le había rechazado dejando claro que no aspiraba a ser concubina, sino esposa:

> *Creo que Su Majestad pronuncia estas palabras con alegría para probarme, pero sin ninguna intención de degradar su yo principesco. Para facilitarle la tarea de hacerme cualquier pregunta de*

> *este tipo en lo sucesivo, le ruego a Su Alteza que desista con todo fervor y que tome esta mi respuesta en buena parte. Prefiero perder la vida antes que mi honestidad, que será la mayor y mejor parte de la dote que tendré que llevarle a mi marido.*

Ante la respuesta del rey de que permanecería «a la espera», Bolena habría manifestado su perplejidad: «No entiendo, oh poderosísimo rey, cómo podría retener semejante esperanza, pues yo no podría ser su esposa, habida cuenta a la vez de mi propia indignidad y de que tenéis ya una reina. Y yo no seré su amante»; dejando claro respecto a Catalina: «¿Cómo podría yo ofender a una princesa tan virtuosa?».

Ana Bolena rechazó la oferta del rey de convertirla en su única amante, consciente de que podía aspirar al matrimonio. Weir supone que el rey se lo habría ofrecido a fines de 1526 o principios de 1527, cuando «en su mente era un hombre libre, tras haberse convencido de que su matrimonio no era canónico y que para el Papa sería una mera formalidad declararlo así. Ahora quería a Ana más que a nada en el mundo, salvo, quizá, a un hijo».

¿En qué se basaba Enrique VIII para considerar inválido su matrimonio con Catalina? En una supuesta prohibición bíblica de casarse con la viuda de un hermano fallecido, extraída del libro del Levítico 20,21:

> *Si un hombre se casa con la mujer de su hermano, ha profanado la relación de su hermano. Ambos serán castigados; morirán sin hijos.*

Sin embargo, esta frase se entendía referida a quienes se unen maritalmente con la esposa de un hermano vivo o de un difunto que hubiera tenido hijos, pues, de lo contrario, sería incompatible con el mandamiento, llamado ley del levirato, que obligaba a casarse con la viuda de un hermano que hubiera muerto sin descendencia, situación que sí era la que había vivido Enrique respecto a su hermano Arturo (Deuteronomio, 25, 5-10):

Si varios hermanos viven juntos y uno de ellos muere sin hijos, la mujer del difunto no tendrá que ir fuera para casarse con un extraño: su cuñado irá donde ella, la tomará por esposa y ejercerá así la ley del levirato. El primogénito que dé a luz llevará el nombre del hermano difunto, para que no sea borrado su nombre de Israel. Pero si el hermano no quiere tomar por mujer a su cuñada, suba esta a la puerta de la ciudad, donde los ancianos, y diga: «Mi cuñado rehúsa perpetuar el nombre a su hermano en Israel. No quiere ejercer el levirato conmigo». Entonces los ancianos de la ciudad le citarán para interrogarle. Si una vez que haya comparecido responde: «No quiero tomarla», su cuñada se acercará a él, a la vista de los ancianos, le quitará la sandalia de un pie, le escupirá a la cara y exclamará diciendo: «Así se hace con un hombre que no quiere edificar la casa de su hermano».

El recurso de Enrique VIII a la Biblia, al pecado y a supuestas exigencias morales de parte de Dios hacia él, no toma la Biblia como un todo coherente, sino que hace una interpretación selectiva, sacando de contexto la cita del Levítico e ignorando, en cambio, la ley del levirato presente en el Deuteronomio. Para interpretar la Biblia, contaba el Papa con más tradición y argumentos. Según Weir (p. 162), Enrique VIII tardó meses en pedir el consejo de Wolsey sobre la nulidad:

Este retraso se debió a la renuencia de Ana a comprometerse, una estratagema calculada para desterrar cualquier arrepentimiento que el rey pudiera haber tenido después de pedirle que se convirtiera en su esposa. Ella lo había convencido hábilmente para que le propusiera matrimonio; ahora lo obligaría a jugar a las adivinanzas, mientras fingía considerar si lo aceptaría.

Hasta el momento, Enrique VIII aparecía como defensor de la fe católica. En cambio, Ana Bolena, durante su educación en la corte francesa, adoptó creencias luteranas. La serie *Sangre, sexo y realeza* dirigida por James Bryce (y en la que intervienen como asesoras

Borman, Lipscomb y Mackay) afirma que era partidaria de la lectura de la Biblia en inglés y que no creía en la presencia de Cristo en el sacramento de la Eucaristía.

En cualquier caso, Bolena era enemiga del cardenal Wolsey, que había roto la relación entre la joven y el conde de Northumberland, Tomás Percy, obligando a este a casarse con otra mujer. La reina Catalina, en cambio, no fue celosa, sino que según Weir (p. 167), cuando se hizo público que el rey cortejaba a Ana Bolena, la española ordenó a sus damas tratar a Bolena «con más estima que antes, por el bien del rey».

Entre 1525 y 1527 sitúa el psiquiatra Miles F. Shore lo que Lipscomb (p. 24) llama «punto de inflexión psicológico» a partir del cual Enrique VIII tendría un cambio de conducta que le llevó a tener seis esposas, a seleccionar sus amigos y consejeros masculinos y a experimentar al menos un episodio principal de depresión.

El punto de inflexión como tal habría sido, según ese psiquiatra, una «crisis de generatividad», lo que suele llamarse la crisis de los 40 —que el rey cumpliría el 28 de junio de 1531—, en forma de «abrupta descompresión», disgusto y depresión, en contraste con las fantasías juveniles narcisistas de omnipotencia en Enrique.

Sir Arthur Salisbury MacNulty, otro doctor citado por Lipscomb (2009:25), sitúa igualmente el punto de inflexión en 1527, si bien piensa que procede de una herida que se hizo Enrique VIII en la cabeza en 1524, causante de dolores que en 1527 empeoraron. Sugiere Salisbury que a causa de esa lesión cerebral, «de ser un monarca amable y jovial, se convirtió gradualmente en un tirano irritable, desconfiado y egoísta». Un cambio de personalidad que asemeja al del personaje de la novela *El Dr. Jekyll y el Sr. Hyde*, que R. L. Stevenson escribiría 360 años después, predominando Jekyll en la primera mitad de su reinado y Hyde en la segunda.

Volviendo de las teorías a la realidad, en una carta escrita el 18 de mayo de 1527, el nuevo embajador de España en Londres, Luis Caroz de Villaragut Eslava, informaba a Carlos V de que el rey de Inglaterra había reunido el día anterior en secreto, en el palacio londinense de Wolsey, a un grupo de obispos y juristas para obligarles a declarar nulo su matrimonio, a cuenta de haber estado Catalina casada con el difunto hermano de Enrique VIII.

Wolsey se atrevió a concluir que el caso era demasiado difícil para un juicio sumarísimo. Suspendió la sesión para consultar con un experto y así impidió que se anulara el matrimonio en Inglaterra y en secreto: había que mandar el caso al Papa, por cierto sometido desde el 6 de mayo y hasta el 7 de junio al asedio del ejército del emperador Carlos V sublevado.

Aunque Clemente VII había tratado de mantener cierta neutralidad en la lucha entre Carlos V y Francisco I por el control de Italia, desde 1526 se había adherido al rey de Francia en la Liga de Cognac, junto con Venecia, Florencia y Milán, contra el emperador. Cuando las tropas mercenarias de este dejaron de recibir su paga, se la cobraron saqueando la ciudad eterna. El Papa se refugió en el Castillo de Sant'Angelo, pero Carlos V decidió no aprovecharse de la ventaja de tener al Pontífice como virtual prisionero.

Según Starkey, al enviar a Roma la cuestión del matrimonio de Enrique VIII, Wolsey provocó que la resolución del caso no dependiera del Papa, sino del vencedor de la guerra de Italia, en ese momento Carlos V, sobrino de Catalina y por tanto nada partidario de la nulidad.

Mientras tanto, en Inglaterra, el obispo de Rochester, Juan Fisher, había defendido al rey Enrique VIII en 1525 con el libro *Defensa de las afirmaciones del Rey de Inglaterra frente a la Cautividad babilónica de Lutero*; en la misma fecha en que publicaba *Defensa del Sagrado Sacerdocio frente a Lutero.*

Hatt afirma (p. 10) que cuando Enrique VIII hizo preguntar a varios obispos por su opinión sobre la posibilidad de anular su matrimonio, «creyendo que el rey estaba realmente atormentado en su conciencia, Fisher se apresuró a confirmarle que estaba seguro de que el matrimonio era válido» y que la dispensa papal era suficiente para despejar cualquier inquietud a ese respecto. El obispo llegó a escribir siete u ocho folletos al respecto, con afán de aclarar la doctrina, pero Enrique solo quería saber quién le apoyaba sin condiciones, así que suprimió los escritos de Fisher.

Una vez que el asunto se hizo público en primavera de 1527, Fisher escribió una carta en defensa del matrimonio (2 de junio), que motivó a Wolsey para visitarle en Rochester junto con el arzobispo de Canterbury —sede primada de la Iglesia en Inglaterra, 85 km al este de Londres y a poco más de 20 de la costa— el 4 de julio y pedirle que no dijera nada en contra del rey.

Duffy concreta que Fisher escribió los panfletos para probar la validez del matrimonio entre Enrique y Catalina porque «veía que la cuestión del divorcio exponía los mismos asuntos sobre la autoridad de la Iglesia acerca de los cuales había estado batallando con los luteranos» (p. 146).

Dos años más tarde, el 28 de junio de 1529, Fisher sellaría su destino al predicar, en el monasterio de los dominicos (Blackfriars Priory, a 400 metros del actual emplazamiento de la Catedral de San Pablo), que estaba dispuesto a dar su vida por defender la santidad del matrimonio. Siendo ya canciller Tomás Moro, en octubre de 1530, Fisher será arrestado por apelar a la Santa Sede en contra del Parlamento, que como instrumento para esa detención aprobó el 12 de septiembre la prohibición de obtener bulas de Roma.

Entretanto, en carta al Papa antes de que este quedara aislado por el asedio español de Roma (6 de mayo), Wolsey había presentado la cuestión como un escrúpulo de conciencia de Enrique VIII:

> *Como le he dicho, el rey, en parte por su aprendizaje y estudio asiduo, en parte por las conferencias con teólogos, ha encontrado su conciencia en cierto sentido cargada por su matrimonio actual, que considera ofensivo contra Dios y los hombres en caso de persistir.*

Sin embargo, el Vaticano obtuvo documentos que descalificaban esa teoría, como cartas privadas de Enrique a Ana Bolena que, según Starkey, probarían que el origen de la propuesta de nulidad no procedía de la conciencia del rey, sino de su amor hacia Ana, que no aceptaba el cargo oficial de amante única (*maitresse en titre*) que el rey le había ofrecido. Para dar fuerza a su apuesta, Enrique decidió suspender toda relación sexual con su amante hasta la resolución del conflicto.

La decisión de Enrique obligó a Tomás Wolsey a tratar de recuperar el caso para la Iglesia en Inglaterra, según su biógrafo contemporáneo y siervo, Cavendish. El cardenal escribió durante 12 horas cartas manuscritas para enviar a lo largo y ancho del país, dirigidas a individuos que deberían presionar a Clemente VII para que devolviera el asunto a Wolsey.

En diciembre de 1527 el Papa escapó del Castillo de Sant'Angelo disfrazado de jardinero, refugiándose en Orvieto, lo que favorecía los intereses franceses y, de rebote en este caso, por ser contrarios a Carlos V, ingleses. Clemente VII finalmente creó la comisión que debía decidir sobre el matrimonio real, pero no se la dio en exclusiva a Wolsey, sino que el que desde 1515 era al tiempo canciller de Inglaterra y cardenal compartiría el poder en la comisión con un legado papal, el cardenal Campeggio.

Este llegó el 22 de octubre de 1528 a Londres, donde lo recibió el rey. En una ceremonia pública, Enrique VIII denunció a Carlos V como enemigo común del Papa y de la cristiandad. Puesto que Campeggio parecía favorable a la causa imperial, el rey trató de sobornarle ofreciéndole el obispado de Durham, cuarto en importancia del país, un centenar de kilómetros al norte de York, según dan por cierto historiadores como G. Elton y E. Ives.

En agosto de 1529, Carlos V enviaba un nuevo embajador a Londres, el saboyano Eustace Chapuy, cuya correspondencia se conserva en Viena. Un mes después, se celebró el juicio, en el que, para Starkey, Catalina demostró ser un testigo más convincente que Enrique, y el legado ser partidario de la postura imperial, por lo que el asunto quedó sin resolver y fue devuelto a Roma.

Según Starkey, Chapuy fue el primero en enterarse del nuevo enfoque «teológico» que Enrique dio al caso. En una discusión que el embajador presenció, Enrique aseguró a Catalina que no mantenía relaciones con ella porque no era su esposo y que enviaría las pruebas a Roma, añadiendo que, si el Papa no aceptaba los argumentos y declaraba nulo su matrimonio, entonces él acusaría de herejía al Papa y se casaría con quien le pluguiera. Catalina respondió que por cada abogado y teólogo que apoyaran esa postura, ella encontraría mil que declararan su matrimonio válido e indisoluble.

Chapuy predijo que el odio de Ana Bolena haría caer a Wolsey. Y no se equivocó. En una cena a solas con el rey, ella afirmó que cualquier noble que hubiera hecho la mitad que Wolsey, habría sido ejecutado. El cardenal fue desterrado: era la primera vez que el rey se volvía contra uno de sus amigos. La primera de muchas.

El cardenal no volvió a ver al rey y murió al año siguiente. Ante William Kingston, el noble encargado de la custodia de María Tudor (la hija de Enrique y Catalina), comparó al rey al que había servido con otro cuyo nombre no mencionaba, pero que era Herodes Antipas:

> *Antes que perder su voluntad y apetito, se pondrá en peligro de perder la mitad de su reino. A menudo me he arrodillado ante él en su cámara privada por espacio de una o dos horas, para tratar de modificar su voluntad y apetito, pero nunca he logrado disuadirlo. Si usted llega a ser miembro del consejo privado, le advierto para que se informe bien sobre lo que se mete en la cabeza (del rey), ya que nunca conseguirá sacarlo de ahí.*

Quien sucedió a Wolsey como canciller fue Tomás Moro. Entretanto, la rebelión antipapista ya se había manifestado al final del juicio, cuando Charles Brandon, duque de Suffolk y amigo íntimo del rey, golpeó la mesa afirmando que nunca un cardenal había beneficiado a Inglaterra. Chapuy opinó que, si los sentimientos del duque de Suffolk ganaran terreno en el corazón del rey o el pueblo inglés, «habría una puerta abierta de par en par para que la herejía luterana se infiltrara en Inglaterra».

El rey reunió un equipo de eruditos para atacar lo que había defendido en su libro de 1521: la autoridad del Papa. El resultado fue *Collectanea Satis Copiosa,* de 1530, una especie de enciclopedia

(*Colección bastante abundante*), cuya entrada sobre el vocablo «excomunión» recopila fuentes tendenciosas, afirma Starkey, para concluir que el gobierno del Papa sobre la Iglesia de Inglaterra fue una usurpación de lo que una vez había sido «una Iglesia nacional independiente y autogobernada».

La participación de Enrique VIII en esa manipulación queda reflejada en 40 notas de su puño y letra escritas en los márgenes, que son instrucciones nada disimuladas, marcadas con una mano cuyo dedo índice señala al texto, y firmadas «Enrique octavo». El monarca terminó la lectura anotada de esa obra «convenciéndose a sí mismo de que el Papa de Roma no tenía ninguna autoridad legítima en Inglaterra, y que en cambio Enrique era, por ser rey, el líder legítimo de la Iglesia inglesa», siempre según el comentario televisivo de Starkey.

Por lo que respecta al cisma, el rey afirmaba estar «informado por hombres virtuosos y eruditos de que, a la vista de lo que es la Iglesia de Roma, no es un cisma separarse de ella y adherirse a las palabras de Dios: las vidas de Cristo y del Papa son diametralmente opuestas. Por tanto, seguir al Papa es como abandonar a Cristo». Estas palabras confirman para Starkey que «Enrique el teólogo y erudito aficionado se convenció a sí mismo; ahora correspondía a Enrique el político convencer a los demás».

LOS REFORMADORES DE CAMBRIDGE

Allan Chester, en su biografía de Latimer (1954:10) asegura que entre 1515 y 1530 Cambridge fue caldo de cultivo de «jóvenes radicales que a continuación se convirtieron en los obispos de la comunión Anglicana».

Tanto Tomás Cranmer (arzobispo de Canterbury desde el 30-3-1533) como Hugh Latimer (obispo de Worcester desde el 10-10-1535) obtuvieron su bachillerato en Artes en esa universidad en 1510. Casi coetáneos fueron Nicholas Shaxton (obispo de Salisbury desde el 11-4-1535) y Miles Coverdale (obispo de Exeter desde el 30-8-1551, quien tradujo la Biblia); algo más joven era Nicholas Ridley (obispo de Rochester desde el 1-9-1547). Matthew Parker será consagrado arzobispo de Canterbury ya en tiempos de la reina Isabel I (17-12-1559) por William Barlow (obispo de St. Asaph desde el 16-2-1536).

Otros teólogos reformistas de Cambridge destacarán en la Reforma inglesa sin ser obispos: Robert Barnes (luterano quemado como hereje en 1540), John Frith (influido por Tyndale y Lutero, quemado en junio de 1533 por negar la transubstanciación y el purgatorio), George Joye (traductor de la Biblia), Edward Crome (delegado por su universidad para apoyar el divorcio real en 1530; en 1546 fue acusado de herejía por negar que la misa fuera un sacrificio y se retractó) y Tomás Bilney (que ingresó en Trinity Hall en 1510. Sacerdote desde 1519, llevó a Latimer al protestantismo confesándose con él. Predicó el protestantismo en Norwich (algo más de 180 km al noreste de Londres), donde el obispo Richard Nix lo condenó y entregó a las autoridades civiles; fue quemado el 19 de agosto de 1531 a pesar de los intentos del obispo de Durham, Cuthbert Tunstall, por salvarlo.

Hasta 1525, todos estos personajes eran insignificantes. Ninguno había escrito un libro. Una década después, todos eran famosos, aunque no a todos les duró el éxito. Ninguno tenía conexión con el reformismo popular de los lolardos (de *loller,* que en inglés medieval significaba murmurador o mendigo), que seguían la tradición de Juan Wiclef, arraigada en Londres, las tierras medias y orientales, y posiblemente en Oxford, pero desde luego no en Cambridge.

En Cambridge, los libros de Lutero fueron comentados con avidez por el grupo en torno a Bilney, pero desde que el exmonje alemán quemó en Wittenberg el 10 de diciembre de 1520 los libros de derecho canónico y la bula *Exsurge Domine* con que el papa León X condenaba 45 tesis de Lutero, el cardenal Wolsey convocó a un grupo de profesores a Londres para juzgar los libros heréticos, que fueron quemados en Paul's Cross el 12 de mayo de 1521, predicando en esa ocasión el obispo de Rochester, Juan Fisher. Dos semanas después se imprimió el libro de Enrique VIII en defensa de los sacramentos.

Vidriera de Aidan McRae Thomson dedicada a Moro y los 40 santos mártires de Inglaterra canonizados en 1970, en la Iglesia de Nuestra Señora de los Ángeles de Nuneaton (a mitad de camino entre Birmingham y Leicester). Foto Aidan McRae Thomson

Precisamente Fisher era el canciller de Cambridge, donde según Allan Chester (1954:15) fue a la vez «el más aprehensivo» frente a los libros heréticos y al mismo tiempo «en muchos aspectos un liberal» que apoyaba a los reformadores de Oxford. Así, colocó a Erasmo como segundo titular de la cátedra de Teología que él mismo presidía; pero, según Chester, actúo frente al protestantismo siendo el principal «escritor en la sombra» del libro *Defensa de los Siete Sacramentos,* publicado en 1521 por Enrique VIII y pidiendo a Wolsey que organizara una «visitación» de la universidad de Cambridge, que el cardenal no quiso hacer.

Hugh Latimer, a quien Allan Chester define como «exitoso orador, pero no sutil teólogo» (1954: p. 16), predicó hasta 1524 con entusiasmo contra los luteranos y obtuvo permiso para predicar en todo el reino. El cambio súbito, que él llamaba conversión, ocurrió al defender su bachillerato en Teología, atacando al reformador alemán Felipe Melanchton.

Tomás Bilney escuchó los argumentos de Latimer. Visto su entusiasmo, pensó que no podía rebatirle en público, así que le pidió que le confesara, lo que el propio Latimer relató así en su primer sermón sobre el Padrenuestro:

> *Por su confesión aprendí más que antes en muchos años. Así que a partir de ese momento comencé a oler la palabra de Dios, y dejé a los doctores de la escuela y esas tonterías.*

Chester (p. 19) resalta de la psicología religiosa de Latimer sus escrúpulos y su «necesidad de certeza», que, como en los casos de Lutero y Bilney, «no se veía satisfecha con el sistema de los sacramentos», y al que, en cambio, «la versión luterana de la justificación le proporcionaría la seguridad que necesitaba».

Todavía dentro de 1524 influyó Latimer a favor de personalidades próximas al protestantismo en Cambridge. El 25 de junio murió Tomás Lovell, que en 1488 había fundado el College de San Juan con el rey Enrique VII. Para sucederle en el cargo de gran mayordomo de Cambridge se presentó Tomás Moro, pero Latimer propuso a Richard Wingfield, canciller del duque de Lancaster. No obstante, Wingfield murió en 1525 y la universidad ofreció el cargo a Moro.

En junio de 1526 fueron arrestados Robert Barnes y otros reformadores, como Tomás Garret y William Jerome. Barnes se retractó de algunas de sus creencias para evitar la condena.

En 1528, Latimer hubo de responder a Wolsey si defendía la doctrina de Lutero. Dijo que no, y Wolsey rechazó la acusación presentada por el obispo de Ely, Nicolás West, y le autorizó a predicar en todo el reino.

Detalle de Moro desprendiéndose del toisón de Canciller
(foto Aidan McRae Thomson)

En la época en que Tomás Moro fue canciller (26 de octubre de 1529 al 16 de mayo de 1532) en sustitución del Wolsey caído en desgracia tras el comentario de Ana Bolena, pocos reformistas parecían dispuestos a arriesgar sus vidas por el protestantismo, opinión que manifestará Moro y que Tyndale pretenderá refutar.

La actitud de Moro respecto a quienes eran vistos desde el catolicismo como herejes puede estudiarse desde antes del comienzo del protestantismo, en concreto desde 1514, como hace Green al mencionar el caso de un rico sastre llamado Richard Hunne, que supuestamente se ahorcó en su celda de la prisión del obispo de Londres.

Para Moro, la herejía podía curarse, afirma Green, pero no así el suicidio, que implicaba la condena al inferno. Por este motivo, cuando siendo canciller se encontró con un personaje llamado Tomás Philips acusado de herejía, prefirió encerrarlo en la Torre de Londres en vez de enviarlo a la prisión eclesiástica, ya que según escribió en 1533 en su *Apología*, percibió en él «una gran vanagloria» y «el mismo espíritu de orgullo que percibí antes en Richard Hunne cuando hablé con él», aparte de que un primo de Philips ya se había suicidado ahogándose «al sentir la vergüenza ante el mundo» por haber sido también acusado de herejía.

Según la biografía cuyo autor se esconde bajo las siglas Ro. Ba. (p. 261), Moro manifestó particular tino para disuadir a los suicidas. Ejemplo de ello sería un hombre de Winchester al que habría animado frente a tal tentación, y que se presentó de nuevo cuando Moro iba camino de su ejecución, pidiéndole oraciones, ya que estaba «tan atribulado como lo estuve entonces», a lo que Moro le mandó irse en paz, «y reza por mí, que yo no dejaré de rezar por ti»; tras de lo cual el anónimo personaje nunca volvió a verse en tal tentación.

A la forma de perseguir la herejía dedicó Moro el libro *Diálogo sobre Tyndale*, publicado en 1530, siendo ya canciller. El 23 de febrero de ese año fue ejecutado como hereje Tomás Hitton, considerado primer mártir protestante inglés, aunque en 1519 hubo seguidores de Wiclef —lolardos— quemados en la hoguera.

Hitton era un sacerdote que se unió a Tyndale y a los exiliados ingleses en los Países Bajos. Regresó a Inglaterra en 1529 para contactar a los seguidores de Tyndale y organizar la distribución de libros de contrabando como el primer Salterio en inglés traducido por George Joye. Hitton creía en la supremacía de las Escrituras y negaba la autoridad de los obispos. También argumentaba que el bautismo «sería mucho mejor si se celebrara en inglés».

Fue arrestado cerca de Gravesend, camino a la costa y en posesión de cartas de los exiliados ingleses. En cinco entrevistas con el arzobispo William Warham de Canterbury, confirmó su creencia en varias herejías, admitió haber importado libros prohibidos, llamó Anticristo al Papa y se negó a aceptar promesas de clemencia si abjuraba. El obispo de Rochester, John Fisher, confirmó que Hitton era hereje persistente. Entregado a la autoridad secular para ser castigado según la ley inglesa, fue quemado en Maidstone el 23 de febrero de 1530.

Cuando el segundo calendario de George Joye (titulado *Hortulus animae*) apareció un año después, incluyó el 23 de febrero la fiesta de Santo Tomás Hitton como mártir. Moro lo vio como un insulto contra su santo patrón, Santo Tomás Becket. Describió a Hitton como «el mártir apestoso del diablo» y criticó a Joye por incluir en su calendario a «un nuevo santo, señor Tomás Hitton el hereje que fue quemado en Kent».

En su respuesta al *Diálogo* de Moro (que ocupa la mitad del segundo volumen de sus obras, en la edición de Russell de 1831), Tyndale esgrimió el caso de Hitton para contradecir la acusación de cobardía con que supuestamente Moro tildaba a los protestantes (p. 117):

> *Y cuando dice que nunca encontró ni oyó hablar de ninguno de nosotros que renunciaría a salvar su vida. Respuesta: tanto más caerá la ira de Dios sobre quienes tan cruelmente se deleitan en atormentarlos y con tanta astucia en engañar a los débiles. Con todo, no es cierto. Porque ha oído hablar de sir Tomás Hitton, a quien los obispos de Rochester y Canterbury mataron en Maidstone, y de muchos que sufrieron en Brabante, Holanda, y en Colonia y en todos los rincones de los Países Bajos, y que sufren a diario.*

Tyndale publicó en 1530 *La práctica de los prelados,* donde de nuevo cita la acusación de cobardía «entre las otras blasfemias» de Moro (p. 485 en la edición de Russell).

Moro da a entender en su *Refutación de la Respuesta de Tyndale* (obras completas editadas por Yale, volumen 8.2) que no vale la pena debatir qué parte del poder espiritual corresponde al Papa, si antes no se ha aceptado el hecho esencial de que la Iglesia reúne en sí a todas las naciones.

40 mártires (foto Aidan McRae Thomson)

No niega Moro que haya autoridades nacionales, sino que subraya lo ilícito de romper la comunión eclesial, así que deja sin definir el papel del Papa:

> *Bien sabéis, buenos lectores cristianos, que yo he declarado suficientemente en algunos lugares de manera clara y explícita que llamo a la Iglesia de Cristo la Iglesia católica, la Iglesia conocida de todas las naciones cristianas, que no se han separado ni han*

sido cortadas. Y aunque todas estas naciones ahora reconocen y han reconocido desde hace mucho al papa... no como el obispo de Roma, sino como el sucesor de San Pedro... para ser su principal gobernante espiritual bajo Dios, y el vicario de Cristo en la tierra —y no solo lo llamamos así nosotros, sino también mi compañero Fray Barnes de Tyndale— nunca he puesto al papa como parte de la definición de la Iglesia ni la he definido como la congregación conocida y común de todas las naciones cristianas bajo una cabeza, el papa.

Detalle de los 40 mártires (foto Aidan McRae Thomson)

Insiste Moro en que la cuestión principal es la unidad de la Iglesia, y el papel que en ella tenga el papa es secundario, si bien deja intuir la ironía que supondría imaginar un cuerpo sin cabeza:

Deliberadamente evité incluir al papa como parte de la definición de la Iglesia, ya que no era necesario, pues incluso si fuera la necesaria cabeza, está incluido en el nombre del cuerpo en su conjunto.

En 1822 Samuel Weller Singer, editor de la biografía de Moro escrita por su yerno William Roper, no se recatará en afirmar (p. 132) que Moro se mostró en su respuesta a Tyndale conciliarista:

Afirma que un concilio general está por encima del Papa, y que hay órdenes en la Iglesia de Cristo por las cuales un Papa puede ser amonestado y enmendado, y ha sido finalmente depuesto y cambiado por [tener una] mente incorregible y falta de enmienda. Que es exactamente la misma conclusión que sostuvo el Dr. Wiclef, y que fue condenada por el concilio de Constanza. Sir Tomás parece haber pensado que un Papa no era parte de la esencia de la Iglesia visible, que esta podría subsistir sin un Papa, bajo el gobierno de patriarcas o arzobispos provinciales.

La doctrina de Moro debe completarse con obras como *La debelación de Salem y Bizancio* (1513) o su *Apología* (1533) y con el primer interrogatorio a que le sometió el obispo de Canterbury como canciller (Cranmer), junto con el duque de Norfolk y Cromwell.

Un paso más en la separación de Enrique VIII respecto de la Iglesia romana fue el libro *El vaso de la verdad* (*A glasse of the Truthe*), publicado por la imprenta real en 1531, como parte de una campaña propagandística dirigida al pueblo inglés para que rechazara la injerencia extranjera del emperador y del Papa. Una campaña con la que, según Starkey, «nació el euroescepticismo británico» y con la que el rey tomó el poder en la Iglesia, so capa de afirmación de la soberanía nacional.

LA SUMISIÓN DE LA IGLESIA: SUCESIÓN Y SUPREMACÍA

Tanner (p. 16) sitúa en 1531 la primera de las leyes de Enrique VIII destinadas a «la sumisión del clero»: la Ley de Perdón del Clero de Canterbury. Antes de la apertura de la segunda sesión del Parlamento de la Reforma, el fiscal general acusó a todos los obispos de violar el Estatuto de *Praemunire* de 1392 al reconocer a Wolsey como legado papal.

Lo que se consideraba ofensa al rey no era haber aceptado el nombramiento, cosa que también hizo el rey, sino refrendar su actuación contra los intereses de Enrique. Por este motivo se confiscaban los bienes de Wolsey y se consideraba culpable a todo el clero. La ley de 1531 perdonaba al clero de Canterbury su papel de «partidarios y cómplices» de la ofensa de Wolsey, a cambio de pagar una multa de 100.000 libras.

Prueba de que la culpabilidad afectaba a todo el clero —aunque en menor medida que a la sede primada— era que en 1532 se aprobó una ley similar que perdonaba al clero del arzobispado de York (del que fue titular Wolsey desde 1514 hasta su muerte), a cambio de pagar una multa de 18.840 libras. Si Tomás Moro, que fue canciller hasta mayo de 1532, jugó algún papel para contener la ira del rey contra la Iglesia, no habría tenido éxito en este punto.

El embajador imperial Chapuy se negaba aún a acusar de crueldad a Enrique VIII —sin duda nadie imaginaba que durante su reinado fueran a ser ejecutadas 70.000 personas—, suponiendo que todo era culpa de su nueva mujer:

> *El rey es por naturaleza bondadoso y de inclinaciones generosas, pero esta Ana lo ha pervertido tanto que no parece el mismo hombre.*

Una de las más famosas pruebas de esa crueldad se presentó como castigo por una negligencia o supuesta traición de Richard Roose, cocinero del único obispo, Juan Fisher, que se opondría a las pretensiones supremacistas del rey: después de que dos personas murieran y 17 más resultaran gravemente enfermas tras probar su comida, el cocinero escapó y, una vez encerrado en la Torre de Londres y sometido a la tortura del potro, confesó haber echado un laxante en la comida.

Surgieron acusaciones de que todo fue un montaje del rey o de Ana Bolena para matar a Fisher. El rey decidió distanciarse del bulo por la vía de hervir vivo al cocinero, sentencia que se cumplió el 27 de marzo de 1531 ante una multitud en el mercado londinense de Smithfield, sumergiendo a Roose por tres veces en una caldera.

Precisamente en el momento en que Tomás Moro dejó de ser su canciller, afirmó Enrique VIII tener sobre la Iglesia auténtica soberanía a la que los obispos debían someterse, según la explicación de Tanner al asunto denominado «Respuesta de los ordinarios» (p. 21).

Tal respuesta fue redactada en el sínodo (*Convocation*) que los obispos celebraron en abril de 1532 para responder a diversas acusaciones de corrupción, que reconocieron como culpas individuales y no del colectivo episcopal.

Aparece aquí un punto capital de comparación con la situación de la Iglesia en general y en particular en Alemania, cuya evaluación escapa a mi capacidad y pretensiones, pero para el que probablemente podamos confiar en una especialista como Stephanie Mann, que después de 30 años de estudio publicó su obra *Supremacía y supervivencia*, en la que afirma (p. 12):

> *No hubo ningún Johann Tetzel en Inglaterra que pudiera escandalizar a un Lutero inglés y obligarlo a protestar por la venta de indulgencias o el abuso de la doctrina del purgatorio. En cambio, había una comunidad cristiana vibrante, no perfecta, por supuesto, pero que unía al pueblo en la celebración de los sacramentos, de la vida y la muerte redentora de Jesucristo a través del año litúrgico, integrada en sus vidas y su cultura. La Reforma inglesa no tenía que ocurrir necesariamente a causa de una Iglesia sin reformar o de una población descontenta.*

Mann menciona la «minuciosa investigación de los documentos parroquiales» de Eamon Duffy en su obra *The Stripping of the Altars*, para concluir que «los laicos de Inglaterra estaban bien servidos por la Iglesia». «La razón de ser de la Reforma inglesa» —continúa esta autora— «fue lisa y llanamente que el rey se puso en el lugar del Papa para poder anular su matrimonio, casarse de nuevo y buscar un heredero varón, al margen de lo cual» —siempre según Mann— «quería seguir siendo católico»:

> *El poder del Estado se usó para ordenar la uniformidad religiosa, dado que todos tenían que creer lo que creyera el rey.*

En una segunda respuesta de los obispos a la afirmación de supremacía real, estos aceptaban no legislar cánones sin consentimiento del rey, a no ser que fuera «para el mantenimiento de la fe».

El 10 de mayo, Enrique VIII envió al sínodo tres artículos a los que debía someterse y envió al portavoz del Parlamento y doce diputados (comunes) la siguiente consideración:

> *Pensábamos que el clero de nuestro reino había sido enteramente súbdito nuestro; pero ahora nos hemos dado cuenta de que no son más que medio súbditos nuestros... sí, y apenas nuestros súbditos. Porque todos los prelados en su consagración hacen un juramento al Papa claramente contrario al juramento que nos hacen a nosotros, de modo que parecen asuntos suyos y no nuestros.*

Este retroceso a los tiempos de las querellas de las investiduras en que el emperador trató de imponerse al Papa —en realidad llegando más allá, porque pretendía modificar la fórmula de consagración episcopal— fue aceptado por el sínodo de obispos el 15 de mayo bajo la fórmula de los tres artículos:

1. Prohibición de promulgar cánones sin licencia real.

2. Sometimiento de los mismos a la aprobación de una comisión de 32 personas designadas por el rey.
3. Derogación de los cánones que dicha comisión considerara contrarios «a la ley de Dios».

Tal fecha puede anotarse como la de defunción de la Iglesia católica en Inglaterra, dado que su poder dejó de residir en los obispos. Y esto ya no escapó a la percepción de Chapuy, quien escribió, según la cita con que Tanner remata la cuestión:

> *Los eclesiásticos tendrán menos importancia que los zapateros, que tienen el poder de componer y hacer sus propios estatutos.*

En 1532 murió el que desde 1503 era arzobispo de Canterbury y por tanto lo más parecido a un primado de Inglaterra, William Warham. El candidato lógico a la sucesión era el obispo «conservador» Esteban Gardiner, pero Enrique VIII eligió a Tomás Cranmer, el clérigo al que había enviado en 1530 a Roma para defender ante el Papa la nulidad de su matrimonio y en 1532 a Alemania, oficialmente como embajador ante Carlos V, pero con instrucciones de buscar apoyo entre los príncipes protestantes. El segundo viaje sería más decisivo para Cranmer que el primero.

En Nuremberg, Cranmer conoció a Andreas Osiander, cuyas ideas a medio camino entre Lutero y el catolicismo sedujeron su mente, mientras que la sobrina de Osiander, Margarita, le atrajo para apartarse del celibato, de modo que se casaron en secreto.

Cranmer asumió el cargo de arzobispo de Canterbury el 30 de marzo de 1533, por lo que no intervino en el primero de los grandes hechos que marcarían la ruptura con el Papa: la boda secreta de Enrique VIII con Ana Bolena. Por cierto que Enrique VIII nunca permitió a Cranmer hacer público su matrimonio, porque jamás aceptó permitir casarse a los sacerdotes.

Celebrada el 25 de enero de 1533 con la bendición de uno de los capellanes reales —Rowland Lee, futuro obispo de Coventry y Lichfield—, la boda de Enrique con Ana Bolena era tan necesaria para una mujer que no aceptaba menos que ser reina y ya estaba embarazada de casi dos meses, como inválida por estar el rey aún casado, y convertirse por tanto en bígamo. Que el testigo cualificado fuera un mero capellán era por tanto la menor de las irregularidades.

Aunque Cranmer se pusiera a trabajar desde su nuevo cargo para declarar nulo el matrimonio de Enrique y Catalina, el principal consejero y secretario de Enrique VIII, Tomás Cromwell, se adelantó al hacer que el Parlamento aprobara el 7 de abril de 1533 la Ley de Restricción de Apelaciones, estableciendo que todos los recursos eclesiásticos de Inglaterra debían ser resueltos dentro del reino, sin acudir al Papa, y bajo la autoridad del rey y del gobierno.

El texto de esta Ley publicado por Gerald L. Bray (pp. 78-83, que la supone aprobada en febrero, y no en abril), manifiesta la flema con que se puede negar una autoridad concreta (la del Papa de Roma), sin mencionarla, mientras se enreda en interpretaciones históricas a favor del poder absoluto del rey, como que «este país de Inglaterra es un imperio y así ha sido aceptado en el mundo, gobernado por una suprema cabeza y rey», que ejerce el poder «en términos y por nombres de espiritualidad y temporalidad».

La afirmación implícita de que el rey es jefe de la Iglesia inglesa (como si no existiera otra), aparece desde el primer párrafo, articulada en la expresión de «cabeza suprema» del imperio, más la definición del aspecto espiritual de dicho imperio, donde aquel a quien todos deben «después de a Dios, una natural y humilde obediencia» tiene competencias espirituales.

La Ley llama «cuerpo espiritual» a lo que no es temporal, para luego diluir la diferencia afirmando que la Iglesia inglesa no necesita ayuda de nadie (de fuera) ya que, por obra de la bondad de sus reyes, allí lo espiritual está gobernado por lo temporal:

> *El cuerpo espiritual tenía poder, y cuando se ponía en cuestión algún asunto sobre la ley divina, o sobre el aprendizaje espiritual, entonces era declarado, interpretado y mostrado por esa*

parte de dicho cuerpo político, llamada espiritualidad, que ahora se llama comúnmente la Iglesia inglesa, que siempre ha tenido reputación y también ha sido considerada de tal forma que tanto en conocimiento, integridad y suficiencia de número, siempre se ha considerado, y también lo es en este momento, suficiente y adecuada por sí misma, sin intermediación de ninguna persona o personas exteriores, para declarar y determinar todas esas dudas, y para administrar todos los oficios y deberes que a sus habitaciones espirituales correspondan, para cuya debida administración y para preservarlos de la corrupción y el afecto siniestro, los más nobles progenitores del Rey, y los antecesores de los nobles de este reino, han dotado suficientemente a dicha Iglesia tanto de honor como de posesiones; y de leyes temporales para el control de la propiedad de tierras y bienes, y para la conservación de la gente de este reino en unidad y paz, a salvo de robos y daños, y así fue y aún es administrada, juzgada y ejecutada por diversos jueces y ministros de la otra parte de dicho cuerpo político, llamada temporalidad.

De las tres medidas tomadas en 1533, la última y más sonada sería la anulación del matrimonio entre Enrique VIII y Catalina, en sentencia publicada el 25 de mayo por el arzobispo Cranmer, afirmando que fue inválido por contravenir la supuesta prohibición bíblica de casarse con la viuda de un hermano fallecido. Cranmer pudo ya bendecir públicamente el 1 de junio el matrimonio entre Enrique VIII y Ana Bolena, en una ceremonia en la que ella fue reconocida como nueva reina consorte.

«Este fue el punto de inflexión en el reinado de Enrique y en la historia de Inglaterra», asegura Starkey, tomando el concepto clave de Lipscomb, al reclamar el gobierno de los cuerpos y las almas, y emprender una legislación que le diera cobertura para alcanzar «un pináculo de poder sin precedente en la cristiandad». Coincide este autor con el psicólogo J. C. Flügel, citado por Lipscomb entre quienes retrasan el punto de inflexión en la vida de Enrique VIII hasta 1533 «después de la separación con Roma», volviéndose «mucho más despótico».

Cranmer ejerció sus poderes como arzobispo de Canterbury para condenar a ser quemado como hereje —sentencia que se cumplió el 4 de julio de 1533 en Smithfield, el mismo lugar donde en 1305 ejecutaron al escocés William Wallace— a John Frith, sacerdote de Kent que estudió en Cambridge, donde fue su tutor el posterior obispo Esteban Gardiner y conoció a William Tyndale, con quien luego trabajó en Amberes. Frith negaba tanto la existencia del Purgatorio como la Transubstanciación. Por ser Smithfield un lugar de quema de brujas desde mucho antes, el nombre de Frith apareció junto a otros condenados antes y después que él —pero no los católicos— en una placa que fue destruida durante la Segunda Guerra Mundial.

Si Enrique VIII llegó a ser feliz con Ana Bolena, poco duró esta felicidad, o pronto se unió a las decepciones, la primera de las cuales fue el nacimiento, el 7 de septiembre de 1533, de Isabel, una niña, que no resolvía según los deseos de su padre el problema sucesorio.

Mártires bajo el árbol de Tyburn. Tríptico en la iglesia de Santiago, Plaza de España, en Londres (foto Lawrence Lew, O. P.)

Dentro de ese mes se dio un paso adelante en la persecución a los opositores de la supremacía real, aún no expresada en nuevas leyes. Se trató de la detención de Elizabeth Barton, llamada la doncella o monja de Kent, y de su confesor y otro sacerdote. Desde joven, según la expresión de Michael Davies, «sufría ataques y con frecuencia expresaba arrebatos incoherentes que, por ignorancia, se atribuían a una acción sobrenatural».

El problema, en este caso, es que había manifestado en uno de sus supuestos éxtasis, que si Enrique VIII se divorciaba de Catalina, moriría en el plazo de un mes y sería sucedido por su hija María. Cranmer la interrogó varias veces y mediante tortura logró confesiones de traición y una lista de presuntos implicados. Seis —dos benedictinos, dos franciscanos y dos sacerdotes seculares— serían ejecutados con ella el 21 de abril de 1534 en Tyburn, patíbulo situado en el extremo noreste de Hyde Park.

La pérdida de fuerza espiritual de la Iglesia en 1533 queda patente en el caso de Hugh Latimer. Era sacerdote desde 1515 y en 1528 el cardenal Wolsey le quitó el cargo de crucífero por predicar a favor de la traducción al inglés de la Biblia, pero siguió predicando y consta que presionaba para que la Universidad de Cambridge anulara el matrimonio del rey desde marzo de 1530, mes en que también predicó por primera vez en el palacio de Windsor.

Por entonces, todavía no se le consideraba hereje, incluso en mayo de 1530 fue elegido miembro de la Comisión para la supresión de libros heréticos. En diciembre, escribía al rey apoyando la Biblia en inglés, y en enero de 1531 predicaba en la iglesia abacial de Santa María de Londres sin pedir permiso al obispo de Londres, John Stokesley. Este le hizo examinar, y en abril de 1532 aún tuvo poder para lograr que Latimer confesara haber predicado doctrinas erróneas.

En marzo de 1533 ese poder ya no existía, ya que Latimer predicó en Bristol contra la devoción a la Virgen y a los santos, en abierta polémica con el clero calificado de «conservador». Lejos de ser reprimido, en 1534 fue elegido para predicar durante la cuaresma en la corte: faltaba aún medio año para la proclamación de la supremacía.

Cranmer había dado a entender que en los interrogatorios a la doncella de Kent también aparecieron citados —lo cual era una amenaza de que serían acusados de traición— personajes relevantes, y en primer lugar el obispo Juan Fisher. Incluso intentó implicar a Catalina, pero no pudo, ya que la reina, en palabras de Davies, «se había negado sistemáticamente a ver a Barton y no había intercambiado ni una sola palabra con ella».

Fisher, en cambio, la había interrogado sin dar cuenta de ello al rey, así que desde enero de 1534 se había redactado una acusación especial contra él como cómplice. Esta se presentó ante el Parlamento el 21 de febrero. Incluía a Tomás Moro, quien supo demostrar que no había hablado con Barton del tema del matrimonio del rey, así que este tuvo que consentir en dejarlo fuera. La acusación contra Fisher afirmaba:

> *Que el susodicho Juan Fisher, obispo de Rochester, teniendo conocimiento de dichas revelaciones falsas, fingidas y simuladas, conspiró traidoramente contra nuestro soberano y señor, ya que las ocultó, sin mencionarlas a nuestro susodicho soberano ni a ninguno de su honorable consejo, en contra de sus deberes y de la lealtad hacia ese nombre.*

Cranmer convocó al obispo a Londres para declarar, pero este se excusó por su mala salud y escribió al rey el 27 de febrero, aclarando que si vio (tres veces) a la doncella de Kent no fue por propia iniciativa, sino porque ella acudió a él, y que todo lo que ella le dijo se lo había dicho antes al rey (que se había entrevistado con Barton dos veces en 1532), por lo que no consideró relevante comunicarlo, e incluso dejó espacio a la ironía al afirmar que estaba seguro de que el rey no querría que arriesgara su vida viajando a Londres.

El momento comprometedor para las conciencias individuales llegó el 23 de marzo de 1534, cuando se aprobó la Ley relativa a la Sucesión de la Corona, compuesta de cuatro partes, aunque lo más importante estaba antes del articulado:

1. Preámbulo elogiando a Enrique y denunciando al Papa.
2. Declaración de legitimidad: el matrimonio con Catalina se declara nulo y sin efecto; el de Enrique con Ana Bolena se declara legal y válido; los hijos nacidos de este matrimonio son los legítimos herederos al trono de Inglaterra.
3. Sucesión: el trono se transmite a los hijos de Enrique y Ana; si no los hubiera, el rey y el Parlamento determinarán la sucesión.
4. Juramento: todas las personas del reino deben jurar lealtad al rey, la reina y a sus descendientes como legítimos herederos. El juramento incluye reconocer la supremacía del poder del rey en la Iglesia inglesa y la nulidad del poder papal para dispensar la supuesta prohibición establecida en el libro del Levítico 20,21.
5. Penas: quien se niegue a jurar será considerado traidor y condenado a la confiscación de sus bienes y la muerte.

La ley se publicaba exactamente el mismo día en que el Papa publicaba su decreto final afirmando que el matrimonio de Enrique y Catalina era válido, tras un consistorio en el que votaron a favor 19 de 22 cardenales. Contra su propio gusto, Clemente VII (que moriría el 25 de septiembre, siendo sucedido por Pablo III), declaró injusto el proceso contra Catalina y ordenó a Enrique VIII que la volviera a tomar como esposa.

Una semana después en la última sesión de Parlamento (30 de marzo) y tras haber sido aprobado por los lores y los comunes, el rey firmaba el decreto que condenaba por traición a Fisher y otras cuatro personas, por el asunto de la doncella de Kent:

> *Serán condenados y acusados de omisión y encubrimiento de traición, como personas que han dado tal crédito, consejo y creencia constante a dichos principales infractores (los acusados de traición) por lo que han tomado ánimo y audacia para cometer dichas detestables traiciones y delitos. Y que dicho obispo de Rochester (y los otros) sufrirán prisión de sus cuerpos por voluntad del rey, y perderán ante la alteza del rey todos los bienes que tuvieran.*

En carta a Carlos V, su embajador Chapuy no dudaba de que el apoyo a Catalina fuera la causa de esta condena:

> *El buen obispo de Rochester, que es modelo de los prelados cristianos, tanto por su saber como por su santidad, ha sido condenado a la confiscación del cuerpo y de los bienes. Toda esta injusticia es consecuencia de su apoyo a la reina.*

Sin embargo, el rey conmutó la sentencia del obispo por una multa de 300 libras más los ingresos del obispado en un año; no por piedad, afirma Davies, sino porque quería ir más lejos: «lo que Enrique buscaba era la vida del obispo».

Fisher y Moro fueron convocados al Palacio de Lambeth —hoy residencia oficial del arzobispo anglicano de Canterbury en Londres, separado por apenas 400 metros cruzando el Támesis, del Palacio de Westminster, el Parlamento, que queda en la margen izquierda— para prestar juramento el 13 de abril. Cuando el obispo montó en su caballo, fue despedido por una multitud, consciente de que sería la última vez que lo verían.

Al ver el texto del preámbulo, que no conocían, Fisher y Moro pidieron más tiempo y se les dio hasta el 17 de abril. Al negarse de nuevo, se les condenó a cadena perpetua y confiscación de sus bienes, y además Fisher fue depuesto como obispo, acto en el que por primera vez el rey ejerció el poder sobre la Iglesia del que se había revestido.

Puesto que Fisher y Moro afirmaron estar dispuestos a jurar aceptando la sucesión, pero no esa ley (por el ataque y negación de la autoridad papal que incluía), Cranmer sugirió a Cromwell que así se hiciera, para poder anunciar que habían jurado sin especificar el qué, y desarmar a los opositores. Pero Cromwell respondió que el rey quería sangre:

> *La alteza del rey no desea de ningún modo que se deje de jurar el preámbulo de la ley.*

También a Catalina se le presionó para que jurara la ley sucesoria, pero se negó afirmando expresamente que acataba la decisión del Papa que había confirmado la validez de su matrimonio.

Con objeto de someter en particular al clero, la Ley de Restricción de Apelaciones fue reafirmada el 15 de mayo de 1534 por la llamada Ley para la Sumisión del Clero, que comienza con este párrafo que Bray se molestaba en recordar que seguía vigente en el momento de la publicación de su libro (1994):

> *Donde los humildes y obedientes súbditos del rey, el clero de este reino de Inglaterra, no solo han reconocido, según la verdad, que las convocaciones del mismo clero son, siempre han sido y deben ser convocadas únicamente por orden del Rey, sino que también se someten a la Majestad del Rey, han prometido in verbo sacerdotii (por la palabra de su sacerdocio) que de ahora en adelante nunca se atreverán a intentar, alegar, reclamar o desmentir la ley, ni poner en acto, promulgar o ejecutar nuevos cánones, constituciones, ordenanzas provinciales u otras, o lo que con cualquier otro nombre se denomine en la Convocatoria, a menos que se obtenga para ellos el más real asentimiento y licencia del Rey, para hacer, promulgar y ejecutar los mismos; y que Su Majestad dé su más real consentimiento y autoridad a favor de ellos.*

El 9 de junio, una vez que los sínodos de Canterbury y York se le sometieron en este punto, Enrique VIII proclamó abolido «el poder usurpatorio del Papa».

Por fin, el 3 de noviembre de 1534 el Parlamento aprobó la Ley de Supremacía, que corroboraba como un hecho que «la majestad del rey es justa y legítima, y debe ser la cabeza suprema de la Iglesia de Inglaterra, y así es reconocido por el clero de este país en sus sínodos» (*convocations*), hecho que ahora promulgaba el Parlamento reconociendo a Enrique VIII como el «único y supremo jefe en la tierra de la Iglesia inglesa, llamada *Anglicana Ecclesia*».

El propio Enrique VIII tuvo que adaptarse a este cambio, corrigiendo de su puño y letra el juramento que hizo en su coronación en 1509. Cambió su promesa de proteger a la Iglesia universal, para proteger solo a la Iglesia inglesa, subordinando su respeto a las antiguas libertades a que se reconociera la supremacía de la corona en todo. Se había convertido oficialmente —según lo resume Starkey— en un tirano.

Vidriera en la Iglesia de Nuestra Señora de los Mártires Ingleses (OLEM) de Cambridge (con Juan Fisher en el centro). Foto Lawrence Lew, O. P.

Un detalle singular es que, tras la Ley de Supremacía, se aprobaron dos leyes más. Una ratificaba la Ley de Sucesión, precisando que el juramento incluía la obligación de «observar, guardar, mantener y defender esta Ley y todo su contenido y efectos». Aunque en adelante se hablará habitualmente del «juramento de supremacía», la Ley de Supremacía no establecía ninguna obligación de jurar; sino que exponía en qué consistía esa supremacía —despojar al Papa de su poder y dárselo al rey— ya implícita en la Ley de Sucesión.

La segunda fue la Ley de Traición, que afirmaba que negar al rey cualquiera de sus títulos era alta traición: es decir, que quien no jurara sería condenado a muerte. Por último, dado que el rey asumía nuevas tareas, el Parlamento aprobó una ley de «aumento del patrimonio real y mantenimiento de la supremacía», asignándole las primicias de todos los beneficios espirituales y el décimo de los ingresos anuales de todo ser vivo.

Desde su celda en la Torre de Londres, Fisher escribía el 22 de diciembre al secretario Cromwell pidiéndole ropa, comida, un sacerdote que le confesara y libros, porque, a diferencia de Moro, al obispo se le prohibieron los sacramentos y las visitas. Lejos de manifestarse empecinado o provocativo, confiaba en recuperar el favor real:

> *Ojalá os plazca, en vuestra gran sabiduría, incitar a la alteza del rey a concederme nuevamente su amable favor y restaurar mi libertad fuera de este frío y doloroso encierro; por lo cual me tendréis siempre como vuestro pobre guardián para siempre ante Dios misericordioso, que siempre os tenga bajo su protección y custodia.*

Se permitió a Fisher papel y lápiz, con los que escribió dos libros para su media hermana Elizabeth White, monja dominica en Kent: *Consolación espiritual* y *Formas de perfeccionar la religión.* Moro también aprovechó la prisión para escribir el *Diálogo del consuelo contra la tribulación* y *Sobre la tristeza de Cristo.*

A lo largo de la primavera de 1535, cada obispo entregó al rey la bula papal de su nombramiento y a cambio recibió un nuevo nombramiento con el sello del rey como su jefe supremo. El 31 de marzo, el sínodo de Canterbury declaró, por 34 votos a favor y 4 en contra (más uno dudoso) que el Papa no tenía en Inglaterra «mayor jurisdicción que cualquier otro obispo extranjero» y lo mismo aprobó el 5 de mayo por unanimidad el sínodo de York. El día anterior, habían sido ejecutados los primeros mártires modernos de Inglaterra a los que la Iglesia llegaría a canonizar.

El juramento impuesto a las órdenes religiosas era mucho más duro que el impuesto al clero secular, como si se tratara de provocar una rebelión que no se produjo, ya que solo los cartujos se negarían a jurar «que el obispo de Roma, que en sus bulas usurpa el nombre de Papa y se arroga el principado de Sumo Pontífice, no ha recibido de Dios mayor jurisdicción en este reino de Inglaterra que la que tienen los obispos ingleses en sus propias diócesis» (lo cual no sería ofensivo para un católico, si no llevara el añadido de que los obispos ingleses reciben su poder del rey).

MÁRTIRES DE 1535 Y AVANCE DEL LUTERANISMO

Los primeros mártires fueron tres cartujos: John Houghton, Robert Lawrence y Augustine Webster, priores de las cartujas de Londres, Beauvale (al noroeste de Nottingham, https://beauvalepriory.co.uk) y Axholme (23 km al este de Doncaster); más el brigidino Richard Reynolds y un sacerdote secular, John Haile; condenados por traición y ejecutados el 4 de mayo de 1535. Tomás Moro aseguró en carta a su hija que vio pasar a los cartujos bajo su ventana yendo a la muerte «tan alegremente como los novios a su boda».

Reynolds fue añadido al grupo el día de la ejecución. Vivía en del monasterio (mixto, pero gobernado siempre por abadesas) de las brígidas (Brigettine, Orden del Santísimo Salvador), llamado Syon Abbey en Isleworth (Middlesex), que tenía fama de ser «el monje más letrado de Inglaterra» —además de el único buen conocedor del latín, griego y hebreo—, al tiempo que se consideraba como la más rica de Inglaterra a su abadía, fundada en 1415 por el rey Enrique V remontando dos kilómetros el Támesis y en la orilla contraria de los terrenos del palacio de Sheen (renombrado Richmond Palace en 1501). Actualmente se denomina Syon House, pertenece al Duque de Northumberland y al otro lado (la margen derecha) del Támesis están los Reales Jardines Botánicos.

Los primeros mártires de Tyburn, san Juan Houghton, sus dos compañeros cartujos y el brigidino Reynolds. Vidriera en la iglesia de Santo Domingo de Londres (foto Lawrence Lew, O. P.)

Nacido en Essex en 1487 (según el libro de W. D. Houghton sobre sus ancestros, p. 31-40), John Houghton había estudiado en Cambridge antes de ingresar en la Cartuja de Londres en 1515. En 1531 fue brevemente abad de la de Nottingham, ya que en noviembre lo eligieron como prior de Londres.

Cuando se publicó la Ley de Sucesión, Houghton pidió que los monjes de su cartuja quedaran exentos del juramento. El prior y el procurador del monasterio, Humphrey Middlemore, fueron encerrados en la Torre de Londres durante casi un mes, negándose a considerar nulo el matrimonio de Catalina.

A fines de mayo, los presos regresaron a la cartuja de Smithfield, una vez persuadidos de que podían hacer el juramento si añadían la cláusula «hasta donde lo permite la ley de Cristo», cosa que hizo toda la comunidad, convenientemente rodeada por una amplia fuerza armada.

Vidriera del prior de la cartuja de Londres, san Juan Houghton, en la iglesia de Santo Domingo (foto Lawrence Lew, O. P.)

Hendricks afirma que el nuevo juramento sucesorio (llamado de supremacía) entró en vigor el 1 de febrero de 1535 y que, cuando Houghton consultó el asunto con el confesor de Sión, padre Fewterer, este «le animó en su resolución de preferir la muerte a la supremacía del rey». Añade este autor (p. 131) que «desgraciadamente, Fewterer no tuvo el coraje de hacer lo que recomendaba a otros, y vivió para dar mal consejo a algunos de los monjes del padre Houghton».

Hasta abril de 1535 no se exigió el nuevo juramento a los cartujos londinenses. Los responsables de los tres monasterios de esta orden, Houghton, Robert Lawrence y Augustine Webster, pidieron que se les eximiera de esa obligación.

Tomás Moro definió esta Ley como una espada de doble filo, «porque si un hombre responde de una manera, perderá su alma, y si responde de la otra, perderá su cuerpo», y eligió rechazarla, por lo que fue arrestado el 17 de abril.

Los priores de las tres cartujas fueron arrestados el 20 de abril por orden del secretario de Estado, Tomás Cromwell, y torturados en la Torre de Londres. Los tres se declararon dispuestos a firmar todo lo que la ley de Dios permitiera, a lo que Cromwell respondió:

> *No acepto excepciones. Lo permita la ley de Dios o no, tienen que hacer el juramento sin reserva alguna y observarlo igualmente.*

Ante la afirmación que, según Hendricks, hicieron los cartujos de que la Iglesia católica siempre había afirmado lo contrario que la Ley de Supremacía, el secretario de Estado Cromwell espetó:

> *No me importa nada lo que la Iglesia haya sostenido o pensado. Deseo que testifiquen bajo juramento solemne que creen y sostienen firmemente lo que les proponemos profesar: que el rey es cabeza de la Iglesia inglesa.*

Los prisioneros respondieron que el temor de Dios no les permitía ni desobedecer ni abandonar la Iglesia católica, citando a San

Agustín cuando afirmó que no creería ni en el Evangelio si la Iglesia católica no le enseñara que lo hiciera.

Habida cuenta de su voto de silencio, Houghton renunció a defenderse y en el juicio, el 28 de abril, los tres se limitaron a afirmar que la supremacía del Papa fue instituida por Jesucristo «como necesaria para conservar la unidad espiritual del cuerpo místico de Cristo».

El juez les interrumpió para afirmar que la Ley había sido aprobada y estaba vigente, por lo que no podía ser cuestionada. Al día siguiente el jurado se negó por dos veces a condenarlos a la vista de su «radiante santidad», hasta que Cromwell compareció en persona para amenazarles con que también sobre ellos caería la misma condena.

Vidriera de los beatos Haile y Forest, en la Iglesia de Nuestra Señora de los Ángeles (Bayswater, Londres). Foto Lawrence Lew, O. P.

En cuanto al sacerdote secular John Haile, había estudiado en Cambridge y era vicario en Isleworth, a medio camino, por así decirlo, entre el monasterio de Syon y el Palacio de Richmond, pero en la misma margen (izquierda) del Támesis que el monasterio. Fue arrestado en marzo de 1535 por predicar contra la anulación del matrimonio y recasamiento del rey, tarea de alto riesgo al hacerla a menos de dos kilómetros de distancia del palacio preferido de Enrique y Ana Bolena. Lo delató otro sacerdote, Fern de Teddington, que también fue acusado de traición pero perdonado.

Los cinco fueron ahorcados y descuartizados el 4 de mayo de 1535 en Tyburn, patíbulo del que hoy queda como mero recuerdo un pequeño círculo metálico entre tres arbolillos en la confluencia de las calles Bayswater y Arco de Mármol. En 1903 se estableció allí —en el número 8 de la plaza de Hyde Park— un convento de Adoratrices del Sagrado Corazón de Montmartre (https://www.tyburnconvent.org.uk/), cuya existencia, según indica otra placa, había sido predicha en 1585 por Gregory Gunne.

Martirio de los cinco primeros mártires de Tyburn,
Capilla de la Cartuja de Londres (foto Lawrence Lew, O. P.)

La noche antes de la ejecución había llovido y los mártires, debido a su lamentable estado de salud, fueron arrastrados por caballos, atados de espaldas sobre zarzos (como llamará Luisa de Carvajal a estas hamacas o parihuelas tejidas con varas), dando sacudidas sobre adoquines ásperos, golpeándose la cabeza contra las piedras y chapoteando en charcos de agua sucia. El doloroso viaje de tres millas desde la Torre se detuvo en el hospital de St. Giles-in-the-Fields donde, según la tradición, a los condenados se les ofrecía un cuenco de cerveza.

El padre John Houghton, tras abrazar amorosamente al verdugo que pedía su perdón, subió al carro que estaba bajo la horca; y allí, ante la multitud, le preguntaron una vez más si aceptaba las leyes del rey antes de que fuera demasiado tarde. Respondió:

> *Pongo a Dios todopoderoso por testigo, y suplico a todos los aquí presentes que den fe de mí en el terrible peligro del juicio, que, estando a punto de morir en público, declaro que me he negado a cumplir la voluntad de su majestad el rey, no por obstinación, malicia o espíritu rebelde, sino únicamente por miedo a ofender a la suprema Majestad de Dios. Nuestra Santa Madre la Iglesia ha decretado y ordenado algo distinto de lo que el rey y el Parlamento han decretado. Por lo tanto, estoy obligado en conciencia y estoy preparado y dispuesto a sufrir todo tipo de tortura, antes que negar una doctrina de la Iglesia. Rogad por mí y tened piedad de mis hermanos, de quienes he sido prior indigno.*

El prior de la cartuja de Londres fue ahorcado con una gruesa cuerda, que fue pronto cortada para no ahogarle. Luego lo desvistieron y, sobre una tabla, lo destriparon y arrojaron sus entrañas al fuego, mientras exclamaba:

> *¡Oh Jesús santísimo, ten piedad de mí en esta hora!*

Un testigo alemán, Antonio Rescius, futuro obispo auxiliar de Wurzburgo, oyó las últimas palabras de Houghton cuando el verdugo se apprestaba a arrancarle el corazón:

¡Buen Jesús! ¿Qué harán con mi corazón?

El corazón de Houghton fue restregado por su cara. Al igual que al primer mártir, a los otros tres se les ofreció el perdón si juraban las leyes del rey. La multitud profirió insultos a los condenados durante todo el proceso. Una vez muertos, los cuerpos fueron descuartizados (separando las cuatro extremidades) y arrojados a un caldero de brea hirviendo para evitar su descomposición durante el tiempo en que fueron expuestas en distintos puntos de la capital, a excepción de un brazo de Houghton que, aún sangrante, se colocó a la entrada de la cartuja —hoy llamada Middle Gate— para aterrorizar al resto de monjes.

Estos, una vez que cayó al suelo, guardaron el brazo de Houghton como reliquia y la entrada de la cartuja sobreviviría a la destrucción de conventos y monasterios desatada a partir de 1537: cuando W. D. Houghton escribió su relato (2015) había visitas guiadas a la cartuja todos los miércoles a las 14:15 entre los meses de abril y septiembre. Desde la destrucción de la comunidad cartuja, el monasterio perteneció a la corona hasta que en 1611 lo compró Thomas Sutton, a cuya Fundación aún hoy pertenece.

Un segundo grupo de tres cartujos fue martirizado el 19 de junio de 1535 en Tyburn tras pasar los últimos 13 días encadenados para presionarles: William Enxmew, de Londres; Humphrey Middlemore de Birmingham y Sebastian Newdigate de Middlesex (amigo personal de Enrique VIII, que le visitó dos veces en prisión para tratar de persuadirle).

En la Torre de Londres, los obispos que prestaron juramento visitaban a Fisher para persuadirlo. En una ocasión, dijo ante un grupo de seis o siete:

> *Creo que hubiera sido mejor que todos nos mantuviéramos unidos para reprimir estas intrusiones y lesiones violentas e ilegales, ofrecidas diariamente a nuestra madre común y santa Iglesia de Cristo, que ayudar o promover las mismas mediante*

cualquier tipo de persuasión. Estamos asediados por todos lados y difícilmente podemos escapar del peligro de nuestro enemigo. Y viendo que el juicio ha comenzado en la casa de Dios, ¿qué esperanza queda, si caemos, de que los demás se mantendrán en pie? El fuerte es traicionado incluso por aquellos que deberían haberlo defendido. Viendo que el asunto ha comenzado así y que nuestra parte resiste tan débilmente, me temo que no seremos los hombres que vean el fin de la miseria. Por lo tanto, como soy un hombre viejo y no espero vivir mucho tiempo, no seré yo (con la ayuda de Dios) quien manche mi conciencia para agradar al rey de esta manera, sea lo que sea que me suceda. Prefiero pasar aquí el resto de mis días orando a Dios por él.

El 13 de junio, en la Torre de Londres, tuvo lugar el primer interrogatorio a Tomás Moro, en el que de parte del rey le pidieron que firmara la Ley de Supremacía el arzobispo de Canterbury, Cranmer, el duque de Norfolk y Tomás Cromwell. Se lo pidieron como un favor, pero cuando rechazó cambiar de opinión, le hicieron saber que el rey lo consideraba como el mayor de los traidores, y que entre sus reproches el mayor era que le hubiera hecho firmar un libro a favor del poder del Papa, convirtiéndole así en vergüenza de toda Europa.

Moro, como vimos al hablar del Estatuto de *Praemunire* en el contexto del libro escrito por Enrique VIII en defensa del Papa, recordó que en aquella ocasión el rey se quiso someter al Romano Pontífice más allá de lo que Moro consideraba prudente:

Confío en que cuando su majestad sea verdaderamente informada de esto, y llame a su amable recuerdo lo que hice en su nombre, su majestad nunca volverá a hablar de ello, sino que él mismo aclarará esto completamente.

Bajorrelieve de santo Tomás Moro en la Basílica de Santa Clotilde y Santa Valeria en París (foto Lawrence Lew, O. P.)

Esta respuesta no dejaba a Enrique VIII más opción que la de declararse olvidadizo o mentiroso. Pero no hizo ni una cosa ni otra.

El sometimiento al Papa se había transformado en desafío cuando, a la noticia de que Fisher había sido nombrado cardenal por el Papa, el rey mandó recado de que no enviaran el capelo (sombrero) cardenalicio, porque él se encargaría de enviar al Papa la cabeza del cardenal.

El 22 de junio Fisher fue ejecutado en la Colina de la Torre (Tower Hill), patíbulo situado un centenar de metros al noroeste de la esquina de la fortaleza llamada Legge's Mount. Varias placas en ese lugar, hoy parte de los Jardines de la Plaza de la Trinidad, conmemoran «la trágica historia y en muchos casos el martirio de quienes se jugaron su vida y la perdieron por su fe, su patria o sus ideales», que se cifran en más de 125.

Moro fue juzgado el 1 de julio. Por primera vez admitió públicamente su oposición a los actos del rey y fue condenado a muerte por traición. La sentencia se cumplió el 6 de julio en el mismo lugar donde fue decapitado Fisher.

Vidriera con varios mártires ingleses, Moro en el centro.
Iglesia OLEM (foto Lawrence Lew, O. P.)

Del 21 al 23 de agosto de 1535, Enrique VIII y Ana Bolena viajaron al modesto palacio de Acton Court, 15 km al noreste de Bristol, con Tomás Cromwell, que a sus cargos civiles añadía ahora los de Vicario General y «Vicegerente en asuntos espirituales». Allí orquestaron un ataque a las prácticas religiosas tradicionales y las reliquias.

Unos 60 km al noreste, estaba la abadía de Hailes, que decía conservar una reliquia de la Sangre de Cristo, por lo que era uno de los lugares de peregrinación más famosos en Inglaterra. La reina envió investigadores que aseguraron que se trataba de sangre de pato, por lo que ella ordenó destruir esa reliquia, junto con presuntas reliquias de la Santa Cruz y huesos de santos, en una gran hoguera en Londres.

En agosto de 1535 Latimer fue nombrado obispo de Worcester, siendo consagrado en septiembre por Cranmer. Aunque válida, fue la primera consagración episcopal realizada sin permiso del Papa, y por tanto incurría en el delito de cisma o separación de la Iglesia romana.

Después de que en septiembre Ana Bolena diera a luz a su hija Isabel, el disgusto y nerviosismo del rey fue tal que, según algunos cortesanos contaron al embajador Chapuy, en los tres meses y medio que duró el siguiente embarazo, «no habló con su concubina ni 10 veces y, cuando en enero de 1536 le trajeron la noticia del aborto espontáneo, se limitó a comentar: ya dije yo que Dios no me daría hijos varones».

Más relevancia tendría el accidente que sufrió el rey en un torneo en honor a san Matías que se celebró el 24 de enero en el palacio de Greenwich. La lanza de su oponente, su Maestro de Caballería sir Anthony Browne, se rompió y con una parte afilada golpeó al rey encima del ojo. Enrique, que llevaba una armadura completa, cayó del caballo y quedó inconsciente durante dos horas.

Lo más grave no fue la conmoción cerebral, sino una herida en la pierna derecha que le causó dolor y cojera permanentes. Dejó de hacer ejercicio, pero no de comer y beber, engordando a ojos vista, hasta hacer, según las palabras con que Starkey termina el tercer capítulo de su documental, «irreconocible al delgado y encantador joven, la brillante promesa que una vez fue». Es el personaje que refleja el retrato pintado en 1537 por Hans Holbein, del que conserva una copia la Galería Walker de Liverpool.

Lipscomb toma también partido por 1536 para encontrar el punto de inflexión en la vida del rey. Enrique VIII terminó haciendo sobre su segundo matrimonio el mismo juicio que sobre el primero. Según Chapuy, confesó que lo había hecho «seducido por la brujería» y que por eso lo consideraba nulo. De nuevo, la prueba evidente sería el hecho de que Dios no le proporcionara descendencia masculina.

La conclusión no fue, sin embargo, ningún tipo de arrepentimiento, sino el propósito de tomar una tercera esposa. En marzo de 1536 Chapuy recogía los primeros rumores de una pelea entre Ana y Tomás Cromwell, que la acusaba de hereje y de haber destruido a su maestro, el cardenal Wolsey. Chapuy aconsejó a Cromwell que se defendiera mejor de lo que supo hacerlo Wolsey. Cromwell llegó a excusarse por haber promovido el matrimonio entre Enrique y Ana Bolena.

Significativamente, cuando Chapuy recordó ante Cromwell el pensamiento que muchos habían tenido de que, al casarse con Ana Bolena, el rey llevaría una vida de mayor continencia sexual (al menos extramarital) que la que había tenido antes, el consejero real se tapó la boca, para no mostrar su sonrisa.

Inmediatamente antes de romper con Ana Bolena, Enrique VIII formalizó la confiscación del patrimonio eclesiástico con la Ley de Supresión de los Monasterios Menores de marzo de 1536 (el Parlamento que promulgó esta Ley estuvo reunido entre el 4 de febrero y el 14 de abril; los monasterios confiscados fueron los que tuvieran rentas inferiores a 200 libras anuales).

El repudio de Ana Bolena, a diferencia del de Catalina de Aragón, se haría sin rodeos: en mayo, Cromwell mandó arrestar a la reina bajo cargos de adulterio, incesto y traición. Durante los interrogatorios, Ana mantuvo su inocencia, aunque hizo comentarios y confesiones menores sobre su comportamiento que fueron interpretadas de manera incriminatoria.

La reina admitió, por ejemplo, haber comentado a Enrique Norris, uno de los acusados de tener relaciones con ella, que él esperaba «tener todo por sí mismo después de la muerte del rey», lo que se interpretó como traición por insinuar supuestamente que Norris aspiraba a casarse con Ana. Ella también admitió haber estado en varias ocasiones a solas con su hermano, lo cual fue distorsionado para sugerir que cometió incesto.

Cromwell manipuló los datos con ayuda de confesiones forzadas o inexactas de acusados que fueron interrogados bajo tortura, como los citados Norris o Jorge Bolena. Los nobles que componían el tribunal estaban sometidos a presión, ya que Enrique VIII ya tenía decidido deshacerse de Ana para casarse con Juana Seymour, con la que esperaba tener el ansiado hijo varón. En ese contexto y dada la gravedad de los cargos, la discrepancia de alguno de los jueces hubiera sido para ellos extremadamente peligrosa.

Ana, Jorge y los tres cortesanos acusados fueron condenados por adulterio múltiple, incesto, perversión sexual y conspiración para asesinar al rey, en lo que Starkey llama «una atmósfera de pánico moral e histeria». Entre los jueces de la reina estuvo su fugaz novio al que Wolsey había expulsado de la corte, Henry Percy, conde de Northumberland.

La ejecución de Ana tuvo lugar el 19 de mayo de 1536. El juicio dio ocasión para airear que hasta cien caballeros habrían tenido conexiones «criminales» con Ana Bolena. Chapuy, al mencionar la ligereza con que Enrique VIII dio publicidad a tantas infidelidades, apunta: «adivinen la causa».

El 30 de mayo ya estaba Enrique VIII casado con su tercera mujer y el 8 de junio el Parlamento declaraba ilegítimas a María e Isabel, sendas hijas de las difuntas mujeres anteriores (Catalina había muerto el 7 de enero, a los 50 años de edad en el castillo de Kimbolton, 90 km al norte de Londres). Juana Seymour era una católica piadosa, pero no influiría en un rey que estaba cansado de las intromisiones de sus esposas y que se volvió cada vez más intolerante, así que cuando ella le rogó de rodillas que restaurara los monasterios, Enrique le recordó el caso de Ana Bolena para que se abstuviera de entrometerse.

LOS DIEZ ARTÍCULOS DE 1536: LA ACEPTACIÓN DEL LUTERANISMO

Quienes pretendían ser líderes religiosos no desaprovecharon la ocasión de colocar su reforma. Así Hugh Latimer, el más destacado protestante tras predicar el 9 de junio de 1536 su sermón «de la convocatoria del clero», participaba desde mayo en la redacción de diez artículos que pretendían arrastrar la fe hacia el luteranismo y que fueron promulgados el 11 de julio.

Lipscomb (p. 121) menciona una carta escrita por Enrique VIII a sus obispos en noviembre de 1536, en la que afirma que los Artículos fueron en gran parte concebidos por el propio rey:

> *Como muchas de las proclamaciones posteriores de Enrique, muestran una preocupación por traer unidad y concordia a su reino. Se titulaban Artículos ideados por la Majestad Suprema del Rey, para establecer la tranquilidad y la unidad cristianas entre nosotros y evitar opiniones contenciosas. El preámbulo explicaba que se escribieron porque, últimamente, para nuestro gran pesar, [hemos sido] advertido de manera creíble de la diversidad de opiniones que ha crecido y brotado en este reino. Para evitar el peligro para las almas y la inquietud externa, después de mucho dolor, estudio, trabajo y fatiga, el rey y su clero habían acordado qué asuntos son mandados por Dios y necesarios para nuestra salvación. Fue una nueva y sorprendente implementación de la prerrogativa del rey como Cabeza Suprema para afirmar su competencia.*

Los cinco primeros artículos contenían esas supuestas «doctrinas expresamente mandadas por Dios y que son necesarias para nuestra salvación», copiadas de la Confesión de Augsburgo de 1530, condensada por Lutero y Melanchton para los embajadores ingleses Edward Foxe, Nicholas Heath y Robert Barnes; mientras que los otros cinco eran «ceremonias laudables usadas en la Iglesia».

Como correspondía al credo luterano, la doctrina central de los «Diez artículos» era la justificación por la fe. Además, solo se conservaban tres de los siete sacramentos, embutidos en la parte central de los cinco primeros artículos, que se referían a la Biblia y el ecumenismo, el bautismo, la penitencia, la eucaristía y la justificación.

Aunque suprimiera los sacramentos de la confirmación, la unción de enfermos, el matrimonio y el sacerdocio, la doctrina parecía católica al afirmar que el sacerdote tenía autoridad (si bien paradójica, pues ya no era ordenado mediante un sacramento) para garantizar la absolución en la confesión y que, en la Eucaristía, «bajo la forma y figura de pan y vino, se contiene verdadera, substancial y realmente el mismo y verdadero cuerpo y sangre de nuestro Señor Jesucristo».

La justificación se definía como «la única misericordia y gracia del Padre, prometida gratuitamente a nosotros por amor de su Hijo Jesucristo, y los méritos de su sangre y pasión» y aunque se suponía previa a las buenas obras (que los luteranos despreciaban), estas eran imprescindibles, ya que la justificación se alcanzaba «por la contrición y la fe unidas por la caridad» y las buenas obras eran «necesariamente requeridas para alcanzar la vida eterna».

Los cinco artículos no fundamentales permitían usar imágenes (6.º), honrar el ejemplo de María y de los santos (7.º) y rezarles, mientras que guardar los días santos era obligación (8.º); se permitían los ritos con agua bendita, velas, ceniza cuaresmal, besar la cruz el Viernes Santo, pero sin hacer genuflexión ni ofrecer exvotos y aclarando que no perdonaban los pecados (9.º); y se afirmaba que la existencia del Purgatorio no estaba definida en la Escritura, permitiéndose no obstante rezar y ofrecer misas por los difuntos, por si acaso eso aliviara sus penas (10.º).

No todos los protestantes se quedaron en Inglaterra para ver si lograban que el rey adoptara sus puntos de vista; y no a todos los que se marcharon les fue bien. William Tyndale, traductor de la Biblia al inglés, que se exilió en los Países Bajos, fue detenido en 1535 en Amberes, condenado por hereje por inquisidores locales y ejecutado el 6 de octubre de 1536 en el castillo de Vilvoorde, hoy un barrio inmediatamente al noroeste del aeropuerto de la capital belga. Actualmente, la iglesia protestante de esa localidad (en la calle Rondeweg 3) lleva su nombre y tiene un museo sobre él.

En el lado católico, resurgió la voz crítica de Reginald Pole, sacerdote desde 1525, primo del rey y noble de la casa Plantagenet, que había tratado de persuadir a Enrique VIII para que no se separara de Catalina de Aragón, y que en junio de 1536 publicaba una obra titulada *De Unitate Ecclesiastica* (*Sobre la Unidad de la Iglesia*), donde defendía la supremacía papal y argumentaba en contra de la ruptura de la Iglesia de Inglaterra con Roma.

La obra de Pole dio paso a 18 meses de «lucha que finalmente condujo a una irreparable ruptura entre Enrique y Pole», según afirma Mayer en su estudio sobre la Legación de 1537 (1987:305), aunque ni Pole ni sus partidarios, «que habían conseguido el poder tramando la caída de Ana» querían romper con Enrique. La ruptura se vio precipitada por una protesta popular: la Peregrinación de Gracia.

LA PEREGRINACIÓN DE GRACIA

En otoño de 1536 estalló la protesta religiosa, que no rebelión política, en Lincolnshire. En la Catedral de Durham se levantaron bajo el estandarte de las cinco llagas de Cristo. Una de esas insignias se conserva hoy en el castillo de Arundel, en Sussex, 90 km al sureste de Londres.

El manifiesto redactado por el abogado y terrateniente de Yorkshire llamado Robert Aske, no incitaba a la rebelión, sino a peregrinar a Londres, invocando al rey, dando por supuesto que por su santidad y voluntad justa retiraría de su consejo lo que denominaban «sangre vil» para «guardar la fe de Cristo y todas las leyes de Dios», y restituir los daños causados a la Iglesia.

Más religiosos no podían ser los motivos de la llamada Peregrinación de gracia. Enrique autorizó al tercer duque de Norfolk, Tomás Howard, a ganar tiempo, vista la superioridad numérica de los 40.000 congregados, a los que él mismo escribió, respondiendo punto por punto en una serie de cartas entre octubre y diciembre de 1536:

1. Que estaba dispuesto a morir para defender la pureza de la fe, pero negaba a los ignorantes el derecho a enseñarle en esta materia.
2. Tampoco sometería la elección de sus consejeros a gente «común, grosera e ignorante».

3. Como muestra de piedad y compasión, esperaba ver a sus súbditos de Yorkshire afligidos por haber ofendido al rey, garantizándoles el perdón.
4. Les ofrecía un Parlamento especial para resolver las demandas.

Confiando en esas promesas, Robert Aske pasó la Navidad en Greenwich, donde el rey lo exaltó ante la corte, le regaló una chaqueta y le prometió celebrar el Parlamento en York, por primera vez en 200 años.

El 22 de diciembre de 1536, el papa Pablo III hizo cardenal a Reginald Pole y lo nombró su legado en Inglaterra, enviándolo a Flandes, donde los exiliados ingleses conspiraban contra Enrique VIII. Secretamente, el Papa encargó a Pole ayudar a los participantes en la Peregrinación de Gracia, sin precisar cómo.

En febrero de 1537, renació la rebelión, pero la mayoría de seguidores de Aske ya no la secundaron y el rey pudo optar por la violencia. Convocó a Aske a Londres y lo mandó ejecutar el 12 de julio.

¿Qué hizo Pole para ayudar a la Peregrinación de Gracia? No consiguió apoyo material del emperador Carlos V. Desde Inglaterra trataron de asesinar al cardenal tres veces, pero sus amigos frustraron los ataques. Mayer asegura que, de haberle dado dinero el Papa y apoyo el emperador, la legación de Pole «habría servido como catalizador para revivir y unificar los partidos que llevaron a cabo tanto el golpe [contra Ana Bolena] como la rebelión» [la Peregrinación] (1987:306).

Pole llegó a París el 10 de abril de 1537, y si bien no consiguió que el rey Francisco I intercediera para evitar la ejecución de los líderes de la Peregrinación de Gracia, tampoco el embajador inglés, Stephen Gardiner, consiguió que el rey francés le entregara al cardenal como traidor, según los términos a que estaba obligado por el Tratado de Picquigny de 1475.

Al final, según Mayer, la legación de Pole agitó la violencia entre los dos bandos (1987:331):

> *Ambas partes estaban plenamente dispuestas a adoptar cualquier medio que pareciera necesario para lograr sus objetivos cada vez más determinados ideológicamente. Algunas de las mejores tácticas implicaban el espionaje, siempre una opción viva cuando la diplomacia fracasaba.*

Enrique VIII ordenó en 1537, tras la Rebelión de Bigod —continuación de la Peregrinación de Gracia—, la ejecución de 216 personas, incluidos seis abades, 38 monjes y 16 párrocos:

> *Nos complacerá que se realicen ejecuciones terribles con un buen número de habitantes de cada villa, pueblo y aldea que me haya ofendido en esta rebelión: ya sea colgándoles de los árboles, o descuartizándoles y colocando sus cabezas y partes en cada ciudad, grande o pequeña, y en cualquier otro lugar donde pueda constituir un espectáculo aterrador para cuantos en adelante se planteen tomar parte en algo semejante. Les exigimos que lo hagan sin piedad ni respeto alguno.*

Los sacramentos fueron restaurados, pero no los monasterios y sus propiedades, distribuidas entre el rey y sus seguidores. Las huellas de la venganza pueden verse en los restos de los grandes monasterios del norte que fueron acusados de complicidad. Entre las víctimas se cuenta Tomás Percy, ejecutado el 2 de junio de 1537 en Tyburn, que no será beatificado, a diferencia de su hijo homónimo, ejecutado en 1572.

Entre 1536 y 1540, la «disolución de los monasterios» implicó cerrar o simplemente demoler 800 monasterios y edificios religiosos, expulsando o matando a sus miles de habitantes de ambos sexos.

OTROS MÁRTIRES DE 1537 A 1547

Tras el martirio de John Houghton se nombró para la Cartuja de Londres un prior que hizo el juramento. Los monjes que no se doblegaron fueron encarcelados en mayo de 1537 en la prisión de Newgate (en la sede del Tribunal Penal central de Inglaterra y Gales, conocido como Old Bailey, poco más de medio kilómetro al sur de la Cartuja) sin alimentarlos. Antes, dos cartujos fueron colgados de cadenas en las murallas de York hasta morir el 11 de mayo: John Rochester y James Walworth.

A ocho cartujos que el 18 de mayo de 1537 siguieron negándose a jurar se les mandó el día 29 a Newgate para morir de hambre y sed: el lego William Greenwood fue el primero en morir el 6 de julio, seguido dos días después por el diácono John Davy y el día 9 por el hermano Robert Salt. El hermano Walter Pierson y el sacerdote Tomás Green murieron el día 10, seguidos por los hermanos Tomás Scryven (15) y Tomás Redyng (16).

Parece que al resto se le dio algo de comer con idea de ejecutarlos, si bien murieron el 9 de agosto el eremita Richard Bere, de Somerset (el joven, su tío homónimo fue abad de Glastonbury), y el 20 de septiembre el sacerdote Tomás Johnson.

William Horne fue el último cartujo en morir, ya que sobrevivió tres años, hasta que el 4 de agosto de 1540 fue enviado al lugar de ejecución de los traidores y bandidos, Tyburn.

Frente a la coalición del Papa, el imperio y Francia para invadir Inglaterra, Enrique VIII supervisó las fortalezas de la costa desde Milford Haven, en el extremo suroeste de Gales, hasta el estuario del Wash e incluso más al norte, estableciendo una sala especial de mapas en el palacio de Whitehall, en Westminster (una decena de kilómetros remontando el Támesis al oeste de Greenwich), desde donde controlar el trabajo. Destruido por el fuego en 1698, en su solar se encuentra aún hoy día el Ministerio de Defensa británico.

Por primera vez, Inglaterra se dotó con una marina dotada de artillería pesada y capaz de interceptar en el mar a una fuerza invasora. Según Starkey, para los ingleses el Canal de la Mancha pasó de ser el camino hacia Europa a un foso defensivo: Inglaterra se separaba, «tomando un camino que iba a seguir durante cuatro siglos», conforme al lema inscrito, por ejemplo en el castillo de S. Mawes, frente a Falmouth, en el sur de Cornualles: *Semper vivet anima Regis Henrici Octavi* (el alma del rey Enrique VIII vive para siempre).

La supremacía eclesiástica sería también ocasión para que el rey de Inglaterra interviniera en Irlanda, donde los condes de Kildare —50 km al suroeste de Dublín—, de la familia anglonormanda (llegada con la invasión inglesa del siglo XII) Fitzgerald, eran de hecho los «reyes no coronados de Irlanda». El 9.º conde de Kildare, Gerald FitzGerald (Gearóid Óg), fue llamado tres veces a Inglaterra a rendir cuentas ante el rey de su gestión. La tercera vez, en febrero de 1534, Cromwell lo mandó a la Torre bajo la sospecha de conspiración, a pesar de que estaba ya bastante impedido y moriría por enfermedad en septiembre.

El arraigo en la Irlanda de los descendientes de Gerald de Windsor, caballero normando que llegó de Gales a la isla a fines del siglo XI, lo explicaba así P. W. Joyce (p. 6):

> *Los Geraldinos se habían vuelto completamente irlandeses. Siempre estaban involucrados en la guerra, exactamente igual que los jefes nativos, hablaban y escribían el idioma irlandés, leían y amaban los libros irlandeses y las tradiciones irlandesas de todo tipo; tenían bardos, shanachies [contadores de historias] y anticuarios como parte de su hogar; se casaban, juntaban y cotilleaban con las principales familias irlandesas. Estaban tan apegados a todas las costumbres nativas como los propios nativos; y cuando llegó la Reforma, fueron campeones de la religión católica. Si añadimos a todo esto que se sabía que pertenecían a una antigua familia noble, lo que decía mucho en Irlanda, tenemos una explicación suficiente del hecho bien conocido de que los irlandeses nativos estaban bastante más apegados a estos Geraldinos que a sus propios jefes de pura sangre celta.*

Antes de salir de Irlanda, el conde de Kildare dejó como lugarteniente a su hijo Tomás, señor de Offaly, cuya inexperiencia explotaron los ingleses difundiendo la falsa noticia de que su padre había sido decapitado. El que sería apodado Tomás de Seda, cayó así en la provocación que su padre había sabido evitar y se declaró en rebeldía. Cuando esta noticia llegó a la Torre de Londres, causó la muerte a Garrett Os.

Offaly pidió ayuda a la Santa Sede y a Carlos V, alegando motivos religiosos para su rebelión. Tras ser derrotado, se le interrogó sobre los personajes eclesiales que acusaron de cismático a Enrique, pero no los delató. El único condenado por un jurado de Dublín a fines de julio de 1535 —la rebelión terminó en marzo con la rendición del castillo de Maynooth, 25 km al oeste de Dublín— por negarse a jurar la supremacía fue el canciller de la Catedral de San Patricio, John Travers, posiblemente un inglés emparentado con un alcalde de Oxford, posteriormente encerrado y ejecutado en torno a febrero de 1537 en Oxmantown Green (cuando fueron ejecutados Tomás y sus cinco tíos en Tyburn).

De Travers se dice que escribió un libro apoyando la supremacía papal y que cuando lo ejecutaron ocurrió un milagro: los dedos con que reconoció haber escrito el libro no fueron destruidos por las llamas. Según R. D. Edwards, Travers se pasó al bando de Offaly «como un cruzado contra el rey cismático», y el cargo de traición pudo basarse «en sus principios religiosos», aunque hasta 1536 el Parlamento irlandés no aprobó la ley de supremacía eclesial del rey y abolición de la jurisdicción papal.

Desde octubre de 1537 contaba Enrique con un heredero varón, Eduardo, hijo de Juana Seymour. Pero la reina murió a los pocos días y por primera vez Enrique no tenía ya previsto por quién sustituirla. Tomás Cromwell propuso a Ana de Cléveris, cuyo hermano Guillermo V de Jülich-Cléveris-Berg gobernaba un ducado del noroeste de Alemania cuyos territorios —Cléveris, Mark y Ravensberg— se encontraban entre los controlados por el emperador y el rey de Francia. No obstante, el matrimonio no se propondría hasta 1539.

Las energías que antes dedicaba al deporte, las empleaba ahora el rey exclusivamente al gobierno del reino, cuya «tarea central», según Starkey, era «establecer la doctrina de la recién independizada iglesia de Inglaterra».

Enrique VIII buscaba un camino intermedio entre la iglesia sin ritos ni reliquias propugnada por Tomás Cromwell y Ana Bolena, y las costumbres de la Iglesia romana en que él mismo había sido educado. A este fin, según testimoniaba el propio Cromwell, daba a leer libros de temática religioso-reformista a personas de pensamiento opuesto, y una vez que conocía los pros y contras que cada uno veía en las propuestas del libro en cuestión, tomaba su decisión.

Así se redactaron los Seis Artículos de la Iglesia de Inglaterra promulgados en 1539, que debilitaban la creencia en la Eucaristía:

1. La Misa: Se cree en la presencia real de Cristo en la Eucaristía, sin afirmar la transubstanciación católica. Esta posición se conoció como la «presencia real espiritual».
2. La comunión: Comulgar bajo las dos especies (pan y vino) no es necesario para la salvación, pero ambos elementos deben ser administrados.
3. El celibato del clero es válido y no se requiere que los sacerdotes se casen.
4. Los votos monásticos son válidos y deben mantenerse; la vida monástica tiene mérito religioso.
5. El ayuno se observará en Cuaresma y otros días prescritos.
6. El purgatorio existe como lugar de purificación después de la muerte; las oraciones por los difuntos son eficaces.

Aunque los artículos incluyeran cierta ambigüedad, no cabían remilgos en su aceptación, que se exigía bajo pena de muerte.

Entre los reformadores radicales que quedaron fuera de juego a causa de los seis artículos se cuenta Latimer, que renunció al obispado de Worcester el 1 de julio. Hasta julio de 1540, quedaría bajo arresto domiciliario, con prohibición de predicar, aunque se le asignaba una pensión anual de 100 marcos.

La permanencia de los sacramentos, incluida a la confesión, daba a los artículos un aire conservador, pero el uso de la Biblia en inglés era una importante concesión a los reformadores. Cada parroquia, como muestra de sumisión, tenía que comprar un ejemplar de la *Gran Biblia* impresa por Miles Coverdale en 1539 por orden del rey y que comenzó a distribuirse en 1540.

En su portada, la imagen del rey robaba el protagonismo a un Jesucristo de mucho menor tamaño que, desde el Cielo, entregaba su doctrina al rey, que luego la distribuía pasando el libro a los obispos, mientras los distintos estamentos de la sociedad mostraban su veneración no a Dios, sino al monarca, con vivas al rey y solo en uno de los casos con un «Dios salve al rey». No faltaba en el dibujo la advertencia a los reticentes, mostrando a dos presos en una cárcel.

Entre los ejecutados en este período, los católicos a veces serían destripados como traidores (en Tyburn, en exclusiva) y otras quemados como herejes (en Smithfield, lugar compartido con protestantes). Entre los beatificados por la Iglesia católica están:

John Forest: sacerdote franciscano menor (observante) de Londres, que había sido confesor de la reina Catalina, fue quemado como hereje el 22 de mayo de 1538 en Smithfield tras no reconocer la supremacía del rey.

También ardió en Smithfield, el 16 de noviembre de 1538, John Lambert, uno de los primeros predicadores protestantes de Cambridge, según Hutchinson acusado «por el obispo conservador Gardiner», y condenado por no creer en la transubstanciación. Quien le condenó fue Cranmer, de quien consta que en ese mismo año ya no creía en la transubstanciación.

Nueve mártires católicos de 1539 fueron beatificados en 1895:

Adrian Fortescue: laico de Westminster (terciario dominico y Caballero de San Juan de Jerusalén), ejecutado en la Torre de Londres el 9 de julio. Había asistido a la coronación de Ana Bolena, pero el 29 de agosto de 1534 sufrió un primer arresto y de nuevo lo arrestaron en febrero de 1539, condenándolo sin juicio el Parlamento por supuestos actos de hostilidad al rey, que nunca fueron especificados. Sus servidores fueron igualmente ejecutados por traición, pero en Tyburn (descuartizados).

Le siguen siete benedictinos, seis de ellos ejecutados los días 14 y 15 de noviembre de 1539. Hugh Cook Faringdon, abad benedictino de Reading, apoyó al rey hasta el punto de escribir al Papa, junto con otros miembros de la Cámara de los Lores, pidiendo que anulara el matrimonio. En 1536, consintió en todos los documentos firmados por el sínodo de obispos para reconocer la supremacía de la corona, y parece haberse conformado con el cierre de la abadía (aunque la placa colocada en su memoria dice que no). Pero en 1539 se le acusó de apoyar económicamente a los rebeldes del norte, pasando dos meses en la Torre de Londres. Cromwell no esperó a que lo juzgara el Parlamento y lo condenó a morir descuartizado delante de la puerta interior de la abadía el 14 de noviembre de 1539, junto con los monjes John Rugg y John Eynon.

Richard Whiting, último abad benedictino de Glastonbury. Aunque hizo el juramento de supremacía, en enero de 1539 se negó a entregar la Abadía, que era la última que quedaba en el condado de Somerset. El 19 de septiembre la abadía fue cerrada y el abad enviado a la Torre de Londres, sin acusaciones concretas, aunque el embajador de Francia, Charles de Marillac, escribirá el 25 de octubre que, en el registro en busca de riquezas, se encontró un libro a favor de Catalina de Aragón.

Por ser miembro de la Cámara de los Lores, Whiting debía ser condenado mediante una ley del Parlamento. En lugar de eso, lo enviaron de vuelta a Glastonbury, pero poco antes de llegar, en Wells, se hizo un juicio por robo y al día siguiente lo arrastraron con caballos, junto con el tesorero John Thorne y el sacristán Roger James, atados a sendos zarzos, hasta el montículo donde está la Torre de Glastonbury, donde los colgaron, arrastraron y descuartizaron, colgando luego la cabeza del abad en la puerta occidental de la Abadía y enviando sus miembros a distintas ciudades.

Por ultimo ejecutaron a Tomás Marshall (apodado padre John Beche): abad benedictino de Colchester, que igualmente había firmado con toda su comunidad el juramento de supremacía en 1534, pero sin ocultar su reverencia hacia los mártires cartujos, Fisher y Moro. En noviembre de 1538 se negó a aceptar la confiscación de la Abadía. Lo acusaron de traición en la Torre de Londres, pero lo soltaron porque negó haber firmado que el monasterio no podía ser disuelto porque superaba el límite de valor de 300 marcos anuales; que Dios se vengaría de quienes cerraban esas casas religiosas, que Fisher y Moro «murieron como hombres de Dios y se apenaba de sus muertes», y que el rey había roto con la Iglesia católica al quererse casar con Ana Bolena. Pero al ser juzgado en noviembre de 1539 en Colchester aceptó los cargos y fue ejecutado el 1 de diciembre, probablemente en la puerta de la Abadía. Su cruz pectoral se conserva en la Abadía de Buckfast en Devon, que fue reabierta en 1882 por monjes franceses.

San Juan Stone, sacerdote agustino, fue el único del convento de Canterbury que se negó a hacer el juramento de supremacía que les presentó, junto con la orden de abandonar el convento, el obispo dominico de Dover, Richard Ingworth, el 14 de diciembre de 1538. El obispo lo mantuvo encerrado un año sin conseguir que prestara juramento. Enviado a la Torre de Londres, Stone declaró ante Cromwell que el rey «no podía ser cabeza de la Iglesia en Inglaterra, debiendo serlo un padre espiritual nombrado por Dios». Fue ahorcado, arrastrado y descuartizado el 27 de diciembre de 1539 en Canterbury.

Cuatro días después, el último día de 1539, la Ley de Supresión de Monasterios Mayores (con ingresos anuales superiores a 200 libras) consumó el cierre de todas las instituciones religiosas en Inglaterra y la confiscación de sus propiedades. Ya el 16 de noviembre, Enrique VIII había ordenado que se dejase de considerar santo a Tomás

Becket, pero la destrucción del Santuario, que era el mayor centro de peregrinación de Inglaterra, se llevó a cabo entre 1540 y 1541.

Los restos de Becket fueron profanados, sus huesos sacados de la tumba y quemados en una hoguera pública en el patio del Monasterio. Aunque apenas quedan restos del edificio original (por ejemplo, un capitel rescatado del río), sobre ese lugar se reconstruyó en el siglo XIX la catedral anglicana. Royer-Hemet (p. 142) transcribe la proclamación de Enrique VIII sobre Becket:

> *Por tanto, su gracia manda y encarga que, de aquí en adelante, el dicho Tomás Becket no sea estimado, nombrado, reputado ni llamado santo, sino que el obispo Becket y sus imágenes y cuadros sean derribados y eliminados en todo el reino.*

Tomás Cranmer continuó su camino hacia el protestantismo. En 1538 había abandonado la creencia católica romana tradicional en la transubstanciación —que Cristo se hace sustancialmente presente en la Eucaristía— pero manteniendo cierta creencia en una presencia real de Cristo, conforme a la ambigua fórmula de los Seis Artículos. Su posición era menos cómoda en cuanto partidario del matrimonio del clero.

Durante los últimos años de Enrique, los enemigos de Cranmer urdieron tres complots para destruirle condenándole por herejía, frustrados por la confianza y aprecio que Enrique le profesaba. A su vez, Cranmer abogaba por aquellos que caían en desgracia (sin éxito en los casos de Tomás Moro, Ana Bolena, Tomás Cromwell y otros). El rey lo escuchaba y lo protegía, pero no le permitía influencia política alguna. No era de extrañar que recurriera a Cranmer cuando le llegó la muerte. Pero aún quedaba tiempo para martirizar a católicos y protestantes, a veces víctimas colaterales de un enfado regio con alguno de sus colaboradores.

La cercanía al rey no servía de protección para quienes se desviaran de la línea oficial, y no solo por motivos doctrinales. El 27 de diciembre de 1539 llegó a Inglaterra la prometida Ana de Cléveris, cuya hermosura, conociendo la preferencia del rey por las jóvenes hermosas, habían halagado Cromwell y sus partidarios. Enrique, completamente decepcionado, cumplió el compromiso de casarse en enero de 1540 solo para evitar que el duque de Cléveris se pasara al bando del emperador, pero la rechazó e hizo anular el matrimonio como no consumado en julio, enviando a la princesa de vuelta a su país.

Cromwell cayó así en desgracia y el mismo tribunal que había utilizado para condenar a otros le condenó ahora a él por traición y herejía. El conde de Essex fue decapitado el 20 de julio de 1540 junto con su principal aliado, el barón Walter Hungerford de Heytesbury, a quien se añadieron los delitos de sodomía y brujería.

Queriendo simular que mantenía el equilibrio entre dos extremos, diez días después Enrique hizo ahorcar, arrastrar y descuartizar en Smithfield a tres católicos, condenados por el Parlamento como traidores, y quemar en Tyburn a tres protestantes, igualmente condenados por el Parlamento, pero como herejes. Los católicos eran:

Tomás Abel: sacerdote diocesano, maestro en artes y doctor en teología por la Universidad de Oxford, fue capellán y profesor de música y lenguas de la reina Catalina de Aragón. Cuando el rey Enrique VIII quiso apoderarse del breve por el que el Papa Julio II le había concedido la dispensa necesaria para casarse con Catalina, envió a Tomás a España para obtenerlo del emperador Carlos V.

Abel llevaba una carta de la reina, solicitando el breve, pero esta le instruyó secretamente para advertir al emperador que la entrega del breve dañaría su causa. En 1532, Tomás apeló al Papa para que le protegiese contra la posible venganza del rey. Ante la certeza de que de todos modos sería castigado, escribió la obra *Invicta Veritas*, en respuesta a un libro que su editor de 2021 identifica como el publicado por Edward Fox en Londres en 1531 bajo el título de *Determinaciones de las más famosas y más excelentes universidades de Italia y Francia, de que es ilegal que un hombre se case con la mujer de su hermano y que el Papa no tiene poder para dispensarlo.*

Para precisar que el Levítico no prohibía el casamiento con la viuda de un hermano difunto, como pretendía el rey de Inglaterra (en realidad, la prohibición se apoyaba en la praxis eclesial que por entonces prohibía la afinidad), basta a Abel citar la obligación contraria de casarse con las viudas sin hijos, promulgada por Moisés; añadiendo que tanto las leyes naturales como las civiles permitieron a Abraham casarse «con su propia hermana Sara». De igual modo, el patriarca Judá casó a su segundo hijo, Onán, con Tamar, viuda de su primer hijo, Er, y tras la muerte del segundo, prometió casarla con su tercer hijo, Sela, en cumplimiento de la ley del levirato establecida en el Deuteronomio (25, 5-6), cuya validez presuponía Jesucristo al hablar de la Resurrección (Mateo, 22, 23-33). Abel cita la escritura para asegurar que la orden de casarse con la viuda de un hermano no era puntual: «por tanto, este mandamiento no era una dispensa, sino una ley clara y así podéis ver que tales matrimonios no pueden estar en contra de la ley de la naturaleza».

Abel dice de la prohibición de casarse a los afines en primer grado, como la mujer de un hermano, deriva «solamente de la ordenanza de la Iglesia» y por tanto «ningún hombre puede negar» que el Papa tenga «poder para dispensar frente a las prohibiciones que solo están en sus leyes».

Abel no entra en si el rey tenía otros motivos para tratar de romper su matrimonio, ni mucho menos en qué tuviera eso que ver con los problemas de la Iglesia en Inglaterra, o con la crisis de la Iglesia en toda Europa. Es más, al referirse solo al citado libro, en ningún momento menciona al rey de Inglaterra, ni por supuesto le acusa de transgredir la ley de Dios o la autoridad del Papa. Pero eso no le salvaría de la represión que le llevó a ser encarcelado en la Torre de Londres. La víspera de Navidad de 1532 fue puesto en libertad, pero un año más tarde fue nuevamente encarcelado.

En febrero de 1534, se le trasladó a la torre de Beauchamp, bastión central del muro occidental de la Torre de Londres. Enrique VIII le acusó sin pruebas de complicidad con la doncella de Kent. Fue condenado porque su «firme y constante crédito» a las pretendidas visiones de la doncella le habría movido a escribir contra el divorcio del rey y a incitar a Catalina a oponerse a él.

En la primavera de 1537, Abel consiguió que Cromwell le cambiara de prisión, pero no que le permitiese celebrar misa. Tres años más tarde, el carcelero permitió al P. Abel y al P. Powell salir a pedir limosna. Él fue enviado a prisión y, por dar limosna a los dos sacerdotes, el obispo de Chichester (situada un centenar de km al suroeste de Londres y 30 al este de Portsmouth) y el doctor Nicolás Wilson quedaron presos en la Torre de Londres.

El 24 de julio de 1540, Tomás fue condenado como traidor, por «apoyar al obispo de Roma» y negar la supremacía espiritual del rey.

Richard Fetherston: igualmente licenciado por Oxford y sacerdote, fue uno de los teólogos encargados de la defensa de la causa de Catalina desde el principio, y parece que escribió un tratado «Contra el divorcio de Enrique y Catalina» que no se conserva. Asistió a la declaración del divorcio, pero no aceptó firmar que el matrimonio de Enrique y Catalina hubiera sido ilegal desde su origen. En 1534 se negó a firmar el Acta de Supremacía. Fue encerrado en la Torre el 13 de diciembre de 1534 y en enero de 1535 condenado como traidor.

Eduardo Powell: Galés y educado en Oxford, fue profesor de Teología tanto en esa universidad como en Cambridge. Fue escogido como orador de la corte para publicar en 1523 tres libros en forma de diálogo como réplica a Lutero. Oxford avaló la obra, y en carta al rey declaró a Powell «gloria de la universidad». Para defender el matrimonio de Enrique y Catalina, escribió el tratado *De non dissolvendo Henrici Regis cum Catherina matrimonio.* Por su negativa a aceptar el divorcio y el Acta de Supremacía fue encerrado en la Torre de Londres en 1534.

Tras la caída en desgracia en Cromwell, la condena de los tres católicos encerrados venía a ser una reafirmación del poder absoluto del rey. Mientras que las víctimas católicas estaban desconectadas de los eventos políticos desde su arresto, los protestantes acababan de atacar al rey recientemente:

Robert Barnes: Sacerdote y prior agustino en Cambridge. En connivencia con Latimer, en Navidad de 1525 predicó contra la Iglesia y a favor del protestantismo, por lo que fue apresado y se retractó. Entre 1528 y 1531 vivió junto a Lutero y a su regreso el rey lo utilizó como embajador en sus negociaciones con los protestantes. Cromwell lo arrastró en su caída. La excusa para detenerle fue un sermón que predicó contra el obispo Gardiner frente a la Catedral de San Pablo de Londres. Enrique VII lo convocó a Hampton Court, junto con los dos siguientes, que igualmente habían criticado la supuesta falta de ortodoxia de la iglesia gobernada por el rey. Aunque pidieron perdón, el rey mandó ejecutarlos.

Tomás Garret: Sacerdote asociado a Latimer y Tyndale, en 1530 fue arrestado y en 1532 se escapó de ser quemado por hereje en Oxford, pero en 1538 se le acusó nuevamente de herejía.

William Jerome: Vicario de Stepney, en el este de Londres, igualmente condenado por herejía y quemado con los otros dos en auto de fe el 30 de julio de 1540.

Más importante que esta represión tras la caída de Cromwell, fue la reorganización del Consejo Privado y la nueva boda real. El 28 de julio de 1540 Enrique VIII se casó con su quinta esposa, Catalina Howard.

En julio de 1541, la pareja real emprendía un viaje de pacificación de las zonas donde había tenido lugar la Peregrinación de Gracia. Pero antes, Enrique liquidó a la última presa relacionada con aquella rebelión, y última descendiente de la casa de York: Margarita Pole, cuyas desgracias familiares ilustran los peligros de aspirar al trono de Inglaterra (o conspirar contra quien en él está).

Margarita era hija de George Plantagenet, duque de Clarence, quien se rebeló contra su hermano, el rey Eduardo IV, que lo condenó y lo mandó ejecutar en 1478. También era sobrina del último rey de la casa de York, Ricardo III Plantagenet, derrotado y asesinado por Enrique VIII, quien a su vez castigó a Eduardo, hermano de Margarita, por conspirar contra el rey, encarcelándolo en la Torre de Londres durante muchos años y ejecutándolo en 1499.

Vidriera con la beata Margarita Pole en la Iglesia OLEM
(foto Lawrence Lew, O. P.)

Enrique VII dispuso que Margarita se casara con sir Richard Pole, primo del rey y descendiente de una familia galesa, con quien tuvo cinco hijos. Cuando Enrique VIII subió al trono, Catalina de Aragón recordó su amistad con Margarita mientras estaba en el limbo entre la muerte de Arturo y su compromiso con Enrique.

Margarita fue madrina y luego institutriz de la princesa María, y Enrique la nombró condesa de Salisbury. El rey incluso sugirió casar a su hija María con el tercer hijo mayor de Margarita, Reginald, el futuro cardenal.

Tras la boda de Enrique con Ana Bolena, Margarita fue enviada lejos de la corte: sus deberes como institutriz ya no eran necesarios una vez que María también fue apartada de la corte y separada de su madre. Sin buscar conflicto, Margarita permaneció leal a Catalina, a María y a la Iglesia católica.

Regresó a la corte después de la caída de Ana Bolena en mayo de 1536. Su hijo mayor, Henry Pole, barón Montagu, fue uno de los pares en el juicio y condena de Ana Bolena. Precisamente entonces Reginald rompió con Enrique VIII, enviándole su tratado contra la supremacía real, donde instaba a los príncipes de Europa a deponer al rey inglés. Este escribió a Margarita, y ella envió a su hijo una carta reprendiéndolo por su «locura».

El gobierno inglés intentó asesinar a Reginald y atacó a su familia, acusándolos de participar en una supuesta conspiración para instalar a Henry Courtenay, primer marqués de Exeter, como rey.

Henry Pole fue arrestado el 4 de noviembre de 1538, junto con otros familiares. Edward Neville fue decapitado el 8 de diciembre de 1538 y Henry Courtenay, primer marqués de Exeter y también su primo, el 9 de diciembre de 1538. Reginald fue declarado traidor en ausencia. En enero de 1539, todos los detenidos restantes fueron decapitados, con la excepción de Geoffrey Pole y Margarita, que había sido arrestada diez días después de su hijo de Henry, e interrogada por William Fitzwilliam, primer conde de Southampton (quien terminaría quedándose con el Castillo de Warblington, residencia de Margarita en Hampshire), y Tomás Goodrich, obispo de Ely.

Los interrogadores informaron a Tomás Cromwell de que, aunque habían «trabajado con ella» durante muchas horas, «no reveló nada» y se vieron obligados a concluir que o bien sus hijos no la incluyeron en sus planes o ella era «la traidora más obstinada que jamás haya vivido». Para acusarla, Cromwell incluso presentó como evidencia un vestido, encontrado cuando llevaba seis meses en prisión, en el que estaban impresas las cinco llagas de Cristo, el emblema de la Peregrinación de Gracia.

El 27 de mayo de 1541, tras avisarle solo con una hora de antelación, la condesa de Salisbury, de 67 años, fue decapitada en el mismo patio de la Torre de Londres donde mataron a Ana Bolena, de una manera excepcionalmente brutal por un verdugo inepto. Se dice que en las paredes de su celda, después de su ejecución, se encontraron estos versos:

Los traidores deberían morir en el cadalso;
¡Yo no soy traidora, no, no lo soy!
Mi fidelidad se mantiene firme y así,
¡Hacia el cadalso no iré!
¡Ni daré un paso, como veréis;
Cristo en Tu misericordia, sálvame!

El hijo de Henry, que también se llamaba Henry, esperaba seguirla al cadalso, pero el rey no quiso enfrentarse a la opinión pública desfavorable, y por eso siguió encarcelado en la Torre hasta su muerte. Reginald sobrevivió a la venganza de Enrique. Geoffrey se declaró culpable en su juicio por traición y luego intentó suicidarse dos veces. Fue perdonado en 1539 y vivió en el exilio. Margarita fue beatificada en 1886 y su fiesta se celebra el 28 de mayo.

Poco duró la felicidad de Enrique y Catalina Howard tras su viaje al norte, ya que el 1 de noviembre de 1541 recibió el rey una carta del arzobispo Cranmer, que acusaba a la reina de haber tenido relaciones sexuales al menos con dos hombres —el cortesano Tomás Culpeper y Enrique Mannox— antes de casarse.

Culpeper confesó que la infidelidad había continuado incluso en el viaje veraniego al norte de 1541. Él fue ejecutado el 10 de diciembre y Catalina el 13 de febrero de 1542. La reina advirtió a Culpeper que no hablara de sus relaciones mutuas ni en confesión, ya que, si lo hacía, el rey terminaría por enterarse.

Entretanto, siguió habiendo mártires católicos, como el laico beatificado en 1929: David Gonson (o Gunston), caballero de Malta que patrulló el Mediterráneo desde que ingresó en esa orden en 1533 hasta su regreso a Inglaterra en 1540. Delatado por otro caballero, se le acusó de negar el poder espiritual del rey. Fue colgado, arrastrado y descuartizado el 12 de julio de 1541 en el lugar de la antigua calzada romana de Londres hacia Canterbury conocido como St Thomas à Watering, por lo que es honrado como el primero de los mártires del municipio de Southwark (https://www.preciousblood.org.uk/martyrs-of-southwark.html).

Por esta época, el dolor de la pierna se agravó hasta el punto de que el rey andaba casi siempre en una silla de ruedas. Aún pudo casarse el 12 de julio de 1543 con su sexta y última mujer, Catalina Parr, que sería conocida por educar a los hijos del rey y por sus escritos teológicos y literarios.

Además de Margarita Pole, hubo otros mártires de los últimos años de Enrique VIII a los que la Iglesia católica ha beatificado.

Tres fueron ejecutados en Tyburn el 7 de marzo de 1544: el que durante muchos años fue párroco de Tomás Moro, John Larke, el sacerdote John Ireland, que también había sido capellán de Moro, y el laico Germain Gardiner, sobrino del obispo Esteban, bajo la acusación de rechazar la supremacía.

Gardiner manifestó ante los congregados para su ejecución como única razón por la que sufría la muerte —se le acusaba también de haber tratado de probar que Cranmer era hereje, de connivencia con el cardenal Pole y de negar al rey su título de cabeza «de la Iglesia de Inglaterra e Irlanda» en un panfleto contra John Frith escrito en 1534— que «la simple piedad de los cartujos, la amplia enseñanza del obispo de Rochester y la profunda sabiduría de Tomás Moro le convencieron de estar en lo cierto» (Stapleton, p. 108), algo que Green califica como «quizá el más sincero tributo al heroico sacrificio de Moro».

La represión tardía de Enrique VIII afectó al obispo protestante Latimer, que desde 1540 había vivido retirado. En 1546 regresó a Londres y fue examinado el 13 de mayo por el Consejo Privado. Lo encerraron en la Torre de Londres hasta la muerte del rey.

El rey sucumbió a la septicemia en la noche del 28 de enero de 1547, contando 55 años. De su tumba solo quedó la lápida de mármol y el sarcófago que hoy contiene, en la cripta de la Catedral de San Pablo, los restos de Horacio Nelson. Starkey resume su legado en «cuatro siglos de conflicto religioso que casi destruyó la monarquía» y en «un nuevo sentido de identidad nacional de Inglaterra como un país que no temía separarse de Europa, diferenciándose en su confianza en sí mismo, reflejando el propio carácter de Enrique».

Esta paradoja hace seguramente difícil la ecuanimidad al espectador, facilitando un juicio de bloque positivo o negativo sobre la figura de Enrique VIII, su reinado y quizá lo que se ha dado en llamar Reforma inglesa.

Parece difícil escapar ya desde su comienzo a lo que Rosemary O'Day llamó *El debate sobre la Reforma inglesa* (título de su libro de 1986), resumido en dos teorías: la que lo considera un movimiento «de abajo a arriba» (*bottom-up theory*), de historiadores como G. R. Elton y A. G. Dickens, que consideran la reforma como «algo que tenía que suceder»; mientras que la teoría «de arriba abajo» (*top-down theory*), expuesta por historiadores como E. Duffy, C. Haigh o J. Scarisbrick, «ve la Reforma inglesa como un evento que no habría sucedido de no haber sido por la pelea de Enrique VIII con el Papa», en palabras de Mann (p. 60).

Si la Reforma hubiera sido un movimiento forzado desde abajo, continúa esta autora, Enrique VIII no habría bloqueado los planes de reforma radicales de Cromwell y Cranmer. Conviene, pues, no confundir voluntad real con popular, y recordar no solo que Inglaterra no era una democracia, sino, en palabras de Clare Asquith, que «Inglaterra no era una sociedad libre» (p. 4). Puestos a reflejar la voluntad popular, podría en parte verse en la Peregrinación de Gracia, que fue aplastada sin piedad (aunque no se puede negar que todo el episodio influyó para que Enrique VIII no aceptara sin más las propuestas protestantes).

Este mismo hecho de que la voluntad del rey sufriera modificaciones, impide también aceptar sin más la tesis de que todo fue impuesto desde arriba: el Estatuto de *Praemunire* era una tradición y, fuera o no artificial e incompatible con el catolicismo, los obispos aceptaban sin rechistar que el rey impusiera *ciertos* derechos de la corona, por muy excesivo que sonara anular todos los del Papa. De igual modo, la furia iconoclasta no era una invención del rey Enrique… O de lo contrario sería aún más difícil explicar cómo se extendió más allá de lo previsto después de su muerte.

Según Mann (p. 61) «la visión Whig de la historia inglesa», resumida por G. M. Trevelyan, que durante siglos entendió lo sucedido como «un progreso hacia una hegemonía Whig más liberal, reformista e ilustrada en el dominio británico», es en definitiva la de los «ganadores que escriben la historia». A ella se enfrentarán primero «historiadores no profesionales» como Hilaire Belloc y G. K. Chesterton, y, desde la década de 1980, «revisionistas» como Duffy, Haigh o J. Bossy:

> *Así, mientras Elton y Dickens interpretaron la Peregrinación de Gracia como una conspiración de nobles ingleses impulsada por el poder, Geoffrey Moorhouse y Robert Hoyle, basando sus conclusiones en pruebas documentales contemporáneas, han demostrado que se trata de un movimiento de base inspirado en la religión.*

En cuanto a Chesterton, titula «La rebelión de los ricos» el capítulo 11 de su *Breve historia de Inglaterra,* para resaltar la ironía de cómo una reforma religiosa terminó siendo una forma de acumular riqueza y poder por parte de los nobles y la élite:

> *El expolio de los monasterios se llevó a cabo especialmente, no solo con una violencia que recordaba la barbarie, sino con una minuciosidad para la que no hay otra palabra que mezquindad. Durante tres siglos, la Iglesia y el pueblo habían llamado santo a Becket, cuando Enrique Tudor se levantó y lo llamó traidor.*
> *La marea que irrumpió así por la brecha y abrumó tanto al rey como a la Iglesia fue la revuelta de los ricos, y especialmente de los nuevos ricos. Usaron el nombre del Rey y no podrían haber prevalecido sin su poder, pero el efecto final fue más bien como si hubieran saqueado al Rey después de que él hubiera saqueado los monasterios.*

Hablamos de la disolución de los monasterios, pero lo que ocurrió fue la disolución de toda la antigua civilización. Abogados, lacayos y prestamistas, los hombres afortunados más mezquinos, saquearon el arte y la economía de la Edad Media como ladrones que roban una iglesia. Sus nombres (cuando no los cambiaron) se convirtieron en los nombres de los grandes duques y marqueses de nuestros días.

EDUARDO VI
Y LA RUPTURA DE LA SUCESIÓN

El reinado del hijo menor de Enrique VIII, Eduardo VI, comenzó con una radicalización de la reforma, no para imponer las ideas de Lutero, sino las de Calvino y Zwinglio, aún más lejanas del catolicismo. Sin embargo, a pesar de la radicalidad de estos cambios, no implicarán derramamiento de sangre de mártires católicos (al menos que hayan sido reconocidos como tales por la Iglesia) hasta 1566 en Escocia y 1570 en Inglaterra.

El obispo Latimer salió de la Torre de Londres ya en el mes de febrero de 1547, pero no quiso recuperar el obispado de Worcester, sino tener libertad para predicar. En 1548 predicaba la cuaresma en la corte, lo mismo que en 1549 con los denominados «siete sermones ante Eduardo VI». Volvió a predicar en la corte en 1550, pero en los tres años siguientes marchó a predicar a Lincolnshire, sin destacar por tanto.

Escribiendo 50 años después de los hechos, un español como el obispo Yepes (1599:9) comparte la percepción de un Enrique VIII casi católico, cuya voluntad habría quedado incumplida: «y deshízose su testamento y última voluntad, y para su mayor desdicha, fue luego entrando por la puerta del cisma y de la desobediencia (que él había abierto y no pudo más cerrar) la herejía de los Sacramentarios», el zwinglianismo, importado por Edward Seymour, «tío del rey niño;

que le entregó a maestros herejes y deshizo las leyes del rey su padre, hechas en favor de la fe católica, y aprovechándose de la ocasión procuró introducir la herejía zwingliana, para usurpar para sí la corona de Inglaterra».

La toma del poder por parte de Seymour, duque de Somerset, como Lord Protector, ya suponía una violación de la voluntad de Enrique VIII. Su hermano Tomás, barón Seymour de Sudeley y almirante mayor de la flota, se casó con la viuda del rey, Catalina Parr. En su intento por modificar la sucesión hizo vivir en su casa a Isabel, la hija de Enrique y Ana Bolena, y pretendió casarse con ella cuando se quedó viudo, además de intentar raptar al propio rey Eduardo. Fue acusado de traición y ejecutado en 1549. Su hermano le siguió en la misma suerte en 1552.

Las llamadas Leyes de Religión de 1549 incluían los siguientes elementos protestantes:

- *Libro de Oración Común*: en inglés en lugar del latín. Sustituía los sacramentos por el Oficio Diario, el Oficio Divino, el Servicio de Comunión y otros rituales religiosos.
- Eliminación de imágenes y santuarios, oraciones y prácticas devotas católicas que se consideraban supersticiones contrarias a los principios protestantes.
- Eucaristía bajo las dos especies, siguiendo la creencia protestante de que comulgar solo bajo una no es una unión completa con el cuerpo y sangre de Cristo.
- Matrimonio de sacerdotes.
- Abolición de la herejía para las denominaciones protestantes en Inglaterra.

El protagonista de la protestantización seguía siendo Tomás Cranmer, arzobispo de Canterbury cuya «hora», según G. K. Chesterton, llegó en el mismo comienzo de este reinado (1547). Ya en 1549 se estrenó con un Libro de Oración Común que, como las medidas posteriores, fue aprobado por ley del Parlamento, sin intervención ninguna del sínodo de obispos (*Convocation*).

Cranmer se rodeó, durante el reinado de Eduardo, de teólogos extranjeros, como Martin Bucer (de Estrasburgo), cuya visión de la Eucaristía se plasmó en el segundo Libro de Oraciones. Doctrinalmente, influyeron más en Cranmer el polaco Jan Laski el joven o el inglés Nicholas Ridley, nombrado obispo de Londres en 1550, cuya huella se refleja en los 42 artículos dogmáticos de 1553 que se obligó a aceptar al clero, a los profesores y a quienes se graduaran en universidades.

La permanencia de ritos de apariencia católica, como comulgar de rodillas, cuando ya se había suprimido la creencia en la transubstanciación —es decir, en que lo que se comiera fuera el cuerpo físico de Cristo—, quizá puede relacionarse con la necesidad de expresarse corporalmente, a pesar de las doctrinas iconoclastas que negaban a la religiosidad toda relación con lo material, y que irían dejando vacía de contenido la «pompa y circunstancia» inglesa (por hacer referencia a las marchas compuestas en el siglo XX por Edward Elgar, pero también al excelente libro de Ignacio Peyró, que puede ayudar a comprender esa mentalidad).

Con todo, a pesar de estas concesiones al catolicismo, la imposición de estas normas litúrgicas y la consiguiente destrucción de imágenes provocó «levantamientos en Leicester, Northampton, Rutland y Berkshire, produciéndose peleas incluso en las iglesias de Londres» (Mann, p. 64).

El mayor de los cambios sería la ruptura de la sucesión apostólica en la consagración de obispos con las fórmulas establecidas en 1550 y que, precisamente por conservar las apariencias, hicieron pensar a muchos que los obispos anglicanos seguían siendo válidamente ordenados.

La declaración de invalidez para las ordenaciones anglicanas no tuvo lugar hasta la bula *Apostolicae Cura* de León XIII (1886). Los dos libros de órdenes llamados «Ordinales Eduardinos» fueron escritos por Tomás Cranmer bajo la influencia de Martín Bucer.

El primer Ordinal, fechado en 1550, se aprobó como consecuencia de la introducción el año anterior del primer Libro de la Oración Común, mientras que el segundo Ordinal, de 1552, se aprobó tras salir el segundo Libro de Oración Común, todos redactados por Cranmer. Esencialmente, implicaban el paso de un ministerio sacerdotal e intercesor, a un ministerio protestante centrado en la predicación y la catequización.

El primer obispo ordenado conforme a ese rito, y por tanto primer obispo inválido para los católicos, fue John Hooper, ordenado para la diócesis de Gloucester el 8 de marzo de 1551. Actuaron como obispos consagrantes Nicholas Ridley, obispo de Londres, John Ponet, obispo de Winchester y Miles Coverdale, obispo de Exeter.

Precisamente Hooper, que regresó a Inglaterra en 1549 y venía imbuido de la doctrina que había escuchado en Zúrich a Heinrich Bullinger, sucesor de Zwinglio, daría lugar a una controversia acerca de las vestiduras sacerdotales, por rechazar las que imponían los ordinales, frente a la sencillez de vestimenta que supuestamente habían adoptado los protestantes suizos.

El nuevo rito de ordenación adoptado durante el reinado de Eduardo VI se centró en la función del ministro como predicador y pastor, y se redujeron significativamente los elementos sacramentales y rituales que se consideraban parte de la ordenación católica. Las oraciones y fórmulas tradicionales relacionadas con la transmisión del poder espiritual y la investidura sacerdotal fueron modificadas para reflejar una comprensión más simbólica y protestante.

En la ordenación sacerdotal, por ejemplo, ya no se mencionaba explícitamente la facultad de perdonar pecados ni la ofrenda de la misa como un sacrificio propiciatorio. En su lugar, el enfoque se centró en el ministerio de la Palabra y la administración de los sacramentos. Se enfatizaba el papel del sacerdote como predicador y maestro, y se hacía hincapié en la necesidad de llevar la Palabra de Dios al pueblo.

En la ordenación episcopal, se eliminaron elementos que insinuaban una línea ininterrumpida de sucesión apostólica y la transmisión del poder espiritual a través de la imposición de manos. El enfoque se centró en la comisión del ministro para el servicio en la Iglesia y en la tarea de predicar y enseñar.

El sacerdote anglicano Puller publicó en 1896 una respuesta a los defectos de forma encontrados por el papa León XIII en el Ordinal

Eduardino, en la que señala que, según confirmó el canon 4 del Concilio de Trento sobre el Sacramento del Orden en la sesión 23, para los católicos las palabras esenciales de la consagración sacerdotal que debe decir el obispo son las de «recibe el Espíritu Santo» (*Accipe Spiritum Sanctum*), debido a que en la Edad Media se adoptó una fórmula imperativa, mientras que en la Iglesia romana primitiva era una fórmula imprecativa (pedía el envío del Espíritu Santo, no lo ordenaba).

Siguiendo a autores como el abad Boudinhon, asegura Puller (1896:714) que en el catolicismo no es esencial para la validez que la oración consecratoria haga referencia al encargo de celebrar el sacrificio eucarístico propio del sacerdote.

Los que venimos llamando Ordinales —nombre que haría referencia a los libros de horas con los rezos litúrgicos que el protestantismo suprimió—, hasta 1636 se llamaron Pontificales como en el catolicismo. Pero esa palabra, que por una parte hace referencia a la intermediación, representada por el puente, y ante todo a Cristo como único intermediario; resultaba incómoda a los protestantes, que rechazan que cualquier mortal, incluidos los sacerdotes, pueda ser auténtico intercesor, y porque el término Pontífice (supremo) es sinónimo de Papa.

La clave de la invalidez de los pontificales (ordinales) anglicanos no era para León XIII una deficiente formulación, sino una deficiente intención: aunque se decían palabras correctas, no se tenía la misma intención que tiene la Iglesia (católica) cuando ordena sacerdotes (u obispos), y ello debido a la influencia protestante (calvinista).

Es decir, que aunque tampoco las fórmulas de la Iglesia católica y de las orientales que esta considera válidas, contienen referencias explícitas a la misión sacerdotal de renovar en nombre de Cristo el sacrificio de la misa, esa intención se entiende implícita, por ser la doctrina de la Iglesia; pero al haber rechazado el calvinismo, y el anglicanismo con él, el carácter sacrificial de la Eucaristía, tampoco el sacerdote (o el obispo) recibe válidamente el poder de consagrar para ese fin el Cuerpo y la Sangre de Cristo, porque no comparten la intención con la que Cristo celebró la Última Cena.

Y si el obispo no ha recibido en la ordenación sacerdotal ese poder, tampoco recibe en la consagración episcopal el poder de ordenar a otros como sacerdotes, ya que falta la intención de que sean auténticos sacerdotes.

Por mucho que este juicio se confirmara en 1896, ya se había expresado claramente en los poderes dados por el papa Julio III al cardenal Pole el 8 de marzo de 1554, que distinguían entre los sacerdotes «que habían recibido realmente las órdenes sagradas» antes de la secesión de Enrique VIII o después, aunque fuera por «ministros infectados por el error y el cisma, pero aún de acuerdo con el rito católico acostumbrado», y aquellos «iniciados» bajo el Ordinal Eduardino, y que por tanto habían recibido «una ordenación que fue nula».

La Bula *Apostolicae curae* afirma que los anglicanos eran conscientes de la invalidez de sus ordenaciones, y que por eso en 1662 añadieron a las fórmulas consecratorias la frase «para el oficio y trabajo de un sacerdote», pero para entonces ya era imposible recuperar la línea de sucesión apostólica perdida, de no ser buscando como consagrantes a auténticos obispos ordenados por personas pertenecientes a esa cadena sucesoria.

Edward Seymour fue derrocado en 1552 y sucedido por su cuñado John Dudley (futuro duque de Northumberland), con el gobierno de los lores protectores «comenzó la verdadera Reforma protestante en Inglaterra», según Mann, manipulando al rey niño pero con su connivencia (p. 62):

> *Eduardo, el niño rey, se consideraba el segundo Josías, que destruyó los ídolos de Baal. Le gustaba escuchar sermones y tomar notas, especialmente sobre los deberes de los reyes, aunque siendo menor aún no podía gobernar por sí solo. Estuvo de acuerdo con la Reforma tal como se desarrolló en Inglaterra.*

Mientras tanto María Tudor «como su padre, asistía a varias misas al día», aunque conforme a la costumbre de la época solo comulgara unas cuantas veces al año. Carlos V llegó a amenazar al gobierno inglés en 1551 con retirar su embajador e incluso declararles la guerra si no respetaban la libertad de culto de su prima.

Para evitar que Eduardo fuera sucedido por María conforme a la voluntad de su padre, Northumberland se fijó en la descendencia de María, hermana del difunto Enrique VIII y casada con Charles Brandon, Duque de Suffolk. Tenían una nieta llamada Jane Grey, protestante y que le pareció más fácil de manipular que la princesa Isabel, así que la casó con su hijo Guilford y pretendió que Eduardo la nombrara su heredera, violando una vez más la voluntad de Enrique VIII, que no permitía tal decisión a un rey menor de edad. Tras una prolongada resistencia, el arzobispo Cranmer se dejó obligar por el rey moribundo a suscribir el documento.

Northumberland firmó un tratado secreto con Francia para que apoyara con armas y dinero su proyecto de sucesión. Eduardo VI murió el 6 de julio de 1553. Pero Northumberland lo mantuvo en secreto hasta el 10 para organizar la coronación de Jane Grey y la captura de María Tudor, pero esta escapó y tanto los nobles como el pueblo apoyaron que se cumplieran las disposiciones del «buen rey Harry», así que Lady Jane fue reina por solo nueve días y el Consejo real, al tiempo que enviaba el Gran Sello de Inglaterra a María, detuvo a Northumberland y a Jane Grey, mientras Isabel se unía a su hermanastra camino de Londres.

MARÍA TUDOR

La muerte del rey Eduardo VI y el acceso al trono de María Tudor en agosto de 1553 no tuvo efectos punitivos fulminantes contra los líderes de la reforma opuestos al catolicismo. La nueva reina se negó expresamente a que ejecutaran a Jane Grey, que había usurpado su trono, de modo que solo Northumberland fue ejecutado.

Uno de los primeros actos de la Reina fue escribir al papa Julio III pidiéndole que levantara el entredicho impuesto a Inglaterra, de modo que el país pudiera volver a someterse bajo su obediencia.

Ya desde agosto María hizo saber que era católica y confiaba en que su país abrazara esta fe, pero mientras el Parlamento no mandara al respecto, «se proponía no obligar a ninguno de sus súbditos a ello». Además de consultar al Parlamento, y marcando la diferencia con su padre y sobre todo con su hermanastro, consultó todas las reformas con el sínodo de obispos.

Mann (p. 68) invita a sopesar las limitaciones psicológicas de un personaje que no solo había sido separado de su madre y de su tutora (Margarita Pole), sino al que «Ana Bolena intimidó sin piedad cuando María se vio obligada a servir a Isabel, la nueva heredera. Enrique también obligó a María a jurar que el matrimonio de sus padres no solo era inválido, sino también incestuoso»:

H. F. M. Prescott y Alison Weir han señalado que las secuelas de 20 años de un trato tan horrible no prepararon bien a María para gobernar. No confiaba en su propia gente; tuvo que conformarse con un Consejo que incluía a algunos de los que la habían acosado.

A pesar de que había apoyado la coronación de Jane Grey, el arzobispo Cranmer no fue inmediatamente depuesto y ofició el 8 de agosto el funeral de Eduardo VI con los ritos del Libro de Oración Común que él mismo había redactado. Pero los obispos instaurados por la reforma fueron siendo sustituidos y por fin Cranmer enviado a la Torre de Londres el 14 de septiembre.

Según Scott (p. 144), María y quienes le apoyaban sabían que tenían que obrar cautelosamente porque regresar al catolicismo era polémico. De hecho se sucedían conspiraciones en contra del reinado de María I. Cranmer fue condenado el 13 de noviembre de 1553 junto a otros cuatro prisioneros a pena de muerte por traición.

Stephen Gardiner, el opositor de Cranmer, fue inmediatamente liberado de prisión y nombrado canciller, aunque no era un incondicional de María, ya que apoyó la nulidad del matrimonio de sus padres y la supremacía del rey contra el Papa con un «Discurso del obispo sobre la verdadera obediencia». En noviembre de 1554 llegó el cardenal Reginald Pole para ocupar la sede de Canterbury en una línea completamente ortodoxa. El último día del mes, fiesta de San Andrés, celebró un solemne ritual de reconciliación y reunión con la Iglesia católica y la Santa Sede. El prestigio de Pole era tal que en 1550 le faltó solo un voto para ser elegido Papa.

Entre las reformas introducidas por Pole en el breve reinado de María Tudor algunas serían innovadoras en el conjunto de la Iglesia y anticipadoras del Concilio de Trento: así, la de reservar la Eucaristía en sagrarios dentro de las iglesias, la de obligar a los obispos a residir en sus sedes y la de establecer escuelas (seminarios) para la formación de los sacerdotes. Pole comenzó también una nueva traducción de la Biblia al inglés y un catecismo que encargó al español Bartolomé de Carranza, una de las figuras claves del concilio.

En cuanto a la restauración de los monasterios, pudo reactivar la abadía de Westminster y la Cartuja de Londres.

Al juicio de Cranmer por traición se añadiría el de sus doctrinas, pero había que esperar a que el Parlamento derogase las Leyes de Enrique VIII y Eduardo VI, y a que reintrodujera leyes que permitieran al brazo secular perseguir a la reforma protestante en lugar de a los católicos: así lo hizo el Parlamento de 1555 reactivando las leyes creadas contra la herejía lollardiana por los reyes Ricardo II, Enrique IV y Enrique V.

1554: LA REBELIÓN DE TOMÁS WYATT

Eduardo Courtenay, al que Eduardo VI había encerrado en la Torre de Londres por su catolicismo, había sido propuesto por algunos como esposo para María Tudor, si bien desde un principio el embajador de Carlos V, Simon Renard, sugirió que Felipe de España, hijo del Emperador, sería un mejor candidato. Los opositores al matrimonio con Felipe llegaron a planear derrocar a María para poner en su lugar a Isabel, casándola con Courtenay, pero este mismo denunció el plan al obispo Gardiner en enero de 1554, cuando el tratado matrimonial ya se hubo firmado.

El 5 de febrero se interceptó una carta al rey de Francia con el plan y cientos de sospechosos fueron detenidos hasta el punto de que hubo que alojarlos en iglesias. A partir del 12 de febrero se llevaron a cabo 150 ejecuciones, sobre un total de 3000 insurgentes capturados. María perdonó a otros 400 y la mayoría solo pasó unos días en prisión. Los demás fueron indultados el 20 de enero de 1555 a petición del nuevo rey consorte, futuro Felipe II de España.

Tomás Wyatt fue juzgado del 7 de febrero al 15 de marzo de 1554. Acusó a Courtenay e indirectamente a la princesa Isabel, pero retiró las incriminaciones antes de ser ejecutado el 11 de abril. Otro conspirador, Croft, fue encerrado en la Torre de Londres el 21 de febrero y juzgado a fines de abril, implicando en el complot a St Loe, criado de Isabel, y confesando el apoyo del embajador francés Noailles. Aunque

Croft fue condenado, el conde Arundel consiguió que le indultaran y liberaran el 18 de enero de 1555.

La participación en la rebelión de Suffolk, el padre de Jane Grey, provocó que esta y su marido, Guildford Dudley, fueran decapitados el 12 de febrero. El propio Suffolk, que se mostró desafiante en el juicio, fue condenado y decapitado. La princesa Isabel fue convocada a Londres por su hermanastra María, que la tuvo confinada. El 18 de marzo fue enviada a la Torre por el Consejo y María se negó a recibirla. Pero se publicaron entre el pueblo cartas anónimas que la apoyaban para evitar «que el príncipe de España entre en el reino» y el 19 de mayo fue liberada de la Torre, aunque siguió confinada. También St Loe fue liberado y Courtenay, a falta de pruebas, fue exiliado y marchó a Italia.

Otro de los nobles juzgados fue Nicolás Throckmorton, que fue absuelto por el jurado a pesar de las presiones a que este fue sometido.

Cranmer fue trasladado en marzo de 1554 a Oxford, con Latimer y Ridley, igualmente confinados en la Torre de Londres desde septiembre de 1553. Allí se celebraron del 14 al 20 de abril las llamadas «Disputaciones» de Oxford.

La boda entre María I y Felipe de España se celebró por poderes en Winchester el 25 de julio de 1554. El hijo de Carlos V utilizó antes el título de Felipe I que el que tendría en España de Felipe II, pero las capitulaciones definían claramente que debía marcharse de Inglaterra y renunciar a todos sus derechos al trono si moría su esposa, y que en caso de tener hijos serían herederos de Inglaterra, Países Bajos y Borgoña, pero no de España.

Aunque en marzo de 1555 hubo un intento de asesinato contra Felipe en Westminster, la influencia del consorte español fue beneficiosa para los presos rebeldes, cuya liberación favoreció. Incluso después de que marchara a los Países Bajos, un Consejo Escogido de ingleses siguió preguntándole su opinión sobre asuntos de gobierno y, por lo general, sus consejos eran seguidos.

Más de dos años y medio después de comenzar a reinar María, a partir del 12 de septiembre de 1555, comenzó en Oxford el juicio por herejía cuyo veredicto debía darse en Roma. Cranmer negó haber cometido traición, desobediencia o herejía.

Hugh Latimer y Nicholas Ridley fueron condenados a morir el 16 de octubre. En la hoguera, Latimer se inmortalizó exhortando a su compañero Ridley con las palabras «encenderemos hoy en Inglaterra, por la gracia de Dios, una vela que confío nunca se apagará».

Cranmer presenció la ejecución de Ridley y Latimer. Se le sacó temporalmente de la cárcel a un entorno más agradable. Cranmer firmó hasta seis retractaciones de su anterior trayectoria. El 4 de diciembre, la Santa Sede le despojó de su cargo episcopal, por lo que podía ser entregado a la justicia civil y ejecutado. Aunque tras sus sucesivas retractaciones (la última el 18 de marzo), aceptación de la fe católica y petición de recibir los sacramentos podía ser indultado, la reina María decidió no posponer la ejecución.

El 21 de marzo de 1556, Cranmer fue llevado a la hoguera, pero entonces, en vez de hacer pública su retractación, la rechazó, negando el poder del Papa y la transubstanciación.

Se calcula en menos de 300 los protestantes ajusticiados por herejía en los últimos tres años del reinado de María I —en muchos casos por doctrinas que también les habrían llevado a la hoguera bajo un gobierno protestante, como negar la Trinidad—, lo que sería aproximadamente un 1 % de las que mató su padre, que sin embargo siguió siendo llamado «el buen rey Harry», mientras que para ella se creó en el siglo XVII el apodo de «sangrienta María» después de que se popularizara el libro de John Foxe sobre los mártires.

El 17 de noviembre de 1558, tras escuchar misa y hablar con sus doncellas del sueño que había tenido, en el que veía a niños como ángeles cantando, murió María I. El mismo día falleció el cardenal Pole.

ISABEL I

El 15 de enero de 1559, durante la celebración de la misa de coronación de Isabel I, la nueva reina se levantó y se fue en el momento en que el obispo Oglethorp de Carlisle levantó el alto la Hostia para su adoración, dejando así claro que ella no creía en la transubstanciación. La diferencia aparecía notable no solo respecto a María, sino incluso al padre de ambas, que, en opinión de Mann, «habría mandado ejecutar a quien hiciera algo así».

Un cierto aire de confrontación fue patente cuando Isabel hizo arrestar al obispo Christopherson de Chichester por elogiar a la difunta reina María. En febrero, el sínodo de obispos se reunió y emitió un documento reafirmando su creencia en la presencia real de Cristo en la Eucaristía, la Transubstanciación, el carácter sacrificial de la Misa y la supremacía papal.

María había logrado restaurar la fe y la voz de los obispos. A diferencia de su padre, Isabel no impondría por su sola voluntad sus reformas, sino con ayuda del Parlamento, al que también María había respetado. El 8 de mayo de 1559 la reina dio su asentimiento a sendas leyes que el Parlamento aprobó en 1558, llamadas Ley de Supremacía y Ley de Uniformidad.

La Ley de Uniformidad sustituía la Misa en latín por el Libro de la Oración Común y el Servicio de Comunión. Solo fue aprobada por tres votos de diferencia. La nueva Iglesia de Inglaterra seguiría la voz de la mayoría parlamentaria y ya no a los obispos.

La Ley de Supremacía anulaba de nuevo al Papa, pero esta vez no llamaba a la Reina «cabeza» de la Iglesia, sino «gobernadora suprema». Una comisión real se encargó de tomar el juramento de Uniformidad: al revés que con Enrique, ahora solo un obispo había aceptado jurar en diciembre de 1559, cuando todos los demás fueron expulsados de sus diócesis, encarcelados o desterrados. Al contrario, solo 200 de los 9000 sacerdotes de Inglaterra se negaron a jurar, principalmente en Oxford y Cambridge, donde los refractarios fueron, al igual que pasó con los obispos, despedidos.

El control estatal establecido en 1559 «resultó en la completa eliminación de la Jerarquía católica», sentencia Mann (p. 80) y fue directamente Isabel quien eligió a Matthew Parker, que había sido capellán de su madre Ana Bolena, como arzobispo de Canterbury.

Los cambios litúrgicos implicaron el desarrollo de un «culto a Isabel» que resultaba ofensivo tanto para protestantes como católicos, sin prejuicio de que, según Mann, «desconozcamos cuáles fueran las convicciones religiosas personales de Isabel»:

> *Isabel fue honrada como Reina Virgen, recordando a la Santísima Virgen María o como una diosa virgen pagana, al modo de Diana o Cintia. Las celebraciones de su cumpleaños el 7 de septiembre reemplazaron a las celebraciones del cumpleaños de la Santísima Virgen María el 8 de septiembre.*

Parker fue congrado obispo por:

William Barlow, obispo de Bath y Wells. Había sido consagrado el 5 de octubre de 1536 como obispo de St. David's y trasladado a Wells en 1548. Su principal consagrante fue Cranmer, que como sabemos era un obispo válido.

John Hodgkins, obispo de Bedford.

Miles Coverdale, obispo de Exeter.

John Scory, obispo de Chichester.

Entre las pruebas de tolerancia o tacto político de Isabel se puede anotar que uno de sus compositores de corte preferidos fuera el católico William Byrd, aunque por otra parte pagaba los servicios de Richard Topcliffe como encargado de perseguir y torturar a los sacerdotes católicos.

El cerco se fue estrechando sobre los que discreparan, ya que, mediante la Ley de Supremacía de la Corona (aprobada por el Parlamento en 1562 y refrendada por la reina en 1563), el juramento se exigió a los profesores y tutores en la enseñanza, y a los abogados.

Mientras tanto, la doctrina de la nueva Iglesia se perfilaba con los llamados 39 artículos cuya redacción definitiva es de 1571. Corrió a cargo de obispos y clérigos reunidos en el sínodo (convocatoria) bajo la dirección de Matthew Parker y constituyen lo que con el tiempo se llamaría Vía Media, enmarcada entre los supuestos extremos del protestantismo y el catolicismo (la expresión, sin embargo, no aparecerá hasta el siglo XVII y se popularizó con el movimiento tractario en el siglo XIX).

La publicación del *Libro de los Mártires de John Foxe* en 1563, aunque se trate en apariencia de una obra histórica, fue relevante para la adopción de la teología protestante por la Iglesia anglicana.

El libro de Foxe fue durante un siglo el segundo más publicado en inglés, después de la Biblia, según Nowak (p. 27-28). Contribuyó a asignar a María Tudor el apodo de «Sangrienta María» (*Bloody Mary*), acusándola de la muerte de 300 mártires. Entre las frases que Foxe adjudica a esta reina se encuentra la siguiente, que no aparece en la edición de 1856 (la de 1570 tenía 2500 páginas, de modo que puede haber habido añadidos y recortes de distinto origen):

> *Oramos fervientemente para que los anales de ningún país, católico o pagano, se manchen jamás con tal repetición de sacrificios humanos al poder papal, y que el odio que se siente hacia el carácter de María pueda ser un faro para los monarcas sucesivos. ¡Evita las rocas del fanatismo!*

Aunque Foxe no era puritano, y menos aún el cronista Holinshed, Nowak (p. 28) considera que ambos influyeron en ese grupo que rechazaba el gobierno episcopal y toda práctica litúrgica que recordara el catolicismo, y que tendría sus exponentes en Tomás Cartwright, profesor en Cambridge, y William Perkins, que importó del calvinismo la doctrina de la predestinación, negando la influencia de la voluntad humana en la salvación del alma:

> *Durante y después del reinado de María, los escritos de hombres como Foxe y Holinshed influyeron mucho en los protestantes durante las generaciones posteriores, especialmente en los puritanos de Nueva Inglaterra. Unieron la persecución religiosa, la tiranía, la corrupción, la intervención extranjera y el catolicismo romano en cadenas que a muchos les costó romper. Los puritanos llevaron estas cadenas al Nuevo Mundo, utilizando los estereotipos y las conclusiones de estos autores en sus instrucciones y conversaciones cotidianas.*

En 1561, a sus 29 años de edad, había emigrado de Inglaterra William Allen, que desde 1556 fue rector del Colegio de Todos los Santos en Oxford. Entonces no era sacerdote, pero se ordenaría en 1566 en Malinas (Flandes). Comprendiendo que sería necesario formar sacerdotes ingleses fuera de la isla, pero con idea de que regresaran en el menor tiempo posible, fundó en Douai (un centenar de kilómetros al sureste de Calais y entonces parte del Flandes español) un Colegio de Ingleses que estudiarían en la Universidad local y recibirían allí una sólida formación teológica y pastoral, con el compromiso de regresar a su patria y la disposición al martirio. Allí (y en la sede de Reims cuando fueron expulsados de Douai) se emprendió también la traducción de la Biblia al inglés.

160 sacerdotes de este Colegio fueron mártires en Inglaterra. Allen convenció al papa Gregorio XIII para abrir otro Colegio similar en Roma en 1578. En el Colegio se evitaba la política, con expresa prohibición de discutir sobre la reina Isabel; ni siquiera se hablaba de convertir a las personas de otra religión: su propósito —resume Mann (p. 82)— «era servir a la población católica de Inglaterra».

LA REBELIÓN DEL NORTE, LA BULA Y LOS MARTIRIOS

En 1569, un grupo de nobles norteños se rebeló contra Isabel I bajo la bandera de las cinco llagas de Cristo, con el propósito de preservar la religión católica. La incertidumbre del momento de esta rebelión de los condes se refleja en el título que el historiador Wallace MacCaffrey dio a esta época: «el tiempo de la prueba para el régimen».

La rebelión estuvo acaudillada por el sexto conde de Westmoreland, Charles Neville (1542-1601), aliado de la familia católica del décimo conde de Surrey, Henry Howard (hermano de Tomás, el duque de Norfolk), con cuya hija Jane estaba casado; y por el séptimo conde de Northumberland, Tomás Percy —de una familia antes enemiga de los Neville; su padre y homónimo tomó parte en la Peregrinación de Gracia y fue ejecutado—, que pretendían entronizar en Inglaterra a la reina católica de los escoceses, María Estuardo, por entonces prisionera en el castillo de Bolton, en Wensleydale, de donde se fugó el 24 de enero de 1569 para refugiarse en el castillo de Carlise, cerca de la frontera de Escocia.

La caída en desgracia de la reina de Escocia había comenzado con los sucesos del 9 de marzo de 1566, cuando su músico y secretario favorito, el italiano David Rizzio, fue asesinado a puñaladas, en pleno palacio de Holyroodhouse en Edimburgo y arrancado de la presencia de la Reina, por el propio marido de María, Enrique Estuardo (Lord Darnley) y otros nobles.

Esa misma noche fue asesinado el religioso dominico John Black, confesor de la Reina, que ya había tenido diversos altercados, entre otros el de ser apedreado en 1563 por un grupo de protestantes y sufrir otra paliza que le causó graves daños el 5 de enero de 1566 a manos de un grupo que, por estar formado por activistas protestantes seguidores de John Knox (sacerdote que siguiendo las doctrinas de Calvino fundó en 1560 la Iglesia Presbiteriana de Escocia), no fue castigado.

Black había mantenido varias discusiones públicas con predicadores protestantes entre 1560 y 1563, aparte de intervenir en Inglaterra en el entorno de la viuda de Tomás Percy (padre). Puesto que no hay datos concretos sobre su asesinato, no ha sido beatificado como mártir, pero consta que los cómplices de Lord Darnley que asesinaron a Rizzio eran protestantes.

La relación entre María Estuardo y su marido se deterioró tras estos asesinatos, y Lord Darnley fue a su vez asesinado el 10 de febrero de 1567. El principal sospechoso del crimen era Jacobo Hepburn, conde de Bothwell, con quien la reina viuda se casó, exacerbando a los nobles escoceses que acabaron por encarcelarla y obligarla a abdicar, el 24 de julio, en su hijo Jacobo VI de Escocia.

En mayo de 1568, María se fugó y organizó un ejército que fue derrotado en la batalla de Langside, por lo que el 16 de mayo huyó a Inglaterra pidiendo la protección de su prima Isabel —Margarita Tudor, hermana mayor de Enrique VIII y esposa de Jacobo IV de Escocia, era la madre de Jacobo V y por tanto abuela paterna de María Estuardo—, que optó por mantenerla presa.

El 9 de noviembre de 1569, Westmoreland y Northumberland congregaron a 700 soldados en el castillo de Brancepeth, poco más de 6 km al suroeste de Durham, ciudad que ocuparon y en cuya catedral celebró misa el 4 de diciembre el sacerdote Tomás Plumtree, reconciliando al pueblo y al clero de la ciudad con la religión católica.

Los rebeldes renunciaron a asediar York al saber que el conde de Sussex, Tomás Radclyffe, había armado un potente ejército en defensa de Isabel. Tomaron el castillo de Barnard, al noroeste de Richmond, y se dirigieron a Clifford Moor sin lograr gran apoyo popular. Sussex salió de York el 13 de diciembre con 10.000 hombres frente a los 6000 con que contaban los rebeldes. Le seguía, además, el barón Edward Fiennes-Clinton (que, por estos servicios, sería nombrado primer conde de Lincoln en 1572), con otros 12.000 hombres. Los rebeldes se retiraron al norte y terminaron por dispersarse en Escocia.

Leonard Dacre, que tomó el castillo de Greystoke y fortificó su propio castillo de Naworth, se mantuvo con 3000 soldados de Cumbria, fingiendo mantener buenas relaciones con Isabel I. Resistió el asedio del ejército real capitaneado por el barón Hunsdon, al que atacó en el río Gelt cuando se retiraba; pero fracasó en el ataque y tuvo que huir a Escocia y de allí a Bruselas, donde murió.

Northumberland (Tomás Percy) fue capturado por el conde de Morton, James Douglas, y entregado a Isabel, que lo mandó decapitar en York el 22 de agosto de 1572, lo que hizo a Tomás Percy digno de ser beatificado como mártir en 1895 y su fiesta celebrada cada 14 de noviembre en las diócesis de Hexham y Newcastle.

Westmoreland, tras ocultarse en el castillo de Ferniehirst, murió arruinado en Flandes, perdiendo su familia sus propiedades ancestrales. Al tío de su esposa, Tomás Howard, duque de Norfolk, lo arrestaron para luego perdonarle, si bien fue arrestado de nuevo tras el complot de Ridolfi en 1571 y ejecutado al año siguiente, reapareciendo entre los cargos el de haber apoyado a los rebeldes de 1569. En total, se calcula en 600 los ejecutados tras esta rebelión.

Pasado más de un cuarto de siglo desde los últimos mártires de 1544, el sacerdote Tomás Plumtree, que había celebrado misa en Durham para los rebeldes, se convertiría en la misma ciudad el 4 de enero de 1570 en el primer mártir de la época isabelina, al preferir ser ejecutado antes que renunciar a su fe, como le proponían, ofreciéndole a cambio la libertad. La diócesis de Hexham y Newcastle celebra su fiesta el 25 de julio.

Aunque el apoyo popular a la rebelión había sido escaso, la reina Isabel subió los impuestos y exigió más ejecuciones, lo que elevó el total de ajusticiados a entre 800 y 900 en las tierras altas de York (Yorkshire Dales), sin que quedara allí apenas algún pueblo donde no se llevaran a cabo ahorcamientos públicos, cuyas víctimas eran «de la peor calaña», según fuentes coetáneas evocadas por Sugden (p. 5).

Además, la reina hizo leer en toda Inglaterra un sermón titulado «Homilía contra la desobediencia y la rebelión voluntaria», como parte de una serie de sermones encargados por el gobierno, cuyos autores no se dieron a conocer. El centro de su mensaje era que desobedecer al gobierno equivalía a desobedecer a Dios y que «un rebelde es peor que el peor de los príncipes».

La homilía citaba el ejemplo de David negándose a matar a Saúl porque era el rey nombrado por Dios y al que por tanto solo Dios podía juzgar. La desobediencia, además, solo conducía a la muerte, la destrucción, las epidemias, la pobreza y la corrupción, preguntándose retóricamente:

> *¿No es cierto que lo que falsamente llaman reforma no es en realidad más que una desfiguración o deformación, pero también una destrucción total de toda la riqueza común?*

Por si fuera poco, a la maldad de cualquier rebelión añadía la recién aplastada la de «rebelarse para mantener sus imágenes e ídolos, e ir contra Dios al cortar y desgarrar su santa Palabra». La rebelión probaría que la antigua religión era obra del diablo, así que la homilía aconsejaba a los fieles no seguir a quienes levantaban la bandera de las cinco llagas, porque «aquellos que llevan la imagen de la cruz pintada con ira contra aquellos que tienen la cruz de Cristo pintada en sus corazones solo encontrarán ruina y destrucción».

Si la rebelión del norte y su represión pusieron fin a la calma de los primeros 10 años de reinado de Isabel, la reacción del Papa pretendiendo apoyar a los rebeldes fue más allá de lo que se hizo en tiempos de Enrique VIII, quien, a pesar de estar en entredicho por cisma, no fue formalmente depuesto. Ahora, Pío V excomulgó a Isabel con la bula *Regnans in Excelsis* (25 de febrero de 1570), en la que formalmente declaraba:

- Que Isabel era hereje y sin comunión con la Iglesia.
- Que no era reina legítima, sino que había usurpado el trono y todos sus actos eran nulos.
- Que nadie era súbdito de Isabel, es decir, no había obligación de obedecer sus órdenes.
- Que quienes continuaran obedeciéndola incurrían en la pena de anatema.

El Papa, por tanto, no alentaba explícitamente la rebelión, pero sí al menos la resistencia a obedecer. La bula no logró apoyar una rebelión que ya había terminado, pero daba respuesta a lo exigido por la homilía que hizo leer Isabel, según la cual solo Dios podía derrocar a un tirano.

La bula llamaba a Isabel «sirvienta de los malvados» y le acusaba de dar refugio «a los más hostiles»; así como de apropiarse del puesto de «cabeza suprema de la Iglesia en toda Inglaterra, usurpando monstruosamente su principal autoridad y jurisdicción», alejando el país de la «verdadera religión, que mucho tiempo antes había sido derrocada por aquel desertor, Enrique VIII».

Entre los crímenes religiosos agravantes del cisma estarían, según la Bula, llenar el consejo real «de oscuros hombres herejes, oprimir a los adoradores de la fe católica, reinstaurar a predicadores impíos y ministros de impiedad; abolir el sacrificio de la misa, las oraciones, el ayuno, la selección de alimentos, el celibato y los ritos católicos»; ordenar la publicación de libros heréticos y seguir los ministerios, instituciones y doctrinas de Calvino; expulsar a obispos y sacerdotes católicos, «y disponer de ellos y de otras materias eclesiásticas como herejes, atreviéndose a decidir sobre las causas de la Iglesia».

Seguían las acusaciones de prohibir la obediencia a la Iglesia romana, obligando a «abjurar de la autoridad y obediencia del Romano Pontífice» y a jurar reconocimiento a la reina en asuntos temporales y espirituales, castigando y ejecutando a quienes se negaban, enviando a la cárcel a los fieles católicos. Acusaba a la reina de tener una «mente tan endurecida» que no solo se negaba a rectificar, sino que ni siquiera admitía a los mensajeros del Papa. Por todo ello, la declaraba «hereje y partidaria de los herejes», quedando quienes la apoyen «en la opinión antes mencionada» anatematizados y «separados de la unidad del Cuerpo de Cristo». Cuantos estuvieran bajo su poder quedaban «absueltos permanentemente de este juramento y de todo deber exacto de dominio, fidelidad y obediencia», quedando prohibido en adelante obedecerla.

Aunque algunos consideren que esta bula señaló el momento a partir del cual todos los obispos nombrados por Isabel se consideraban inválidos, la bula *Apostolicae Curae* de León XIII, de 1896, aclaró en su artículo 3 que la «opinión prevaleciente» y la «práctica constante de la Iglesia sostenía» que, al introducirse «públicamente un nuevo rito para conferir las Sagradas Órdenes bajo Eduardo VI, el verdadero sacramento del Orden instituido por Cristo caducó, y con él la sucesión jerárquica».

La represión de la *bula Regnans in Excelsis* terminó con la tolerancia que hasta entonces permitía a los católicos vivir su fe en privado e hizo revivir las escenas de martirio en Londres. John Felton, cuyo hijo Tomás sería también mártir en 1588, era un hombre bien situado, cuya esposa había sido compañera de juegos de la propia reina Isabel y dama de honor de la reina María Tudor. Consiguió una copia de la bula papal y la clavó en la puerta del palacio del obispo de Londres, junto a la Catedral de San Pablo, en la noche del 24 de mayo de 1570 o la madrugada del día siguiente, que era Corpus Christi.

Felton había recibido la bula en Calais y había dado una copia a un amigo. Cuando esta fue descubierta, el amigo lo delató y Felton, al ser detenido el día 26, declaró que Isabel «no debería ser la reina de Inglaterra». Lo torturaron tratando de que implicara en su acción al embajador de España, Guerau de Espés del Valle. Al no lograrlo, lo condenaron a muerte el 4 de agosto y lo despedazaron cuatro días después en el cementerio de San Pablo. Según escribiría su hija, pronunció el nombre de Jesús dos veces cuando el verdugo tenía ya el corazón en sus manos.

Sin explicar el porqué (más allá de aprobar a quien apoya al gobernante que firma un documento y condenar a quien no lo apoya), la *Homilía sobre la desobediencia* condenaba la rebelión que la misma línea doctrinal (protestante) había justificado al morir la reina María, con argumentos divinos, mediante los escritos de Bale (*A Faithfull Admonition*), Olde (*A short description of Antichrist*) y Poblet (*A warning for England*).

Ahora Isabel empleaba los mismos argumentos que habían tratado de usar pidiendo obediencia para la reina María autores católicos como Miles Huggarde (*An Assault of the Sacraments*), James Cancelar (*The Path of Obedience*) y John Proctor (*A historie of Wyates Rebelion*).

En adelante, se utilizará la doctrina sobre la obediencia para arraigar en las mentes la asociación entre el catolicismo y los males y peligros de la rebelión y la extranjería, en episodios como el ataque de la Gran Armada en 1588, el Complot de la Pólvora en 1605, el miedo a la invasión de 1620, la propuesta matrimonial española de 1623, la rebelión irlandesa de 1641, y la conjunción de conspiración papista y crisis de la exclusión entre 1678-81. Así que, según las conclusiones de Scott, podría decirse que la rebelión de 1569 fue explotada para fines de propaganda durante más de un siglo.

El historiador Peter Lake (p. 190) ha estudiado este proceso en el que se calificó como papista a cualquier parte de la sociedad que se considerara ignorante, diferente, antirreligiosa, tiránica o antiinglesa en cualquier aspecto. Para Scott, este fue el momento en que, al asociar tales deformaciones con el reinado de María, cuajó el adjetivo de «sangrienta» (*bloody*) asociado a ella.

La bula *Regnans in Excelsis* de Pío V llegó tarde para la rebelión en el norte de Inglaterra, pero no para la primera rebelión de Desmond en Irlanda, que comenzó en junio del mismo año, y para la que James FitzMaurice FitzGerald buscó apoyo en Europa. Esta rebelión lograría una notable victoria en la batalla de Glenmalure en 1573, pero se debilitó por falta de suministros y apoyo, hasta que FitzMaurice FitzGerald se rindió. El descontento, sin embargo, continuó y dio lugar a la segunda rebelión de Desmond en 1579.

El papa no había consultado a ningún gobernante católico, y contra la bula se manifestaron tanto Felipe II como el emperador Maximiliano II. Felipe II pensaba que endurecería la persecución, como así fue. Además, provocaría espionaje y persecución de los ingleses católicos fuera de la isla, como muestra el caso de John Storey, abogado por Oxford y profesor de Derecho Civil que durante el reinado de María I había sido parlamentario y comisario de la Inquisición, persiguiendo a los protestantes.

En 1560, Storey fue arrestado por oponerse a la Ley de Supremacía, pero escapó a los Países Bajos españoles (actual Bélgica), hasta que agentes ingleses lo capturaron en 1570 en Amberes. Encarcelado en la Torre de Londres, fue acusado de colaborar con las autoridades españolas para preparar una invasión que restaurara el catolicismo. Fue ejecutado en la forma habitual en Tyburn el 1 de junio de 1571.

Entre los represaliados en Inglaterra a raíz de la bula *Regnans in Excelsis*, estaban los jesuitas, acusados de actuar en interés de España y del papado. Pero fue en Irlanda donde murió el primer mártir jesuita de esta persecución. Nacido en Limerick, Edmund Daniel fue miembro de la comunidad que fundó la primera escuela jesuita de Irlanda en 1565. Poco después, el delegado del Papa, padre David Wolfe, fue declarado traidor a la corona y la escuela fue clausurada. Reabriendo sus puertas al año siguiente en Kilmallock, al sur del condado de Limerick, y poco después en la propia Limerick.

Los jesuitas en Roma decidieron retirar su misión en Irlanda, pero el P. Daniel permaneció allí durante algún tiempo antes de viajar a España y tratar de recaudar fondos para pagar el rescate del P. Wolfe, encarcelado en el Castillo de Dublín.

Al regresar a Irlanda fue arrestado en Limerick, acusado de portar cartas del Papa al líder rebelde FitzMaurice Fitzgerald, así como una copia de la bula que excomulgaba a la reina Isabel. En Cork fue ahorcado, arrastrado y descuartizado el 25 de octubre de 1572.

En Inglaterra, los partidarios de la bula impulsaron en 1571 la conspiración de Ridolfi, en la que el duque de Norfolk debía secuestrar o matar a Isabel I, instalar en el trono a María de Escocia y casarse con ella para ser rey. De nuevo en Londres, un sacerdote que llevaba tiempo encarcelado sería martirizado a raíz de sus gestiones para difundir el mensaje de la bula: Tomás Woodhouse, ordenado en tiempos de María I, que al ser trasladado en 1561 al servicio de la Flota, fue arrestado mientras celebraba misa. En sus más de diez años de prisión, siguió celebrando a diario en secreto y rezando el oficio divino.

La indulgencia respecto a él terminó en noviembre de 1572, cuando envió a la lavandera de prisión a casa de Lord Burghley (William Cecil, principal consejero de la reina) con una carta en la que le animaba a buscar la reconciliación entre Isabel y el Papa, persuadiendo a la reina de que «por su gran desobediencia es destituida con muy justa causa, de que se someta a su príncipe y padre espiritual». A partir de entonces fue interrogado y confinado en soledad, a pesar de lo cual se dedicó a escribir panfletos para «persuadir a los hombres a la verdadera fe y obediencia», que ataba a piedras y arrojaba a la calle.

Tras sucesivos interrogatorios privados y públicos, en los que cuando le decían que la majestad de Isabel era grande contestaba que «la majestad de Dios es mayor», fue ejecutado en la forma habitual en Tyburn el 19 de junio de 1573. Aunque en prisión había sido admitido en la Compañía de Jesús, Woodhouse fue beatificado como sacerdote diocesano.

Mientras tanto, el Papa de la Bula *Regnans in Excelsis*, san Pío V, había muerto el 1 de mayo de 1572 y fue sustituido por Gregorio XIII, que se haría famoso por la reforma (gregoriana) del calendario y viviría hasta 1585. Respecto a Inglaterra, apoyó las iniciativas educativas de Allen y los jesuitas, advirtiendo frente a cualquier pretensión de derrocar a la reina Isabel I, por lo tanto mitigó los efectos de la Bula. Sin embargo, tras la reunión del Parlamento inglés en 1571, la identificación entre Bula y papismo fue total, declarándose ilegal poseer cualquier documento papal u objeto religioso bendecido por el Papa.

EDMUNDO CAMPION Y LOS PRIMEROS MÁRTIRES DE DOUAI

El impulso expresado por el cardenal Pole para mejorar la formación de los sacerdotes en la línea del Concilio de Trento apuntaba a remediar la corrupción que en definitiva incluso los pretendidos reformadores protestantes criticaban. El reinado de Isabel frenó dicho impulso de formación coherente con la tradición de la Iglesia en las Universidades de Oxford y Cambridge, por lo que hubo que buscar sedes para los seminarios sacerdotales fuera de Inglaterra. Así nacieron los colegios de ingleses de Douai (Francia), Roma, Valladolid, Sevilla y Madrid.

Las ideas de Pole, que había fallecido en 1558, y del resto de eclesiásticos que insistían en mejorar la formación del clero, cuajaron en la 23.ª sesión del Concilio de Trento (15 de julio de 1563) en los decretos sobre creación de seminarios y currículo de los sacerdotes.

El primero establecía que cada diócesis debía tener su seminario en el que era obligatorio que estudiaran los candidatos al sacerdocio. En cuanto al currículo, establecía las materias de teología, filosofía, moral y otras disciplinas que se consideraban esenciales para la formación de todo sacerdote, garantizando una sólida formación doctrinal y pastoral que sirviera de base para sus funciones ministeriales.

Mientras en Inglaterra se volvía a imponer el protestantismo desde el gobierno y los obispados, durante la década de 1560 se formó en la Universidad de Oxford, y especialmente en el Colegio Universitario de San Juan, un grupo de amigos que compartían inquietudes religiosas y se sentían atraídos por las enseñanzas y la tradición católica, lo que eventualmente llevó a varios de ellos a convertirse al catolicismo antes o después de buscar refugio en el extranjero frente a la persecución que sufrían en Inglaterra quienes no encajaban en la línea de pensamiento oficial.

El grupo incluía a académicos y estudiantes insatisfechos con la Reforma protestante, que en su momento no se dieron un nombre, aunque a menudo se hace referencia a ellos colectivamente como la Escuela Católica de Oxford o el Círculo Católico de Oxford.

El más notable miembro de este grupo fue Edmundo Campion, nacido en Londres hacia 1540 y estudiante desde los 15 años (en pleno reinado de María I Tudor) en el citado Colegio Universitario de San Juan, donde destacó por su brillantez académica y retórica. Con 24 años, en 1564, Campion se licenció en Artes. Dos años después, y apadrinado por el líder protestante Thomas Smith, se le encomendó dar la bienvenida a la reina Isabel durante su visita a Oxford. Aunque educado en el protestantismo, el estudio de los escritos de los Padres de la Iglesia y las conversaciones con eruditos y amigos como Gregory Martin le llevaron a explorar la fe y hacerse católico, compartiendo sus argumentos con otros. Una vez tomada la decisión, en 1870 marchó a Douai para formalizar su conversión en el Colegio Inglés que William Allen había fundado allí dos años antes.

El citado Gregory Martin, amigo de Campion, también se convirtió al catolicismo y trabajó en la traducción de la Biblia al inglés que se conoció como de Douai-Reims. Otro erudito contemporáneo de Campion y converso fue Richard Bristow, que jugaría un importante papel entre los exiliados. Entre los que se asociaron a los jesuitas en su afán de divulgar la fe católica se cuenta el laico Tomás Pounde.

Robert Parsons (que en realidad se apellidaba Persons), jesuita que acompañará a Campion en su regreso a Inglaterra, tendrá especial relevancia por impulsar los colegios ingleses en España.

Cuthbert Mayne fue otro de los que en 1570 tuvo que exiliarse después de que el obispo de Londres tuviera noticia de que se había reunido en Oxford con Campion y otros que comentaban la bula de excomunión de Isabel I. Mayne no ingresaría hasta 1573 en el Colegio de Douai, pero sería el primero de sus mártires.

Nacido en 1543, con 18 años ya era rector de una parroquia (Huntshaw, 12 km al este de la costa de Devon, al sur del Canal de Bristol) y obtuvo su maestría en Artes con poco más de 26 solo unos días antes de la publicación de la bula *Regnans in Excelsis*. A fines de ese año, una carta en que Gregory Martin le animaba a irse con él a Douai fue interceptada por los espías del obispo de Londres, pero un amigo llamado Tomás Ford le avisó, por lo que Mayne huyó a Cornualles y solo en 1573 pasó a Douai.

En 1575 fue ordenado sacerdote y el año siguiente obtuvo el bachillerato en Teología por la Universidad de Douai, marchando a Inglaterra en compañía de otro sacerdote, John Payne. Fue acogido por uno de los mayores terratenientes de Cornualles, Francis Tregian, en Probus, a solo 60 km del extremo suroeste de Inglaterra.

Su llegada coincidió con una campaña de búsqueda de «agentes papistas» por parte del obispo de Exeter en Cornualles, al servicio de la cual el sheriff Richard Grenville registró las propiedades de Tregian y encontró a Mayne con una medalla del Cordero de Dios al cuello, que lo identificaba como católico, por lo que lo encerró en el castillo de Launceston, 56 km al noreste de Probus y 35 al noroeste de Plymouth.

En el juicio que comenzó el 23 de septiembre de 1577, Mayne negó que se pudieran probar los cargos de que se le acusaba, incluido el de celebrar misa por el hecho de tener un misal, o el de traer poderes o bulas papales, ya que solo llevaba el anuncio de un jubileo caducado.

El jurado lo condenó por alta traición y el 29 de noviembre fue descuartizado en el mercado de la localidad.

Al oír la sentencia, Mayne comentó «*Deo gratias*» (gracias a Dios). Antes de ejecutarle le ofrecieron la libertad si renegaba y reconocía la supremacía de la reina sobre la Iglesia, pero él besó una Biblia diciendo: «la reina nunca fue, ni es, ni será, la cabeza de la Iglesia de Inglaterra».

En un interrogatorio entre la condena y la ejecución, Mayne reconoció haber celebrado misa y que era cierto que el concilio de Trento había sugerido que «si algún príncipe católico tomaba la iniciativa de invadir cualquier reino para reformarlo a la autoridad de la sede de Roma, entonces los católicos en ese reino deberían estar listos para ayudarlo».

El supuesto comentario de Mayne, que no podría apoyarse en documentos y menos conciliares, alimentaría la psicosis defensiva frente a hipotéticas invasiones, que además justificarían un tratamiento penal cada vez más duro contra los católicos, y serviría a consejeros de la reina como el citado Lord Burghley (William Cecil) para insistir a la reina en que apoyara la revuelta de los Países Bajos contra España, que estaba en su momento de mayor actividad.

Ocho laicos fueron condenados a cadena perpetua y expropiación. A Tregian se le condenó a muerte con pérdida de todos sus bienes; uno de los jueces alegó ante el Consejo Privado, que confirmó la pena, pero no se le ejecutó. Estuvo encarcelado 28 años hasta que sus amigos lograron que lo soltara el rey Jacobo I.

Helen Whelan, en su biografía de Mayne, asegura que el caso fue explotado por Richard Grenville —celoso porque no había logrado casar a su hija con el heredero de Tregian— para extinguir el catolicismo durante siglos en el occidente de Inglaterra, arruinando a las familias recusantes que sabía que podrían ser rivales de su poder, y ello tanto en la esfera local como en la corte, donde por su actuación se ganó un título nobiliario.

Poco más de tres meses después del de Mayne, llegarían los martirios de un sacerdote formado en Douai, que además era jesuita, más un laico que se preparaba para ingresar en dicho seminario.

John Nelson nació en el año de la ejecución de los primeros mártires, 1535, en la región de York, por lo que tenía 38 años cuando marchó a Douai con idea de volver como sacerdote, un plan en el que le siguieron dos de sus hermanos después. Ordenado tras apenas tres años, en junio de 1576, estaba ya de vuelta en noviembre y fue arrestado un año después, el 1 de diciembre de 1577, mientras rezaba. Se supone que fue ya estando preso en Newgate cuando escribió a los jesuitas pidiendo que le admitieran en la Compañía.

Con Nelson no se entretuvieron tanto como con Mayne, y bastó un interrogatorio en que se negó a reconocer la supremacía de la reina en asuntos espirituales, hasta inducirle a calificarla de cismática, para aplicarle la Ley de Traición de 1571, según la cual eran alta traición, y por tanto equivalentes en cuanto a merecer la pena capital, cosas tan diversas como:

> *Intentar causar daño corporal a la Reina, o hacer la guerra contra ella, o incitar a otros a hacer la guerra contra ella, o decir que no debe disfrutar de la Corona, o publicar por escrito que es hereje, tirana o usurpadora, o reclamar un derecho a la Corona o usurparla en vida de la Reina, o afirmar que alguien más tiene el derecho de sucesión al trono, o decir que las leyes promulgadas por el Parlamento no rigen la sucesión al trono.*

Condenado a muerte el 1 de febrero, se le confinó en un calabozo de la Torre de Londres a pan y agua, aunque pudo celebrar misa. Antes de colgarlo, arrastrarlo y descuartizarlo en Tyburn el 3 de febrero de 1578, le preguntaron si pedía perdón a la reina y declaró: «no le voy a pedir perdón, porque nunca la he ofendido»; y en cambio pidió que si había católicos presentes rezaran con él en latín. Sus últimas palabras fueron: «perdono a la reina y a todos los autores de mi muerte».

Cuatro días después y en el mismo lugar fue ejecutado el joven Tomás Sherwood, que tenía una relación lejana con Nelson porque quiso entrar en el seminario de Douai, pero también con Francis Tregian, el que acogió a san Cuthbert Mayne en Probus, porque eran primos. Los padres de Sherwood eran católicos y habían estado ambos en prisión. Tomás estuvo en Douai en 1576 y regresó a Londres para preparar su marcha definitiva.

En una céntrica calle de Londres (Chancery Lane, una estación de metro lleva ese nombre), Tomás se cruzó con el hijo protestante de una mujer católica en cuya casa se celebraba a veces misa, y este comenzó a gritar: «¡Detengan al traidor!». Aunque no había pruebas de ningún tipo contra él, el joven Sherwood se autoincriminó cuando le preguntaron por la bula de Pío V, pues aunque dijo no saber nada de ella, opinó que si realmente la reina fuera excomulgada, su gobierno sería ilegal. Inmediatamente se le envió a la Torre de Londres y al registrar su casa confiscaron una notable cantidad de dinero (entre 20 y 30 libras) que había pedido prestado para cuidar a su padre enfermo.

Dos veces lo torturaron para sonsacarle casas donde se celebrara misa, y no soltó palabra. Lo tuvieron tres meses pasando hambre en una celda bajo el nivel del agua del Támesis y llena de ratas, y tuvo la suerte de que le asistiera el yerno de santo Tomás Moro, William Roper, a quien le dejaron pasar paja para que Sherwood pudiera acostarse. En cambio, no le dejaron comprarle comida. Tras su ejecución el 7 de febrero, su madre siguió yendo a misa habitualmente, de modo que la encarcelaron intermitentemente durante 14 años, y murió en prisión. Otro de sus hijos, Juan, marchó al continente para hacerse jesuita.

A petición de los jesuitas, Gregorio XIII suspendió la bula en 1580, conminando a los católicos a obedecer externamente a la reina en todas las materias civiles, mientras no llegara la ocasión de derrocarla.

Ese mismo año, el Papa apoyó la fracasada expedición a Irlanda en favor de la segunda rebelión del 14.º conde de Desmond, Gerald FitzGerald, que terminó en el asedio de Smerwick, lo que prueba que la bula no podría haber sido suspendida previamente a ese apoyo a los rebeldes de esa isla donde los parlamentarios siguieron siendo mayoritariamente católicos hasta 1613.

La huella martirial de la segunda rebelión de Desmond es de siete personas ya beatificadas, más otras 13 incluidas en el proceso de beatificación de Richard Creagh. Veamos someramente sus historias según el orden de las fechas en que fueron ejecutados.

Aunque Munster suena a ciudad alemana, en realidad esta lleva diéresis (Münster) y aquí nos referimos a la más meridional provincia histórica de Irlanda, compuesta por los condados de Clare, Cork, Kerry, Limerick, Tipperary y Waterford. Fue el escenario de las mayores violencias en la isla en las décadas entre 1560 y 1580, con las rebeliones de Desmond contra el control inglés, que se saldaron con la muerte violenta de un tercio de su población hasta que finalmente mataron al conde de Desmond en 1583.

En el contexto de una isla que esperaba recibir apoyo de España para mantener su rebelión, el primero de los mártires fue un fraile franciscano, Teige O'Daly, detenido como mensajero del convento de Askeaton (condado de Limerick) en posesión de «ciertas cartas con espacios en blanco» y «cartas de recomendación al provincial de Portugal» en las que se «pretendían prácticas sediciosas» (que no se especifican) que «como mensajero de confianza debía negociar», según la carta que el 24 de marzo de 1578 enviaba el presidente de la región, William Drury, al Consejo Privado de la reina, en la que por cierto comunica haber ejecutado a 400 personas desde su toma de posesión (que fue en 1576 como presidente de la región y en el propio 1578 como Justicia Mayor de Irlanda).

Las cartas que tan vagamente describe el gobernante inglés iban dirigidas al conde de Desmond, pero la clave para inculpar al religioso fue que se negó a admitir a la reina como gobernadora de la Iglesia, por lo que lo llevaron a Limerick y allí, en marzo de 1578, lo sometieron al suplicio ejecutorio al uso.

Los primeros beatificados de este grupo son el obispo Patrick O'Healy y el también franciscano, Cornelius O'Rourke. El primero había estudiado en Alcalá de Henares y otras ciudades españolas durante cuatro años. En Portugal se cruzó por primera vez con Jacobo FitzMaurice FitzGerald, que lideró a los rebeldes del condado de Desmond (sur de Munster) después de que Isabel detuviera en 1565 al 14.º conde (Gerald FitzGerald).

La pretensión de FitzGerald durante la primera rebelión era nombrar a don Juan de Austria Rey Supremo de Irlanda en lugar de Isabel. Después de rendirse en 1573, esperó el regreso del conde en 1575 para marchar en busca de ayuda al Continente y regresar en julio de 1579, desembarcando en Smerwick (costa suroriental) con una pequeña fuerza militar. Su aventura terminó un mes después, al morir de resultas de las heridas sufridas en una pelea contra su primo Teobaldo Burke.

Precisamente entre 1574 y 1576 O'Healy se reunió en España con diversos clérigos que apoyaban la sublevación. En julio de ese año el papa Gregorio XIII lo nombró obispo de Mayo, condado en el centro de la costa oriental de Irlanda. En 1578 tuvo un nuevo encuentro con FitzMaurice en Madrid, pero alguien lo denunció a los ingleses y O'Healy decidió no implicarse en el asunto. Desde su llegada a Irlanda en otoño de 1579, acompañado por el fraile franciscano O'Rourke, solo se conserva una carta que escribió al cardenal Tolomeo Gallio, secretario de Estado de Gregorio XIII entre 1572 y 1585:

> *Estaré mucho más libre y dispuesto a entregar la vida, la sangre y todo lo que tengo, si fuera necesario, por la seguridad y exaltación de la Sede Apostólica, por la propagación de la fe católica y la expansión de la religión cristiana.*

De camino a la abadía de Mayo, pararon en el convento de Askeaton y pidieron hospitalidad en el castillo de Desmond en Adare, unos 15 km al este, donde no estaba el conde, sino su esposa Leonor, que los delató a los ingleses, que tres días después los detuvieron y dejaron presos en Kilmallock, 30 km al sur de Limerick. Interrogado por Drury, el obispo rechazó reconocer a Isabel como cabeza de la Iglesia y no respondió a las preguntas sobre planes de invasión de Irlanda del Papa o de Felipe II, por lo que pasaron a torturarle. De nuevo silencio, condena a muerte y ejecución de ambos fuera de las puertas de la villa el 13 de agosto de 1579.

El año siguiente tuvo lugar la ejecución de tres sacerdotes, cada uno religioso de una orden distinta, que están en el proceso de beatificación de Richard Creagh.

Donal O'Neylan era franciscano menor y fue el único habitante del puerto de Youghal (en la costa sur y 45 km al este de Cork, fue ocupado por los rebeldes el 15 de noviembre de 1579), que se había quedado en la villa cuando la recuperó el conde de Ormond el 1 de febrero de 1580. La tarea de ejecutarlo el 28 de marzo la llevaron a cabo el jefe civil, John Norris, y el militar, William Morgan, de los nuevos ocupantes, que lo arrojaron desde las almenas y lo remataron atándolo a la rueda de un molino de agua, según M. O'Reilly (p. 43).

Los otros dos sacerdotes murieron el 21 de noviembre de 1580: en Dublín el premostratense Eoin O'Mulkern y el cisterciense Gelasius O'Cullenan en Kilkenny. Ambos eran abades y se ofreció un obispado al cisterciense si rechazaba la autoridad del Papa. Al negarse, primero se le torturó y luego se hizo una excepción respecto de O'Mulkern, ya que en vez de despedazarlo, el cuerpo de O'Cullenan se dejó colgado de la más alta torre del castillo de Dublín para que los soldados hicieran ejercicios de tiro.

Entre los irlandeses beatificados en 1992 cuatro murieron el 5 de julio de 1581 en Wexford (ciudad situada en el extremo suroriental de Irlanda, a solo 100 km de la costa galesa): Matthew Lambert, Robert Myler, Edward Cheevers y Patrick Cavanagh ayudaron a escapar a España al vizconde de Baltinglass (Jacobo FitzEustace), a su capellán militar jesuita —Robert Rochford— y a otros sacerdotes y laicos, además de negarse a prestar el juramento de supremacía.

Baltinglass se había unido a los rebeldes después de formar en la región de Pale (en torno a Dublín, de ahí el nombre, derivado del latín palo, significando muro o empalizada), controlada directamente por los ingleses desde la Edad Media, un ejército cuyo signo distintivo fue la defensa de la religión, y que por ese motivo logró aunar a personas de lengua galesa y nativos de lengua inglesa, cada vez más discriminados en la administración por los protestantes nacidos en Inglaterra.

Lambert era un panadero que contrató a los marineros y cuando, tras arrestarle, le preguntaron por asuntos de política y religión contestó: «No tengo estudios y no puedo debatir con usted, pero le puedo decir que soy católico y creo cuanto nuestra Santa Madre la Iglesia Católica cree».

De camino al patíbulo, Lambert fue arrastrado atado a la cola de un caballo. Entre los marineros ejecutados con él había al menos otros dos, cuyos nombres no se conocen (posiblemente uno se llamara John O'Lahy), por lo que no se les beatificó.

El último día de ese mes de julio fue ejecutado en la forma usual en Tyburn el sacerdote Everald Hanse, que se había convertido poco más de dos años atrás —en vano lo había intentado otro hermano suyo recién ordenado sacerdote— después de sufrir una enfermedad y que marchó a formarse al Colegio Inglés, que tuvo que irse de Douai a Reims, casi 150 km al sureste, en Francia, hasta 1593, al ser expulsados los estudiantes ingleses por un ayuntamiento calvinista el 22 de marzo de 1578, aprovechando la retirada de las tropas españolas.

En enero de 1581, el Parlamento aprobó nuevas leyes penales que señalaban como alta traición ser sacerdote católico y aumentaban las penas por no asistir a las ceremonias de la Iglesia estatal. Los sacerdotes, cada vez más ancianos, ordenados durante el reinado de María (*Marian priests*), que solían ser multados, iban siendo asimilados a los que salían para hacerse sacerdotes y volver a Inglaterra (sacerdotes seminaristas o *seminary priests*), que por ambas acciones eran considerados traidores.

Hanse se ordenó sacerdote en marzo de 1581 y regresó a Inglaterra. Visitando en julio a católicos en la prisión de gestión privada de Marshalsea —hoy en Southwark, poco más de medio km al sur del Támesis a la altura del Puente de Londres—, un carcelero se dio cuenta de que llevaba zapatos hechos en el extranjero.

Interrogado sobre cuál pensaba que era la autoridad del Papa, contestó que «la misma que hace cien años», y sobre si se habría equivocado al excomulgar a la reina Isabel, contestó «espero que no». Con eso bastaba para matarlo, pero aun así le preguntaron si le gustaría que otros pensaran como él, y contestó: «me gustaría que todos tuvieran la misma fe católica que yo». Se le añadió por tanto un segundo cargo de alta traición, el llamado de «persuasión».

Sus últimas palabras fueron: «¡Oh, qué día tan feliz!» y cayeron tan bien a quienes presenciaron la ejecución que, según el embajador español, dos días después no quedaba en Tyburn ni una brizna de arena manchada por su sangre que no hubiera sido recogida como una reliquia. El gobierno, se dice, reflexionó acerca de que debía emplear formas de acusación menos burdas.

A fines de 1581 fueron ejecutados en Dublín ocho laicos que están en proceso de beatificación, el más notable de ellos Maurice Eustace, hijo mayor del conde de Kildare, que fue educado en el Colegio de los jesuitas para expatriados de lengua inglesa que entonces estaba en Brujas, y antes había estado en St Omer y después pasaría a Lieja.

Eustace siempre quiso ser jesuita, pero al prohibírselo su padre se ordenó en secreto y al saberlo este lo hizo encarcelar. Uno de sus hermanos pequeños, deseoso de heredar, lo denunció como sacerdote, jesuita y enemigo de la reina. Mientras estaba preso, el arzobispo protestante de Dublín, Adam Loftus, llegó a ofrecerle su hija en matrimonio, con una buena dote, si se pasaba al protestantismo. Fue ejecutado el 9 de octubre, mientras que los otro siete lo fueron el 13 de noviembre, bajo el cargo de complicidad con el vizconde de Baltinglass: David y John Sutton, Tomás y Christopher Eustace, William Wogan, Robert Scurlock y Robert Fitzgerald. Con ellos fueron ejecutados otros que no están en la causa de Beatificación, como el justicia mayor Nicolás Nugent.

El primer día del último mes de 1581 nos encontramos con la ejecución en Tyburn de la principal figura de esta primera oleada de sacerdotes formados fuera del país: san Edmundo Campion, a quien acompañaron en el suplicio los también sacerdotes jesuitas san Alexander Briant y san Ralph Sherwin.

Habíamos incoado la fuga de Campion en 1869, sin detenernos en que esta fue inicialmente a Irlanda, donde escribió sobre historia de la isla y tuvo que estar escondido para evitar su captura por el delegado de la reina, Henry Sidney, antes de escapar en dirección a Roma. En el Colegio de Douai se reconcilió con la Iglesia católica y recibió la Eucaristía, logrando en 1873 el título de Bachiller en Teología y las órdenes menores (hasta subdiácono).

Desde allí peregrinó a pie a Roma, donde se hizo novicio jesuita y lo mandaron a formarse a Brno (Moravia) hasta que el arzobispo de Praga le ordenó sacerdote en 1578. Regresó a Londres acompañando al director de la nueva misión jesuítica, Robert Parsons. Se proponían evitar las polémicas políticas, por ejemplo, en el tratado que Campion llamó de las *Diez razones* sobre la invalidez de la Iglesia anglicana. Pero su intento por evitar la politización se vio complicado al enterarse del desembarco de Jacobo FitzMaurice en Munster y de que la partida de los misioneros era conocida por el gobierno inglés.

El 27 de junio de aparecieron 400 ejemplares de las *Diez razones* en los bancos de la iglesia universitaria de Santa María de Oxford al comenzar la ceremonia de graduación, por lo que la búsqueda de Campion se intensificó. A mediados de julio, le insistieron para que predicara en Lyford Grange, pequeña localidad 20 km al suroeste de Oxford, y allí lo detuvo un espía que lo transportó con un cartel pegado a su sombrero que decía: «Campion, el sedicioso jesuita».

La diferencia con anteriores mártires fue que Campion nunca negó que Isabel fuera reina, si bien dijo que en conciencia no podía aceptar los cargos que le ofrecían, entre los que estaba el de arzobispo de Canterbury.

Durante sus cuatro meses de prisión, fue varias veces torturado en presencia de Topcliffe. En septiembre tuvo cuatro discusiones públicas con anglicanos, con tal maestría que el público se manifestó favorable a que lo soltaran. El 20 de noviembre, el jurado escuchó tres horas de alegaciones y deliberó una antes de condenar a Campion y sus compañeros por traición, en concreto por haber conspirado en Roma y Reims para organizar una sedición y destronar a la reina. Campion contestó:

> *Al condenarnos, condenáis a todos vuestros propios antepasados, a todos nuestros antiguos obispos y reyes, todo lo que una vez fue la gloria de Inglaterra: la isla de los santos y el hijo más devoto de la Sede de Pedro.*

Tras oír el detalle de cómo se ejecutaría la sentencia, los tres condenados prorrumpieron a cantar el *Te Deum*. Entre los que presenciaron el juicio de Campion estaba Felipe Howard, conde de Arundel, que tras reflexionar sobre ese ejemplo formalizaría su conversión al catolicismo en 1584. Un año después, trataría de salir del país con su mujer embarazada, Ana, pero los detuvieron y él pasó en la Torre de Londres el resto de su vida (hasta 1595).

Alexander Briant, que formaba parte del grupo de los recién llegados en la Misión de Inglaterra, se había formado en Oxford como pupilo de Robert Parsons (el jefe ahora de la misión) y se convirtió también gracias a la amistad con Richard Holtby, otro como él emigrado e integrante de la misión, que moriría de muerte natural en 1640.

Robert Parsons se educó desde 1562 en Oxford, donde fue tutor desde 1568 en el Colegio Balliol y se enfrentó a las autoridades académicas, que le expulsaron. Animado por el jesuita William Good —antiguo «sacerdote mariano» que se exilió al comenzar el reinado de Isabel—, al que conoció en Lovaina, marchó a Roma, donde fue ordenado en 1575.

El tercer compañero de suplicio de Campion, Ralph Sherwin, fue un experto en estudios clásicos, que tras convertirse en 1575 marchó a Douai, donde se ordenó en 1577, pasando los siguientes tres años en el Colegio Inglés de Roma. De allí salió el 18 de abril de 1580, con otros 13 compañeros, para la Misión de Inglaterra. Lo capturaron el 9 de noviembre predicando en una casa particular, y en Marshasea convirtió a varios prisioneros. Lo llevaron a la Torre de Londres para torturarle y arrojarle en la nieve. Se dice que Isabel I en persona le ofreció un obispado, pero lo rechazó. En el patíbulo, profesó su inocencia, su fe católica, rezó por la reina y con sus últimas palabras hizo esta invocación en latín: «Jesús, Jesús, Jesús, sé para mí Jesús». Fue el primero de los más de 40 estudiantes del Colegio de Roma que serían martirizados.

Vidriera dedicada a san Ralph Sherwin en la iglesia de OLEM (foto Lawrence Lew, O. P.)

En 1582 se contabilizan once mártires en Inglaterra: uno fue ejecutado en Essex, siete en Tyburn y los tres restantes en York. El primero, John Payne, pasaba de los 40 años cuando marchó en 1574 a estudiar a Douai, donde fue ordenado sacerdote dos años después, partiendo inmediatamente para Inglaterra con el que sería primer mártir del colegio, Cuthbert Mayne, y residiendo en Ingatestone, menos de 40 km al noreste de Londres.

En su primer año camuflado como sirviente de Ana, viuda de William Petre e hija de un antiguo alcalde de Londres, Payne logró la conversión de George Godsalve, antiguo diácono anglicano y después protestante, que marchó a Douai para hacerse sacerdote católico. Payne fue arrestado en 1577 pero lo soltaron y volvió a Douai, donde pasó dos años hasta regresar a Inglaterra.

En 1581, ambos sacerdotes fueron capturados en una de las residencias de Lady Petre, por denuncia de un ladrón, incluso asesino y secuestrador, cazarrecompensas de católicos y curas, llamado George Eliot, alias Judas. Mientras que Godsalve salió en 1585 de la cárcel de Marshalsea y murió siete años después en París, a Payne se le mantuvo en la Torre de Londres hasta el 22 de marzo de 1582, cuando le acusaron de conspirar para asesinar a la reina Isabel y sustituirla por María de Escocia. Payne afirmó ser leal a la reina en todo lo que fuera legal, y que el testimonio de Eliot no era fiable, lo que no le libró de ser condenado.

El 2 de abril en Tyburn le dejaron rezar media hora de rodillas y luego besar la horca y hacer profesión de fe, declarándose inocente. Entre las acusaciones de última hora se hizo la de que un hermano de Payne había denunciado su conspiración años atrás. Payne lo negó y, a pesar de que su hermano fuera protestante, pidió que fueran a buscarlo para confirmar eso. La multitud presente simpatizó con el condenado, y muchos lo expresaron colgándose de sus pies cuando fue ahorcado, para causarle así la muerte y evitar el sufrimiento de ser descuartizado vivo.

Otros tres sacerdotes mártires fueron ejecutados en Tyburn el 28 de mayo: Tomás Ford se doctoró en letras en Oxford en 1567, pero se dio de baja por el ambiente protestante. Se convirtió en 1570 y marchó a Douai, donde se ordenó sacerdote en 1573, volviendo en 1576 a la región de Oxford. Le arrestaron junto con Campion y le condenaron a muerte como miembro de la conspiración de Reims y Roma, aunque él nunca estuvo en ninguna de esas dos ciudades.

Según transcribe Challoner, camino de la ejecución Ford dijo «soy católico y muero en la religión católica». En el patíbulo dijo reconocer a la reina como soberana y que nunca había hecho nada que pudiera ofenderla, terminando con la oración: «Jesús, Jesús, Jesús, sé para mí Jesús».

John Shert, también graduado por Oxford, fue maestro en Londres y en 1578 se fue a Douai, completando estudios en Roma, donde se ordenó sacerdote. Fue condenado en el mismo juicio que Ford y al ser ejecutado detrás de él alabó su felicidad y pidió su intercesión, como la de la Virgen María y todos los santos, continuando así su oración:

> *Oh Bendito Señor, a ti sea toda honra y alabanza: te doy de todo corazón gracias, porque me creaste de la nada a tu imagen y semejanza. En segundo lugar, por mi redención por la muerte de tu dulce Hijo, Jesucristo mi Salvador y Redentor. Y por último, lleva a tu pobre siervo a una muerte tan gloriosa y feliz por tu causa; aunque a los ojos de los mundanos sea contumeliosa y reprochable; es para mí muy gozosa y gloriosa: y por lo cual te doy las más sinceras gracias.*

Le interrumpió el alguacil, exigiéndole que pidiera perdón a la reina, a lo que dijo:

> *Pedir perdón supone una ofensa cometida; y acusarme a mí mismo, siendo inocente, sería contrario a mi deber. Por estas cosas hemos sido atormentados y torturados, y no se ha encontrado nada; también hemos sido examinados dos veces después de nuestra condena, cosa que hasta ahora no se ha visto en ningún malhechor. Esas supuestas traiciones, por las que soy condenado, las dejo entre Dios y yo; muero completamente inocente e impecable; y me niego rotundamente a pedirle perdón por este hecho por el que soy condenado, porque no soy culpable; pero si en cualquier otro asunto privado he ofendido, le pido perdón a ella y a todo el mundo: pero me es imposible ser culpable de la conspiración de Reims o Roma, porque estoy en Inglaterra desde mucho tiempo antes de que se cometieran dichas supuestas traiciones, y aquí he seguido desde entonces.*

Al terminar, Shert dio dos monedas al verdugo, añadiendo: «rezo para que Dios te perdone» y terminó con una advertencia: «quien muere fuera de la Iglesia católica, muere en estado de condenación».

Robert Johnson también estudió en Douai y estaba de regreso en 1576. Llevaba en la Torre de Londres desde el 5 de diciembre de 1580 y fue juzgado con los dos anteriores. Mientras le obligaban a ver cómo era descuartizado Shert, Johnson dijo al alguacil:

> *Soy católico y estoy condenado por conspirar para matar a la reina en Reims, junto con estos compañeros condenados conmigo. Protesto en relación a estos, con quienes fui condenado por haber conspirado, porque nunca los había visto antes de encontrarnos en el tribunal, ni les escribí ni recibí cartas de ellos; y por lo que se refiere a las traiciones, no soy culpable de obra ni de pensamiento.*

«Eres un traidor muy obstinado», dijo el alguacil,a lo que Johnson añadió: «si soy traidor por mantenerme en mi fe, entonces todos los reyes y reinas de este país hasta hoy día, y todos nuestros antepasados, fueron traidores, porque también la mantuvieron».

> *¿O sea que si te dejo te pondrás a predicar la traición?*

> *Yo solo enseño la religión católica.*

Luego, al ponerse a rezar en latín y pedirle que lo hiciera en inglés, contestó que rezaba en una lengua que entendía bien, y si acaso pensaban que Cristo habló en inglés. Así que siguió rezando hasta que retiraron la escalera del cadalso.

El mayor grupo de mártires lo formaron los cuatro sacerdotes ejecutados en Tyburn dos días después, el 30 de mayo: William Filby, Lorenzo Richardson, Tomás Cottam y Lucas Kirby.

Filby era de Oxford, cuyo Colegio Lincoln dejó para entrar en octubre de 1579 en el inglés en Reims y ordenarse sacerdote en marzo de 1581. Cuando solo llevaba tres meses de vuelta en Inglaterra,

Campion y los demás que habían sido apresados pasaron por Henley, cerca de donde estaba Filby, que había conocido a Campion en Reims, y quiso volverle a ver. No fue suficientemente discreto y le apresaron junto con los demás. Después de que le condenaran el 17 de noviembre a muerte, se le veía más alegre y animado, así que le pusieron en adelante esposas de acero, según el relato de Bede.

En el interrogatorio, Filby declaró que el Papa puede deponer a cualquier príncipe y que sus sentencias deben ser obedecidas; pero que no tiene autoridad para permitir que los súbditos de la reina se rebelen contra ella si antes no la depone. Por ser el más joven (27 años), fue el primero en ser ejecutado.

En su discurso dijo ser católico e inocente de las acusaciones, y confiar en «salvarme por los méritos y muerte de nuestro Salvador Jesucristo», a quien pedía perdón. Al leerse una proclama que pedía la paz y terminaba con *God save the Queen*, también él añadió un «amén». Preguntado por qué reina rezaba, pues pensaban que sería por la de Escocia (presa), dijo:

> *Por la reina Isabel, suplicando a Dios que le envíe un reinado largo y tranquilo, conforme a su buena voluntad, y que la haga su sierva y la preserve de sus enemigos.*

El torturador Richard Topcliffe aprovechó para añadir: «Dios la salve del Papa», a lo que dijo Filby: «él no es su enemigo». El predicador William Charke le acusó de desobediencia, a lo que Filby respondió que «los sacramentos y artículos de Religión no forman parte de la lealtad civil y la obediencia a la Iglesia no puede considerarse desobediencia al príncipe». Por último, y ya con la soga al cuello, el alguacil le ofreció la libertad si pedía perdón a la reina: «Nunca la he ofendido», fue la respuesta, tras lo cual el alguacil mandó terminar y a Filby aún le dio tiempo de rezar y comenzar la frase «Señor, recibe mi alma», cuando retiraron la escalera y quedó colgado.

El siguiente fue Luke Kirby, que tenía menos de 30 años cuando regresó a Inglaterra en mayo de 1578 ya como sacerdote después de reconciliarse con la Iglesia en Lovaina e ingresar en Douai en el

Colegio en 1576. Pero en verano regresó a Reims y de allí partió para Roma, con aprobación del Dr. Allen, para formarse más. En abril de 1579 hizo el juramento que pidieron los jesuitas al hacerse cargo del Colegio inglés de Roma. Entre las muchas personas a las que ayudó, en el momento de su ejecución reconoció que uno de ellos, allí presente, era su acusador, un tal Munday.

Junto con Campion y Sherwin, Kirby viajó de Roma a Reims camino de la Misión de Inglaterra. Él mismo marchó el 16 de junio junto con el futuro mártir William Hartley, haciendo a pie el trayecto de Douai a Dunquerque. Nada más llegar a Dover le detuvieron y le acusaron, entre otras cosas, de salir del país sin permiso, no querer responder a las seis preguntas sobre la legalidad del juramento de obediencia, haberse reconciliado con la Iglesia de Roma, no poder responder si la excomunión papal es legal según la Palabra de Dios; confesar que el rector del Seminario inglés de Roma le aconsejó convertir a otros, a su vuelta a Inglaterra; confesar que el Papa solo tiene poder en asuntos eclesiásticos.

Como otros, fue elegido por el Consejo Privado de la reina para ser torturado en la Torre de Londres desde principios de diciembre, «para aterrorizar al resto», donde a los pocos días le aplicaron la «hija de Scavenger» (inventada por un capitán del mismo apellido en tiempos de Enrique VIII):

> *Un aro ancho de hierro que constaba de dos partes, unidas entre sí por una bisagra. Al prisionero lo obligaban a arrodillarse en el pavimento y contraerse en el menor espacio posible. Entonces el verdugo, arrodillándose sobre los hombros de la víctima y habiendo introducido el aro bajo sus piernas, la comprimía hasta sujetar las extremidades sobre la parte baja de la espalda. El tiempo destinado a este tipo de tortura era de hora y media, tiempo durante el cual comúnmente ocurría que por exceso de compresión la sangre salía por las fosas nasales; y a veces, según se decía, por las extremidades de las manos y los pies.*

Hasta mediados de mayo, con los demás presos católicos, le obligaban a escuchar los sermones de John Nichols, ministro calvinista que se había hecho católico en Roma y luego renegado. Juzgado a la vez que Campion, Kirby negó las acusaciones de haber conspirado para derrocar o matar a Isabel. Como a otros, después de condenado se le interrogó sobre los seis artículos, afirmando al primero que el Papa puede deponer a un príncipe «por ciertas causas» y tal sentencia deber ser obedecida.

Kirby asegura que Nichols fue a visitarle a su celda para pedirle perdón por sus escritos calumniadores y las falsas acusaciones (que él no había vertido, ya que no asistió al juicio), prometiendo no volver a predicar asuntos religiosos.

> *Expresé mi deseo de que enmendara todos sus pecados y fuera a un lugar de penitencia, y él me respondió que todavía no estaba conforme a nosotros en todos los aspectos de la religión, y que nunca lo había estado, ya que mintió en Roma por hipocresía.*

Nichols se ofreció a interceder por los condenados ante algunas autoridades. Kirby expresó su opinión de que en poco tiempo «Nichols caerá en la infidelidad, a no ser que Dios en su Bondad sea misericordioso con él y le lleve por algún buen medio hacia la fe católica» en una carta que escribió a los católicos el 10 de enero, firmando: «vuestro en la muerte y después de la muerte». Nichols y Kirby fueron interrogados por el comandante de la Torre, que decidió mantener en secreto lo ocurrido, y Nichols por fin marchó a Francia para pedir perdón a los católicos, se libró de prisión por influencia del Dr. Allen y confesó «ser protestante, pero reconocer por completo sus ofensas contra los católicos», en particular los libros que dijo haber escrito bajo amenazas de Owen Hopton, lugarteniente de la Torre de Londres.

Volviendo al día de su ejecución, Kirby declaró ante el público que no le condenaban por traición, sino por su religión. Afirmó asumir «respecto a mi reina los mismos deberes y autoridad» que cualquier súbdito de otro reino y que si eso fuera traición «todos nuestros antepasados habrían sido igualmente traidores».

De nuevo intervino el alguacil Martin para prometerle el perdón de la reina «si confesaba su deber respecto a ella y abandonaba al hombre ese de Roma», pero el joven contestó que «negar la autoridad del Papa es negar un punto de fe, cosa que él no haría por salvar su vida, sabiendo que así condenaría su alma». El alguacil dijo entonces que, dejando ese asunto al margen, bastaba con que pidiera perdón, y contestó «que su conciencia le daba un claro testimonio de que nunca había incurrido en ofensa» a su majestad.

El alguacil insistió en que le bastaba que reconociera lo que había reconocido el jesuita James Bosgrave, inglés que había vivido toda su vida en Alemania y Polonia, y que fue capturado cuando lo enviaron en 1580 a Inglaterra para reponer su salud. Interrogado por el obispo de Londres, aceptó ir con él a la iglesia, lo que provocó escándalo entre los católicos. Él respondió que donde él vivía era corriente acompañar a las iglesias a los protestantes para saber qué decían y poder debatir con ellos, pero que sabiendo que causaba escándalo, se retractaba.

Bosgrave fue condenado junto con Campion, pero no se le ejecutó porque en el interrogatorio sobre los seis puntos posterior dio respuestas satisfactorias para el gobierno: la bula nunca fue legal ni debía ser obedecía, ya que el Papa no tiene poder para eximir a un súbdito de obediencia a su soberano; si el Papa invadiera Inglaterra, él estaría en el bando de la reina.

Kirby se negó a aceptar esa especie de confusión entre aceptar la asunción del poder eclesiástico por el civil y aceptar —como sí pasaba en el Continente— que se deba respetar el ejercicio de la religión que elige el soberano: *Cuius Regio eius Religio*, según se expresó en la paz de Augsburgo (1555), excluyendo al calvinismo dominante en Suiza, Países Bajos y solapadamente en Inglaterra, hasta la Paz de Westfalia (1648).

Los predicadores hicieron un último esfuerzo pidiendo a Kirby que rezara con ellos en inglés, pero él dijo:

> *Vosotros y yo no somos de la misma fe, por eso pienso que yo ofendería a Dios si rezara con vosotros.*

Por fin la plebe terminó con el experimento, gritando «¡Fuera con él!» hasta que, efectivamente, mientras rezaba el Padre nuestro, retiraron la escalera.

Como esta ejecución había tardado más de la cuenta, se colocó conjuntamente para ver el descuartizamiento a los dos restantes, Lawrence Johnson y Tomás Cottam. Lorenzo era de una familia de Lancaster que había sufrido mucho por la fe, y para ahorrarles mayor dolor cambió su apellido a Richardson cuando entró en la Misión de Inglaterra. En 1582 una hermana suya llamada Helen seguía presa en Salford.

Él estudió en el Colegio Brasenose de Oxford junto con futuros mártires como Ralph Sherwin, y parece que lo dejó para no contravenir su fe, apuntándose en 1573 al Colegio de Douai. Sacerdote desde marzo de 1577, regresó a Inglaterra ese verano. Después de cuatro años de labor, Johnson fue capturado al ir a Londres para cobrar un dinero y ser delatado por el deudor de quien le enviaba.

Lo encarcelaron en Newgate hasta que fue condenado a muerte, pasando a la Torre de Londres. Según Bede, la ocultación de su nombre pudo provocar que el gobierno lo considerara implicado en asuntos que parecían más graves, como la distribución del folleto de Campion, con la que no tuvo nada que ver.

Una vez en el cadalso, tanto él como los anteriores, y junto a él Cottam, se hicieron la señal de la cruz y Cottam bendijo a la multitud «con una sonrisa contenida». Para provocarles, una vez cortada la cabeza de Kirby, se mostró a la plebe gritando: *God save the Queen!*, y al preguntar a los dos condenados qué decían ellos, ambos respondieron «Yo digo Amén. Yo digo que Dios la salve».

Richardson alegó ante los congregados que no era «culpable de ninguna traición, no más que todos los obispos católicos que siempre hubo en este país». Una vez con la soga al cuello, el alguacil animó a Richardson a «confesar tus faltas y renunciar al Papa» para recibir el perdón de la reina. «Agradezco a la reina su clemencia, pero no puedo confesar una mentira o renunciar a mi fe», fue la respuesta, para después animar a los católicos a rezar con él y decir, caer de la escalera: «Señor, Jesús, recibe mi alma».

San Alejandro Briant y beato Tomás Cottam. Iglesia OLEM
(foto Lawrence Lew, O. P.)

Cottam, que también era de Lancashire pero de una familia protestante, se graduó en Oxford en 1568. Se había convertido gracias a la amistad de Tomás Pound of Belmont, un noble que renunció al favor real, su dinero y libertad, para mantener la fe, y durante 30 años estuvo 17 veces encarcelado y pasó por tres torturas. Cottam le escribía agradecido en 1575:

> *Por ti la misericordia divina me recuperó de mis andanzas, me levantó cuando caía, me sostuvo en mis vacilaciones, me preservó en mis pruebas, me restauró cuando estaba perdido. ¡Qué gran cosa es tener un amigo fiel!*

Por entonces es posible que estuviera ya en Douai. En 1579 era diácono y partió de Reims a Roma. Allí se hizo jesuita y pidió ir a la India, pero por enfermedad lo mandaron a Lyon, donde en 1580 se planteaban despedirle por su mala salud y porque «no es un hombre de talentos grandes, ni siquiera medios». Aceptó volver a Inglaterra, porque así le ordenarían sacerdote y tendría más probabilidades de ser enviado luego a la India.

Emprendió viaje de Roma a Reims con Richardson, sin saber que les seguía un espía llamado Sledd, que los describió en París al embajador inglés. Se ordenó a fines de mayo, a tiempo para juntarse en Reims con todo el equipo de Campion. Nada más llegar a Dover en junio, los registraron, y aunque no tenían nada sospechoso, la descripción de Cottam era tan buena que lo identificaron y arrestaron. Sin embargo, encargaron que lo llevara a Londres a un católico, y este por el camino lo dejó escapar.

Pensando que su fuga podría perjudicar a su guardián, Cottam quiso consultar el caso con un católico preso en Marshalsea (posiblemente Tomás Pound), que efectivamente le dijo que «en conciencia no podía escaparse así». De forma que Cottam pidió al guardián la carta del alcalde de Dover que le habían dado, para entregarla él. Pero Ely, el carcelero, opinó que no debía entregarse «habiéndosele ofrecido tan buenos medios para escapar a la crueldad». Así que lo consultaron con otras personas, que convinieron en que «no estaba obligado a meterse a sí mismo en peligro tan manifiesto».

Cuando Ely devolvió la carta a Dover, el responsable de los presos se presentó en Londres decidido a llevar a la cárcel a Ely o a Cottam.

Cuando el primero dijo a Cottam que eligiera quién se entregaba, el sacerdote bendijo a Dios, pero incluso antes de entregarse volvió a consultarlo con otros sacerdotes, que esta vez le dieron la razón.

En lugar de tratarlo mejor por entregarse, lo declararon «prisionero cerrado», es decir, incomunicado, por verle especialmente vulnerable. Sus compañeros de prisión consiguieron no obstante asistirle y que pudiera celebrar misa. En todo caso, fue elegido por el Consejo Privado para aterrorizar al resto con su ejecución, enviándole a la Torre de Londres el 4 de diciembre, para su tortura en la máquina de Skevington, donde accedió a contar qué penitencias se le imponían en el sacramento de la confesión, pero no reveló por qué pecados (suyos).

Cuando en el juicio se le presentó la acusación de regresar a Inglaterra, dijo abiertamente que su intención era ir a la India, y que solo volvió a Inglaterra por la esperanza de que así mejoraría su salud. Una vez condenado, también a él le examinaron sobre los seis artículos, y respondió que en todos «creía lo que le había enseñado la Iglesia católica, que dice es la Iglesia de Roma)».

Avisado con un día de antelación de su ejecución, se puso muy contento, pero llegado al lugar se acobardó, porque le habían puesto para morir el primero. Un oficial le reconoció por haber sido un maestro conocido en la ciudad, y se empeñó en persuadirle para que renegara, pero pronto se dieron cuenta de que lo que temía era perder la oportunidad de ser mártir. De hecho, mientras discutían con Richardson, él se dedicó a hablar con el verdugo:

> *Dios te perdone y te haga su siervo: busca la ocasión y la gracia, y sin duda Dios te escuchará. Sigue el ejemplo del verdugo de San Pablo, a quien, en el momento de ejecutar al Santo, le cayó una pequeña gota de sangre de San Pablo sobre su vestido, blanca como la leche, lo que le hizo después pensar sobre sí mismo, y así se arrepintió de sus pecados y se convirtió en un buen hombre: cuyo ejemplo ruego a Dios que sigas; y ruego a Dios que te dé su gracia.*

Muerto Richardson (inicialmente habían puesto la soga a los dos a la vez, pero a Cottam se la soltaron), le llegó al segundo el turno de pedir perdón a la reina:

> *Qué a gusto confesaría si supiera algo que me remordiera. Y si hubiéramos sido culpables de algo así, seguramente alguno de nosotros lo habría confesado al ser torturado o al morir, de lo contrario seríamos un tipo de gente de la que nunca antes se hubiera oído hablar. Yo protesto, porque antes de venir a Inglaterra estaba preparado para ir a las Indias, y si me pusieran en libertad, no descansaría hasta viajar a esos países.*

De vuelta con la compasión de la reina: «Agradezco su gracia. Haga conmigo lo que considere correcto». Ese fue el momento que el alguacil interpretó como duda, y en el que mandó quitarle la soga. Pero mientras mataban a Richardson, Cottam rezaba: «Oh buen Lorenzo, reza por mí. Señor Jesús, recibe su alma». Cuando se quedó solo, volvieron a acosarle, hasta que el alguacil tiró la toalla al oírle decir:

> *No me desviaré ni un ápice de mi fe en nada. Vamos, que si tuviera diez mil vidas, preferiría perderlas todas antes que abandonar la fe católica en un solo punto.*

Entre las oraciones que repitió en latín antes de morir estaban: *In te Domine, speravi, non confundar in aeternum* (en ti, Señor, confío, que no sea confundido eternamente) y *Domine, tu plura pro me passus es* (Señor, tú sufriste más por mí), en este caso repitiendo tres veces la palabra *plura*.

Como últimos mártires beatificados de 1582, están los dos ejecutados el 22 de agosto en York: William Lacy y Richard Kirkman, ambos sacerdotes diocesanos. Lacy estaba casado con una viuda cuyos dos hijos se habían hecho jesuitas. Trabajaba como juez al servicio de la corona y al mismo tiempo cobijaba sacerdotes católicos en su casa. Estos le hicieron ver que no era coherente asistir a los oficios protestantes. Al ser notoria su ausencia a estos, las autoridades le obligaron a dimitir de su cargo y le multaron hasta que tuvo que abandonar su hogar e ir acogiéndose a las casas de sus amigos.

Durante 14 años sufrió persecución, incluyendo cárcel en Kingston Upon Hull, ciudad en el norte del estuario del Humber, algo más de 50 km al sureste de York. Tras morir su mujer, ingresó en 1580 en el seminario de Reims. Ordenado sacerdote en Roma, regresó a Inglaterra y el 22 de julio de 1582 fue a asistir a presos católicos en el castillo de York, acompañando a William Hart y otros sacerdotes, en particular Tomás Bell, que había estado allí preso seis años y volvía como sacerdote para cumplir la promesa de celebrar misa.

Terminada la misa, un preso despertó involuntariamente a los carceleros; Hart y Bell pudieron escapar pero a Lacy, probablemente más torpe por su edad, lo capturaron, encontrando la bolsa en que llevaba su certificado de ordenación sacerdotal y artículos religiosos. Lo cargaron con pesados hierros, que él besó piadosamente. Con ellos, que apenas le dejaban andar, anduvo dos millas para ser interrogado por el arzobispo anglicano Edwin Sandys.

Richard Kirkman era de la misma provincia de West Riding del Yorkshire y llegó a Douai en 1577, pasando luego a Reims donde fue ordenado sacerdote. Emprendió el regreso («Misión de Inglaterra») en verano de 1579 y parece haber sido acogido en Scrivelsby (30 km al este de Lincoln) por Robert Dymoke, que tenía el título nobiliario de campeón hereditario de Inglaterra (encargado de retar en liza a quien quisiera discutir el derecho al trono de un nuevo rey) y que moriría por la fe preso en Lincoln en 1580.

Cuando Dymoke fue detenido, Kirkman marchó al norte, hasta que le detuvieron el 8 de agosto de 1582 en Wakefield (40 km al suroeste de York). Tras un par de días preso, lo juzgaron el 11 de agosto junto con Lacy, en un salón lleno de católicos. Este, cuando le preguntaron si reconocía a la reina como jefa de la Iglesia, dijo:

> *Sobre esa y todas las demás cosas, me mantengo junto a la Iglesia católica y a todos los buenos cristianos.*

Al oír su sentencia de muerte, añadió:

> *Dios sea por siempre bendito. Ya soy viejo y por el curso de la naturaleza no podía esperar vivir mucho. Para mí, esto no será más que pagar la deuda común un poco antes de tiempo. Por eso me alegro de las cosas que me han dicho: entraremos en la casa del Señor y así estaremos con el Señor para siempre.*

Por su parte, Kirkman protestó cuando le acusaron de ser papista y traidor, diciendo que «con la misma justicia podían acusar también a los apóstoles de ser traidores, porque ellos enseñaron la misma doctrina que yo enseño ahora, e hicieron las mismas cosas por las que me condenan a mí».

Sin embargo, cuando le explicaron su sentencia, Kirkman advirtió por tres veces al juez de que no hiciera algo de lo que él no era merecedor; el juez no salía de su sorpresa, repitiendo que recibía su justa condena, pero Kirkman insistía, dirigiéndose finalmente más a Dios que al juez:

> *¿Debe ser entonces así? ¿Seré honrado con tan sublime dignidad? ¡Dios bueno! ¡Qué indigno soy de ello! Pero como así te ha parecido bien a tu divina misericordia, ¡hágase en la tierra como en el Cielo tu santísima Voluntad!*

El lugar de ejecución se llamaba Knavesmire, situado hoy inmediatamente al norte del hipódromo tras cruzar el río Ouse por el Puente del Milenio (en la piedra memorial instalada, el York Museums Trust le asigna el mismo nombre de Tyburn que al patíbulo londinense, especificando que en el de York se cambiaron las ejecuciones por carreras de caballos en 1731). Se confesaron el uno al otro; a Lacy le dejaron un tiempo para rezar y también pudo hablar al pueblo, al que exhortó a «evitar la herejía como la peste»; ante el efecto que pudieran tener esas palabras, un ministro clerical presente urgió a los verdugos a quitar la escalera y terminar la ejecución.

Una vez ejecutado Lacy, Kirkman usó su turno para hablar a la multitud frente al cisma, pero le interrumpieron, así que siguió subiendo la escalera con la soga al cuello, mientras recitaba, antes de que le empujaran, el salmo 120 (v.5-6): *Heu mihi, quia incolatus meus prolongatus est: habitavi cum habitantibus Cedar, multum incola fuit anima mea* (¡Ay de mí, que mi permanencia se prolonga! He habitado con los habitantes de Cedar: mi alma ha sido peregrina desde hace mucho tiempo).

Del año 1583 hay dos mártires beatificados en Inglaterra y en Irlanda se considera mártir al laico Walter FitzEustace, hermano del líder de la rebelión —vizconde de Baltinglass—, ejecutado en Dublín el 14 de junio.

Los ingleses John Slade y John Bodey fueron ejecutados con tres días de diferencia, el primero en Winchester —situada menos de una veintena de km al norte del puerto de Southampton— el 30 de octubre, y el segundo en Andover —otros 20 km más al noroeste— el 2 de noviembre.

Slade era laico, y había estudiado derecho civil y canónico en la Universidad de Douai, según Challoner (p. 89 de la edición de 1839, 74 en la de 1803), pero no para ser sacerdote (no obstante, el Colegio Inglés lo cuenta entre sus mártires). De regreso a Inglaterra, no pudiendo ejercer la abogacía por ser católico, fue maestro de escuela. Por su parte, Bodey estudió leyes en Oxford, pero decepcionado por la religión oficial marchó a Douai en 1577 y se hizo sacerdote.

Ambos fueron juzgados y condenados a muerte por negarse a jurar la supremacía de la reina. Mientras era arrastrado a caballo atado en el zarzo camino del suplicio, Bodey rechazó la oferta de un gorro que un anciano le hizo para paliar los golpes en la cabeza, agradeciéndolo pero añadiendo que «iba a dar enseguida su cabeza, vida y todo por su Salvador».

A su vez, cuando el ejecutor pidió a Bodey que confesara su crimen, este profesó obediencia y fidelidad a la reina en todos los asuntos civiles, aclarando «que sufro la muerte en este día porque niego que la reina sea la cabeza suprema de la Iglesia de Cristo en Inglaterra. Nunca cometí otra traición, a no ser que se considere traición oír misa o decir el Ave María». La madre de Bodey, al saber de su martirio, organizó una fiesta a la que invitó a sus vecinos, «regocijándose por su muerte como por su matrimonio; por lo cual, su alma quedó feliz y eternamente desposada con el cordero».

También ese año murió en prisión un sacerdote del Colegio de Douai llamado William Chaplain, que no ha sido beatificado.

Una señal de que la persecución se recrudecería en 1584 es que hay 11 mártires de ese año beatificados. El primero, William Carter, impresor, imprimió un Tratado del cisma contra los católicos que asistían a los servicios oficiados en iglesias protestantes; se interpretó como incitación a asesinar a la reina un párrafo que se refería a Judith y Olofernes, ejecutándolo en Tyburn el 11 de enero.

Al mes siguiente y en el mismo lugar sería ejecutado el sacerdote Tomás Hemerford (10 de febrero) y dos días después los mártires George Haydock, James Fenn, John Nutter y John Munden.

Hemerford obtuvo en Oxford el título de bachiller en derecho en 1575. Insatisfecho con la religión oficial, marchó a Reims, donde en 1580 le enviaron a terminar sus estudios y ordenarse en Roma. Capturado a su regreso, fue juzgado con George Haydock, que llevaba dos años preso, y los otros tres, pero ejecutado antes.

De James Fenn dice Challoner que dejó el Colegio de Corpus Christi en Oxford porque se negó a hacer el juramento de supremacía, retirándose a su región de Somerset como tutor. Se casó y tuvo dos hijos, pero una vez viudo, y ante las presiones de conciencia que sufría, decidió entrar al servicio de un notable católico, sir Nicolás Pointz, donde un sacerdote le aconsejó formarse en el colegio de Reims para volver como sacerdote.

En 1580 era ya sacerdote y regresó a Inglaterra. Cuando lo capturaron y lo enviaron preso a Ilchester, poco más de 15 km al sur de Glastonbury. Como no sabían que era sacerdote, se conformaron con encadenarlo junto con ladrones y exponerlo a la vergüenza en la plaza pública.

Fenn despertó la simpatía de la gente, y las autoridades expusieron el problema al Consejo de la reina, que mandó enviarlo a Londres, donde pasó dos años en la prisión de Marshalsea sin que supieran que era sacerdote, lo que le facilitó el contacto con la gente, impartir sacramentos y reconciliar con la Iglesia a algunos, particularmente piratas: uno de ellos se convirtió el día antes de su ejecución y en ella rechazó la comunión que le ofrecían los ministros protestantes y manifestó su fe católica.

Cuando por fin le descubrieron y destinaron a morir, manifestó su obediencia a la reina en lo temporal y al Papa en lo espiritual, afirmando «que era católico y que no había un solo artículo de la religión católica por el que no estuviera dispuesto a entregar su vida».

Con vistas a justificar su condena, le acusaron de haber conspirado, junto con el sacerdote George Haydock, un día concreto en Roma, para matar a la reina. Fenn declaró no haber estado nunca en Roma, ni haber conocido a Haydock antes de su vuelta a Inglaterra, y que podía demostrar que en la fecha que indicaban él estaba en Inglaterra.

El juez admitió que podía haber «algún error en las circunstancias de tiempo y lugar», pero que el reo estaba convicto de traición, indicando al jurado que lo condenara a muerte. De allí lo mandaron a la Torre de Londres, donde solo estuvo entre un viernes y el miércoles en que lo ejecutaron.

En la Torre lo visitó el fiscal general John Popham, que había sido colega suyo en la facultad de derecho, para pedirle que admitiera la autoridad de la reina, a lo que Fenn dijo estar dispuesto a hacerlo «en todas las materias temporales; pero que ni podía ni quería reconocerla como cabeza suprema de la Iglesia», y que estaba dispuesto a morir por la fe.

Cuando lo ataron sobre un zarzo para llevarlo al patíbulo, acudió a despedirle su hija Frances. Como pudo a pesar de las ataduras, Fenn la bendijo. En Tyburn, después de rezar, solo añadió ante el pueblo que era inocente del crimen del que le habían acusado, pidió por sí mismo y deseó a la reina «todo tipo de felicidad, por misericordia de Dios». Su cabeza fue expuesta en el Puente de Londres.

En cuanto a George Haydock, natural del barrio de Cottam —donde ahora la iglesia de San Andrés también está dedicada a este beato mártir—, poco más de 4 km al noroeste del centro de Preston, en Lancashire; su propio padre, una vez viudo, marchó en 1573 a Douai con el mayor de sus hijos, Ricardo, que sería ordenado sacerdote en 1577.

George siguió el camino de su hermano de Douai a Roma, pero por su mala salud tuvo que volver a Reims, donde fue ordenado sacerdote. De regreso a Londres, pronto lo apresaron junto a otro sacerdote llamado Arthur Pits, llevando a ambos a presencia del fiscal general Popham. Los mandaron a la Torre de Londres, donde durante 15 meses Haydock estuvo confinado sin compañía ni poder recibir los sacramentos más que en una ocasión.

Interrogado por el juez decano (*Recorder*) de Londres, William Fleetwood, sobre la autoridad del Papa, declaró creer «que el obispo de Roma era, bajo Cristo, la cabeza principal de la Iglesia en la tierra; y que esa dignidad y autoridad no podía pertenecer a la reina». Siguió presionándole hasta conseguir que dijera, contra su propia voluntad, que la reina era hereje y que si no se arrepentía se condenaría eternamente.

Justo dos años después de su arresto, el 6 de febrero de 1584, lo llevaron a Westminster para el juicio por alta traición junto a Fenn, Hemerford, Nutter y Munden. Al día siguiente todos recibieron la sentencia de muerte. Haydock reaccionó «con increíble alegría, dando gracias de corazón a Dios por tan gran favor» que atribuía a ser el día de su patrona santa Dorotea, virgen y mártir, según reflejó en su breviario, que antes de marchar para el suplicio legó al arzobispo de Armagh (Irlanda), Mons. Creagh, que estaba preso en la Torre.

Se difundió entonces el rumor de que los condenados iban a ser indultados; cuando algunos presos le felicitaban, Haydock estaba apenado, pues ya se veía llegado a puerto y «no quería ser empujado de nuevo en medio de los peligros del mar tempestuoso de esta vida mortal»; pero su experimentado confesor le aseguró que todo era un montaje para que el mundo pensara que la reina estaba en contra de la crueldad que ejercían en su nombre; y que lo mismo había pasado en los casos de Ford, Shert y otros, así que era señal de que los ejecutarían.

Haydock, por ser el más joven, fue el primero de los cinco condenados en subir al cadalso el 12 de febrero. Cuando el alguacil Spencer y los ministros le conminaron a confesar su traición y pedir perdón a la reina, dijo:

> *Pongo a Dios por testigo, sobre mi alma, de que soy inocente de la supuesta traición, y que por tanto no tengo ocasión por la que pedirle perdón a ella.*

Añadió que la reconocía como reina, que le deseaba toda la felicidad y que ese mismo día había rezado varias veces por ella, y que, aunque tuviera ocasión, no le haría daño ni pinchándole con un alfiler.

Spencer trajo al supuesto testigo Munday para decir que le había oído conspirar en Roma, a lo que Haydock preguntó por qué Munday no declaró eso ante el tribunal. El alguacil siguió preguntando hasta conseguir que Haydock reconociera que la reina era hereje, con lo cual estalló el clamor acusándole de traición, de modo que Haydock se puso a rezar sus oraciones en latín pidiendo que le acompañaran los católicos. Alguien del gentío dijo que no había católicos, y Haydock añadió:

> *Quiera Dios que la fe católica aumente algo por mi sangre.*

Le interrumpió el alguacil diciendo: «la fe católica, la fe diabólica», mandando quitar el carro que le sostenía para que quedara colgado, pero enseguida Spencer mandó cortar la soga para que pudiera ser descuartizado vivo.

John Nutter, que era de Lancashire y bachiller en Teología por Oxford (1575), llegó a Reims en verano de 1579, siendo ordenado en 1582. Embarcó con destino a Scarborough, en la costa norte de York, pero el barco naufragó en Suffolk, dejando a Nutter enfermo en Dunwich, un centenar de kilómetros al este de Cambridge. En los restos del barco encontraron libros católicos, así que Nutter reconoció ser sacerdote y lo encadenaron junto con otro sacerdote apellidado Conyers y un laico llamado Lawson.

Enviados a Londres, los interrogó en Richmond el secretario Francis Walsingham, apodado «maestro de espías» de la reina. Nutter pasó un año en Marshalsea, convirtiendo muchos presos, inclusive uno que solo se convirtió tras ver la ejecución de este sacerdote. Le apodaron Juan el de trato sencillo (*John of Plain Dealing*), por la comprensión que mostraba hacia todos, al tiempo que elegía para sí lo más incómodo, incluidos ayunos y vigilias, tan discreto que solo poco antes de que lo mataran uno de sus amigos descubrió que se había fabricado unas disciplinas para flagelarse.

En una ocasión en que ponían grilletes a un sacerdote, se acercó para besar los hierros de los pies; los guardianes, en son de burla, le ofrecieron besar también las esposas y lo hizo de buena gana porque «estos hierros están santificados por el contacto de los cuerpos de los siervos de Dios, que han estado atados por ellos».

Pasado un año, le sometieron al clásico interrogatorio destinado a los que querían liquidar, preguntando qué haría si el Papa invadiera el país:

Haría lo que un buen sacerdote católico debe hacer.

Así que tuvieron que concluir, a falta de pruebas, que era un traidor «de corazón». Al día siguiente, Nutter dijo al fiscal general Popham que le daría una respuesta completa por escrito si se comprometía a dársela en mano a la reina. Ante la afirmativa, escribió que no vino a Inglaterra a perturbar la paz ni conspirar contra la reina, sino a invitar a sus connacionales a hacer las paces con Dios y así promover el verdadero y sólido interés de la reina y del país. Parece que el escrito solo precipitó su convocatoria a juicio en Westminster.

El último de esta serie en el cadalso iba a ser John Munden, natural de Dorsetshire (en el centro de la costa sur). Ingresó en el New College de Oxford en 1562, de donde le echaron en 1566 por ser católico, aunque hasta 1580 no marchó a Reims. Fue ordenado sacerdote en Roma en 1582. Ya en Inglaterra, en uno de sus viajes, un abogado lo reconoció como sacerdote y lo entregó a las autoridades, en concreto a Francis Walsingham, que desde 1573 hasta su muerte en 1590 fue el Secretario Principal de la reina Isabel I.

Nacido hacia 1332 en Kent, en lo que hoy es un suburbio 10 km al sureste de Londres, Walsingham estudió en el King's College de Cambridge sin graduarse, y durante el reinado de María se exilió a Suiza e Italia. Regresó con el cambio de régimen y desde 1563 fue diputado, destacando por su fidelidad a la reina y habilidad diplomática. En 1568 fue nombrado embajador en Francia y allí presenció la matanza de protestantes la noche de San Bartolomé de 1572, lo que aumentó su odio hacia los católicos y su convencimiento de que era necesaria una red de espionaje para proteger a Inglaterra de amenazas exteriores e interiores.

Munden respondió sinceramente a todas las preguntas que le hizo Walsingham sobre dónde se hizo sacerdote, quién le pagó el viaje, etc. Luego el maestro de espías se mostró airado por la traducción de la Biblia al inglés hecha en Reims y empezó con las preguntas clásicas para los que iban a ser condenados, empezando por qué pensaba de la entrada de Sanders en Irlanda.

Se refería a Nicolás Sanders, que pronunció el discurso de bienvenida en Oxford al cardenal Pole en 1557. Tras la llegada de Isabel marchó a Roma, donde se ordenó sacerdote y participó en el Concilio de Trento. Desde 1565 residió en Lovaina y en 1571 publicó un primer relato sobre los sufrimientos de los católicos en Inglaterra titulado *De visibili Monarchia Ecclesiae.*

En 1573 Sanders fue a España para pedir a Felipe II apoyo para los exiliados. En 1578 se propuso acompañar a Jacobo FitzMaurice y *sir* Tomás Stukley en una expedición a Irlanda, pero al llegar a Lisboa el rey Sebastián de Portugal convenció a Stukley para que le acompañara en la batalla de Alcazarquivir, cerca de Larache (Marruecos), donde ambos personajes murieron.

Sanders y FitzMaurice desembarcaron con 600 mercenarios españoles e italianos, más armas para otros 4000 combatientes, en julio de 1579 en Smerwick, pero como vimos, FitzMaurice murió un mes más tarde y dado que ni la Santa Sede ni España estaban en guerra con Inglaterra, Sanders fue declarado proscrito y huyó a los montes, donde se supone que murió de frío y hambre en la primavera de 1581.

Sanders era por tanto ya agua pasada cuando el maestro de espías de Isabel I preguntó por él a Munden, quien de todos modos dijo que no sabía a qué había ido a Irlanda Sanders y no podía contestar. Preguntado sobre qué haría en caso de invasión por motivos religiosos, se excusó por ser pregunta que superaba su capacidad «dado que su principal estudio había sido el derecho civil, y no era lo suficientemente divino como para resolver tales cuestiones».

Walsingham no estaba para filigranas, y cuando Munden reconoció a Isabel como reina, pero preguntado si tanto *de iure* como *de facto*, dijo no entender la distinción, el secretario le llamó traidor, le pegó una bofetada que lo dejó varios días medio sordo y lo mandó llevar a la Torre de Londres, donde estuvo durante 20 días encadenado y durmiendo en el suelo. Y eso que, según Mann (p. 86), Walsingham «no estaba de acuerdo con la tortura y la ejecución de sacerdotes, particularmente porque morían con tanto valor que atraían las simpatías hacia la causa católica». Por lo demás, la tortura era ilegal.

El fiscal general Popham tomó el relevo, acusando a Munden de llevar una vida disoluta, pero no debió sacar gran provecho, ya que tras un año lo llevaron al juicio en Westminster con los otros cuatro sacerdotes, con los que recitó el *Te Deum laudamus* al oír la condena a muerte. Consta que regresó con gran alegría a la torre y la mantuvo hasta el día de la ejecución.

El 20 de abril de 1584 hubo otros dos martirios, en Lancaster, los de James Bell y John Finch. El primero es el único sacerdote *mariano* (ordenado en tiempos de la reina María I) del que se sepa que fue mártir. Durante 20 años aceptó ser ministro de la Iglesia de Inglaterra, hasta que en 1581 una mujer católica le animó a reconciliarse con la Iglesia. Tras unos meses de retiro y repaso de las ceremonias católicas, se le permitió ejercer como sacerdote durante dos años en las casas y lugares de celebración de misas de Lancaster.

En enero de 1584 preguntó por una dirección a un espía que lo detuvo. Desde la prisión de Salford lo llevaron, con los brazos y pies atados debajo de un caballo, a Lancaster, en cuya audiencia lo juzgaron, junto con el laico Finch y los sacerdotes Tomás Williamson y Ricardo Hutton.

A sus 60 años de edad, Bell no siempre oía ni respondía bien, lo que fue interpretado como que flaqueaba, por lo que trataron de asustarle describiendo los detalles de la ejecución que le esperaba. Reconoció haberse reconciliado con la Iglesia católica, y cuando le espetaron que eso era alta traición, respondió: «no es nada más que el santo sacramento de la penitencia». Ante las risas de la audiencia, prosiguió: «Yo no perdono los pecados por mi propio poder, sino porque soy sacerdote y tengo autoridad para absolver de los pecados».

Una vez condenado, Bell tuvo el humor de añadir tarea a los verdugos por lo que consideraba sus culpas como ministro anglicano, al pedir al juez:

> *Ruego a Su Señoría, por el amor de Dios, que agregue a la sentencia que mis labios y las puntas de mis dedos sean cortados por haber jurado y suscrito artículos de herejes, contrarios tanto a mi conciencia como a la verdad de Dios.*

Dedicó la noche antes de la ejecución a predicar a los presos, pidiendo al laico Finch que prosiguiera cuando él quedara agotado. Saludó la mañana del 20 de abril como la «del día más hermoso que jamás haya visto en mi vida». Cuando llegó al cadalso y vio descuartizar a Finch, dijo:

> *¡Oh, por qué me demoro tanto detrás de mi dulce hermano! Dejadme ir pronto tras él. Este es un día muy feliz.*

Finch era un terrateniente de Eccleston, 45 km al sur de Lancaster, de familia católica pero educado como anglicano, que tras vivir un tiempo en Londres decidió regresar al catolicismo al volver a su tierra. Se casó y su casa se convirtió en un centro misionero, donde él mismo fue catequista y guía de sacerdotes para llevarlos de casa en casa.

En Navidad de 1581 le tendieron una trampa cuando conducía al sacerdote George Ostliffe. Lo encerraron en casa del conde de Derby, torturándole y tratando de sobornarle para obtener información, antes de mandarlo a prisión en Manchester, donde lo llevaban a la fuerza a la iglesia anglicana. Así estuvo tres años hasta el juicio. En este, el sacerdote Tomás Williamson fue condenado a cadena perpetua, mientras que no consta qué pasó con Ricardo Hutton.

Dos meses después que Bell y Finch fue martirizado el irlandés Demot O'Hurley, arzobispo de Cashel, 150 km al suroeste de Dublín, cargo para el que lo nombró Gregorio XIII cuando era laico y profesor en la Universidad de Reims. Le ordenó sacerdote y consagró obispo en septiembre de 1581 Tomás Goldwell, galés residente en Roma.

En octubre de 1583, O'Hurley desembarcó 30 km al norte de Dublín, y tras celebrar misa en secreto tanto para los de lengua gaélica como inglesa de la región de Pale, se entregó voluntariamente para evitar que el barón de Slane, Tomás Fleming, fuera ejecutado en su lugar. Con conocimiento de la reina y de los justicias mayores, fue torturado en el castillo de Dublín y sentenciado a muerte por un consejo de guerra sumarísimo, bajo la acusación de alta traición, como siempre derivada de no aceptar el juramento de supremacía y el consiguiente control de la Iglesia por el Estado. Ahorcado el 19 o 20 de junio en lo que hoy es la plaza College Green de Dublín, fue beatificado con otros 23 irlandeses en 1992 y su fiesta se celebra precisamente el 20 de junio.

De camino a Dublín, el obispo comentaba así con Fleming el reciente paso a la obediencia anglicana del obispo de Ferns, localidad del condado de Wexford 85 km al sur de Dublín:

> *Muchos de los que son leones antes de la batalla, son tímidos ciervos cuando llega la hora de la prueba. Para que esto no sea cierto en mi caso, pido diariamente a nuestro buen Señor que me dé fuerza; porque quien piensa que va a permanecer firme, debe tener más cuidado de no caer.*

También en Dublín, y pasados menos de dos meses, contamos a la primera mártir beatificada en Irlanda: Margarita Ball, fallecida el 11 de agosto. Nacida Bermingham e hija de un emigrante inglés que compró una granja en Irlanda, y cuyo hijo William, que se quedó en Inglaterra, participó activamente en las protestas contra la Reforma (protestante) impuesta en tiempos de Eduardo VI.

Casada con Bartolomé Ball (de ahí su apellido), cuya familia gestionaba un puente sobre el río Dodder (Ballsbridge), vivieron al norte de Dublín y tuvieron 10 hijos. En 1553 su marido fue elegido alcalde de Dublín. Aunque en su casa acogían obispos y sacerdotes, su hijo mayor, Walter, se pasó a la religión de Estado. En 1577 fue nombrado Comisario de Asuntos Eclesiásticos y en 1580 alcalde, momento en que mandó arrestar a su madre y su capellán. Debido a su artritis, a ella tuvieron que llevarla a las mazmorras del castillo en un palé de madera.

Preguntado por su madre, Walter decía que merecía la muerte y que si no quería estar presa, bastaba con que prestara el juramento. En 1582 fue nombrado alcalde Nicolás, hijo segundo de Margarita, y aunque no pudo soltarla porque su hermano seguía siendo Comisario de Asuntos Religiosos, la visitaba a diario llevándole comida, ropa y velas. Aunque pudo desheredar a Walter antes de fallecer en 1584, no lo hizo. Su ejemplo fue seguido por otro de los que serían beatificados en 1992, el alcalde de Dublín Francis Taylor, casado con una nieta de Ball llamada Gennet Shelton, fallecido en las mazmorras del castillo en 1621 porque no quiso hacer el juramento.

El último mártir de este año es también el primer santo laico galés, Ricardo Gwyn, ejecutado el 15 de octubre en Wrexham (40 km al sur de Liverpool), diócesis de la que es patrón desde su creación en 1987. Estudió sin mucho éxito en Oxford y Cambridge, donde empezaron a ponerle su alias inglés White. Al reinar Isabel, su protector, un sacerdote católico, fue expulsado, y Gwyn tuvo que irse.

De regreso a Gales, fue maestro, se casó y tuvo seis hijos. No asistía a los oficios de la Iglesia oficial, ni hizo el juramento, lo cual era bien conocido en su pueblo, donde además animaba a la gente a volver a la fe católica. Además, los juglares (bardos) eran especialmente vigilados por actuar como mensajeros entre la Iglesia clandestina y el resto de la gente.

La presión por su rechazo a ir a las ceremonias anglicanas le obligó a huir de su pueblo a otro, donde fundó una escuela católica clandestina, pero del que también tuvo que huir. En 1579 fue apresado, pero se escapó y durante año y medio estuvo fugado hasta que en julio de 1580 fue detenido por un grupo de puritanos mientras llevaba un mensaje para un sacerdote.

Se le ofreció la libertad con solo ir a ceremonias anglicanas y dar el nombre de los padres que llevaron a sus hijos a la escuela clandestina. Lo tuvieron más de un año preso llevando grilletes día y noche, lo llevaban a la fuerza a las ceremonias anglicanas y le llevaban predicadores; entre otros uno de nariz muy larga que se empeñaba en afirmar que las llaves de la Iglesia no se las había dado Cristo a san Pedro más de lo que se las había dado al propio pastor, a lo que contestó Gwyn:

> *Hay una diferencia, y es que mientras que Pedro recibió las llaves del Reino de los Cielos, las llaves que usted ha recibido obviamente son las de la bodega de cerveza.*

Cuando lo llevaron a juicio, añadieron el cargo de «montar bronca durante el servicio divino», porque efectivamente hacía ruido con los grilletes para no oír las prédicas. Por ello le pusieron una multa de 140 libras, y en 1581 otra de 280 por negarse a ir a las ceremonias. Gwyn respondió que tenía algunos ahorros con los que pagar parte de las multas. Cuando le preguntaron por la cantidad, dijo: seis peniques. Enfadado, el juez lo devolvió a prisión con grilletes adicionales.

En verano de 1582, fue llevado a juicio con otros dos católicos, John Hughes y Robert Morris. En vez de juzgarlos, pusieron a un predicador zwingliano que les sermoneó, pero ellos lo boicotearon interrumpiéndole uno en galés, otro en latín y otro en inglés.

Tras haberlo torturado a él y a los otros presos en 1583, en noviembre de ese año el fiscal general de Gales, Ricardo Atkyns, preguntó a

Gwyn su opinión sobre la bula de 1570 que declaraba a la reina Isabel excomulgada y depuesta, a lo que el bardo contestó:

> *A pesar de esa bula (que nunca vi), creo y confirmo que ella es nuestra legítima Reina.*

El fiscal tuvo a Gwyn el día entero torturado, tiempo que él pasaba rezando y pidiendo a Dios misericordia y perdón para sus verdugos, y para sí mismo verse librado de la malicia por los méritos de la Pasión de Cristo; cosa que hacía en voz alta. Puesto que eso no hacía sino ensañar a sus verdugos, Gwyn dijo a George Bromley, juez principal de Chester:

> *Te ruego que me mates... y con ello me harás mayor placer que matándome continuamente con tormentos.*

El 9 de octubre de 1584 tuvo lugar el juicio por traición, conforme a la Ley de Supremacía de 1558 y la de Religión de 1580, que impedían tener abogado defensor (así fue hasta la Ley de Traición de 1695). John Hughes presentó pruebas de que algunos testigos habían sido sobornados para testificar en falso y los tres acusados se declararon inocentes, pero el juez Bromley advirtió al jurado de las severas consecuencias que tendría dar un veredicto de no culpabilidad. No lo tuvieron claro, y pasada una hora varios miembros del jurado regresaron para preguntar a los jueces a quién debían declarar culpable y a quién no, pues eran tres los acusados.

En la mañana del 10 de octubre, el jurado declaró culpables a Gwyn y Hughes, e inocente a Robert Morris, que con gran pena lloró públicamente. Gwyn replicó en latín citando el Evangelio de San Juan 7,13: *Non audent aliter dicere propter metum Judeorum* (no se atreven a decir otra cosa por miedo a los judíos). A continuación, Hughes fue indultado y Gwyn condenado a muerte. Este respondió con su perenne ironía: «¿Qué es todo esto? ¿Hay algo más que una muerte?».

En ese momento entraron las dos mujeres de los condenados, con sendos hijos recién nacidos, diciendo la de Gwyn:

> *Si les falta sangre, pueden quitarme la vida, como la de mi marido; y si dan a los testigos un pequeño soborno, ya pueden llamarlos y declararán contra mí tan bien como lo hicieron contra él.*

Ambas mujeres fueron encarceladas, pero puestas en libertad bajo fianza poco después. El 13 de octubre, un alguacil le ofreció la libertad si juraba la supremacía. El 14, le visitó su mujer, dándole a besar 24 lazos de seda pintados de blanco en recuerdo de su apellido. Él le indicó que diera 12 a sendos sacerdotes ocultos y la otra mitad a miembros de la nobleza galesa. Por fin, le dio un penique para su director espiritual y dos piezas de ropa para dos sacerdotes.

El día de su ejecución, Gwyn fue colocando sus manos sobre la cabeza de cada uno de los prisioneros, pidiendo a Dios que los bendijera, y luego sacó las manos por la ventana para saludar una a una a todas las personas que se acercaron a despedirle, incluido un noble que había sido alumno suyo, al que dijo:

> *No llores por mí, porque así pago el alquiler antes del día estipulado.*

Por último dio los cinco chelines que le quedaban para que se distribuyeran entre los pobres y antes de salir dio a su mujer otros 11 chelines y su rosario, que era todo lo que podía legarle. Besó a su mujer e hizo la señal de la cruz en la frente de su hijo de un mes. Como no dejaron a Hughes y Morris asistir a la ejecución, se arrodillaron para que Gwyn los bendijera. Luego subió al trineo que, en lugar de la habitual reja, le habían preparado.

Empezó a llover sin parar hasta el momento de la ejecución, por lo que Gwyn dijo a los congregados en el mercado de abastos que «los elementos lloran por nuestros pecados»; cuando el alguacil le preguntó si pedía perdón, dijo que no había traicionado a la reina «más que lo hicieron tu padre y tu abuelo, a no ser que ayunar y rezar sean traición». Al vicario de Wrexham, que le preguntó si aceptaba la supremacía de la reina sobre la Iglesia, contestó que «reconocía que era la reina legítima de Inglaterra». El vicario preguntó por qué no lo dijo en el juicio, y Gwyn contestó que porque no se lo preguntaron, pero que lo encontraría en otras declaraciones suyas.

Hablando al público, Gwyn perdonó a todos los que le hicieron mal y les animó a reconciliarse con la Iglesia católica; todos se arrodillaron, incluido el verdugo, cuyas manos besó el bardo, quien se disculpó por los gajes de su oficio:

> *He sido un tipo bromista, y si a alguien he ofendido de esa manera o con mis canciones, les ruego por el amor de Dios que me perdonen.*

Su última frase antes de colgar de la horca fue este versículo del Evangelio de San Lucas (18,13) en latín: «Dios, ten misericordia de mí, que soy pecador».

GUERRA CONTRA ESPAÑA Y CONTRA LOS JESUITAS

En 1584 se aprobó en Inglaterra una «Ley contra los jesuitas, sacerdotes de seminarios y personas igualmente desobedientes», que restó sentido a la suspensión de la bula de 1570 por parte del Papa. La ley numerada como 27 Eliz. 1.c.2 o como *Jesuits, etc. Act 1584*, daba a los sacerdotes católicos 40 días para salir del país o hacer el juramento de supremacía, si no querían ser castigados por alta traición, y castigaba con multas y prisión por felonía a quienes los acogieran o, sabiendo de su presencia, no los denunciaran.

Las medidas que agravaron la situación de los católicos se derivaban en parte de haberse descubierto la llamada Conspiración de Throckmorton, un complot que implicaba a varios nobles ingleses con apoyo de Francia y España para derrocar a Isabel Tudor y liberar a María Estuardo.

Francis Throckmorton, un joven noble católico, fue el principal intermediario de los conspiradores con los embajadores de Francia y España. Bernardino de Mendoza, el embajador español, prometió ayuda militar, mientras que el embajador francés, Carlos duque de Guise, se comprometió a liderar una invasión para liberar a María Estuardo, pero la reina de Escocia, presa desde 1568, «no estaba implicada en el complot», según Mann (p. 92).

La red de espionaje de Walsingham interceptó cartas y reunió pruebas contra Throckmorton, que fue arrestado en noviembre de 1583 y, tras ser torturado, reveló detalles de la supuesta trama. Fue ejecutado por traición en julio de 1584. El embajador español Bernardino de Mendoza fue expulsado.

En la trama que dio lugar a la ley que mezclaba jesuitas con sacerdotes seminaristas, conspiradores del norte y finalmente españoles, tuvo cierta importancia la actuación de Robert Parsons, que según Carrafiello (pp. 70-78) basó su estrategia en la confianza en que la mayoría de los habitantes del norte querían volver a la ortodoxia y solo la «tiranía» del episcopado establecido por la dinastía Tudor lo impedía. En 1582, Parsons expuso estas ideas en un informe al nuncio en Francia, pidiendo que se nombrara un obispo para Durham que contrarrestara la autoridad de la Corona en el norte.

Parsons redactó otro «memorial» significativamente destinado al Papa y al rey de España proponiendo apoyar la reforma católica en Escocia, que estaría dispuesta a luchar por María Estuardo, lo que finalmente animaría a los ingleses, particularmente a los ricos hacendados, cansados de las miserias del régimen y capaces de hacer la guerra, a derrocar a Isabel.

La corrupción del régimen que mencionaba Parsons no era solo económica, sino también moral, y la afluencia y ganas de formarse de los jóvenes que desde Inglaterra acudían a los colegios sería para él la prueba, según la carta al rector del Colegio de Roma que escribió en 1583 y que cita Carrafiello:

> *Debido a los hábitos relajados engendrados por la herejía, la juventud de Inglaterra cae en muchos errores y crímenes, por*

los cuales no pocas veces son encarcelados por los magistrados. Y es maravilloso el beneficio que reciben del trato familiar con los sacerdotes. Es más, a menudo en el espacio de un mes en esa escuela aprenden más virtud, autocontrol y hábitos de disciplina de los que habían aprendido en muchos años de libertad.

La obra clave de Parsons, compuesta en 1584, fue La *Comunidad de Leicester*, en la que acusa al que desde 1564 era conde de esa provincia, Robert Dudley, de tiranizar Inglaterra dominando a la reina y «arruinando» la universidad de Oxford (de la que era canciller). Parsons suponía que Dudley aspiraba a ser rey, aunque algunas de estas acusaciones no las expresaría hasta 1600 en sus recuerdos de la misión de 1580-81 titulados *Historia de las dificultades domésticas.*

En cuanto a la causa de fondo de los conflictos entre Iglesia y Estado en Inglaterra, desde los borradores de sus *Memoriales*, Parsons la encontraba en las ambiciones de los laicos poderosos:

Siempre ha existido una cierta facción y emulación de los laicos (especialmente aquellos que eran grandes hombres) contra el clero, lo que fue abriendo camino poco a poco hacia ese cisma, herejía y apostasía en el que finalmente cayó Inglaterra.

Parsons proponía derrocar a la reina para poner al frente del país a alguien emparentado con el rey de España, y organizar la sociedad en una «utopía eclesiástica» a semejanza de una misión jesuítica en las Indias, mandada por el clero. La reacción del gobierno inglés fue meter a enemigos, opositores y simples disidentes religiosos en el mismo saco.

La mayor señal de ruptura con España en 1585 fue el apoyo militar a los rebeldes holandeses con el Tratado de Nonsuch, firmado el 10 de agosto: fue la primera intervención militar directa de Inglaterra en el conflicto de los Países Bajos, en guerra abierta con España.

Inglaterra se comprometía a enviar 5000 soldados de infantería y mil de caballería a los mandos de Robert Dudley, conde de Leicester y favorito de la reina, y a pagar 600.000 florines anuales. A cambio, los rebeldes cedían a Inglaterra dos ciudades: Flesinga, en la desembocadura del Escalda, provincia de Zelanda (60 km al oeste de Amberes) y Brielle, en Holanda septentrional, 20 km al oeste de Róterdam.

«Católico significaba traidor durante el reinado de Isabel», resume Mann (p. 88), y esta obsesión determinaba no solo la política interior, sino también la exterior: «Quería erradicar el catolicismo de Irlanda porque era un obstáculo para su conquista y control; apoyó el protestantismo en Escocia y en el continente para aumentar su fuerza diplomática contra los poderes católicos».

El primer mártir de 1585 fue el sacerdote diocesano irlandés Maurice Kenraghty (Kinrechtan o Mac Ionrachtaigh), ejecutado en Clonmel (20 km al sureste de Cashel) el 30 de junio. Durante la primera rebelión de Desmond su padre pidió y obtuvo perdón de la reina de Inglaterra dos veces (1566 y 1570). El hijo, probablemente licenciado en Teología en el Continente, era capellán y confesor del 15.º conde de Desmond, Gerald FitzGerald, hasta que este murió el 11 de noviembre de 1583 en la segunda rebelión.

El sacerdote fue capturado dos meses antes, el 17 de septiembre, y pasó un año de calabozo en Clonmel hasta que, en Pascua de 1585, un ciudadano llamado Víctor White obtuvo permiso del carcelero para que Kinrechtan celebrara misa al pueblo.

El carcelero se lo contó al presidente de Munster, John Norris, quien envió tropas que detuvieron a White, pero no al sacerdote, que sin embargo se entregó al saber que White y otros iban a ser ejecutados en su lugar. Rechazó el juramento de supremacía, por lo que fue condenado a muerte y ejecutado en la forma habitual en la plaza del mercado.

El 6 de julio ejecutaron en el Tyburn londinense a Tomás Aufield, nacido en la provincia de Gloucester, lindando con el sur de Gales, y educado en Eton y en el King's College de Cambridge. En 1576 estuvo en el Colegio Inglés de Douai, pero por miedo regresó a Inglaterra hasta septiembre de 1580, cuando ingresó en Reims. En 1581 fue ordenado, regresó a Inglaterra y un año después fue arrestado en el norte y enviado a la Torre de Londres, donde tras ser torturado apostató y fue puesto en libertad bajo fianza.

En abril de 1583 estaba de nuevo en Reims y en septiembre había vuelto a la fe. En Ruán, el capitán pirata John Davis le pidió una entrevista con William Allen para poner sus barcos a disposición del Papa o del rey de España contra los turcos.

Aufield facilitó la entrevista entre Davis y Allen. El plan llegó al Papa y este habló de Davis a Felipe II, pero la negociación fracasó y cuando Aufield regresó a Inglaterra fue detenido. A diferencia de lo que se hacía con los católicos, siempre considerados traidores, lo que hizo Davis se interpretó como un acto de supervivencia y oportunismo, y no como traición.

Enviado a la Torre de Londres y torturado, Aufield fue acusado en base a la Ley de Religión de 1580 que prohibía publicar libros difamatorios contra la reina, ya que había distribuido ejemplares del libro de Allen. Lo juzgaron, condenaron y ejecutaron, junto con su asistente Tomás Webley, pero al no ser su culpa traición sino felonía, solo los ahorcaron.

Los dos siguientes y últimos mártires beatificados de 1585 fueron ejecutados en días sucesivos, 25 y 26 de noviembre: el sacerdote Hugh Taylor y el laico Marmaduke Bowes, primeros condenados bajo la Ley de 1584.

Taylor llegó a Reims en mayo de 1582 para hacerse sacerdote, regresando a Inglaterra a fines de marzo de 1585. Bowes, quien le acogió, era un católico relativamente adaptado a las circunstancias, que asistía a las ceremonias oficiales, etc., aunque también había estado en prisión con su mujer y había acudido a los servicios de un católico para que fuera tutor de sus hijos. Esta persona, posteriormente, apostató y denunció a Bowes, que estaba en libertad bajo fianza y supuestamente habría sido multado en el juicio.

Sin embargo, al ver que Taylor estaba siendo juzgado en el mismo tribunal de York que él por alta traición e iba a ser condenado, Bowes recobró valor, se reconcilió con la Iglesia, confesó su fe y fue condenado a morir ahorcado, mientras que el sacerdote fue además descuartizado.

De 1586 hay 16 mártires reconocidos, y uno, el arzobispo irlandés ya mencionado, en proceso. Entre los dos primeros, Edward

Stransham y Nicholas Woodfen, ejecutados el 21 de enero, el primero destaca porque era de Oxford, donde se graduó como bachiller en 1576 e inmediatamente marchó a Douai y Reims. Regresó a Inglaterra por enfermedad y de nuevo estaba en Reims en 1579, ordenándose al año siguiente. En 1581 marchó a Inglaterra, donde enfermó. Lo sorprendente es que regresó en 1583, ¡con 12 conversos de Oxford! Estuvo en París y de nuevo, vuelto a Inglaterra, lo detuvieron celebrando misa en 1585.

Nicolás Woodfen fue uno de sus compañeros de viaje, pero ni siquiera terminó la misión de estos sacerdotes con su descuartizamiento en Tyburn, ya que uno de los que lo presenciaron fue William Freeman, que después se hizo católico, marchó a Reims y volvió como sacerdote. Estuvo una temporada en Stratford-on-Avon, ciudad de residencia de Shakespeare, y fue martirizado en 1595.

La siguiente mártir es la primera mujer mártir de esta época en York: Margarita Middleton, que al casarse a los 15 años, en 1571, con el carnicero John Clitherow, adquirió este apellido. Se hizo católica a los 18 años y de sus dos hijos, uno de ellos, Enrique, marchó a Reims para ser sacerdote. En su casa acogía a sacerdotes que, en caso de necesidad, podían escapar por el ático.

Detenida y juzgada por este delito, Clitherow no quiso defenderse para evitar que sus hijos tuvieran que testificar contra ella, motivo por el cual su condena fue a ser aplastada. La ejecución, el 25 de marzo junto al puente de Micklegate, y consistió en tumbarla sobre una roca puntiaguda, echarle encima una puerta y aplastarla con piedras pesadas. El suplicio duró unos 15 minutos. Canonizada en 1970, recibe el apodo de La perla de York.

Vidriera de santa Margarita Clitherow-Middleton en el Christian Heritage Centre de Stonyhurst, Lancaster (foto Lawrence Lew, O. P.)

El 20 de abril fueron ejecutados dos mártires: Richard Sergeant y William Thomson. El primero dejó pasar diez años entre su graduación en Oxford (1571) y su ingreso en Reims. Sacerdote desde abril de 1583, marchó a Inglaterra en septiembre de ese año y fue juzgado el 17 de abril de 1586. Su compañero de juicio y ejecución ingresó en Reims en 1583 y a su regreso trabajó en Londres. Le arrestaron en casa de Roger Line, cuya mujer Anne, tras quedarse viuda, sería muy activa ayudando a sacerdotes y moriría mártir en 1601.

El 25 de abril tuvieron lugar los primeros martirios en la Isla de Whigt. Robert Anderton, graduado por Oxford en 1578, se ordenó en Reims en 1585 y se le consideraba un excelente predicador.

William Marsden fue su amigo de juventud que se ordenó con él y ambos marcharon a la misión inglesa el 4 de febrero de 1586, pero una tormenta hizo embarrancar su barco en la Isla de Wight, donde los juzgaron. Al declarar que no eran culpables de ingresar ilegalmente porque habían llegado por culpa de una tormenta sin quererlo, fueron reenviados a Londres. Allí, reconociendo a Isabel como reina pero negándose a jurar su supremacía, fueron condenados y devueltos a la Isla, donde los ejecutaron el 25 de abril. En el jardín de la parroquia católica de Santo Tomás de Canterbury, de la localidad de Cowes, al norte de la Isla, hay una placa en su memoria.

El 3 de junio fue el turno del martirio para Francis Ingleby, en York. Estudiante de Oxford y de la escuela londinense de abogados conocida como Inner Temple. Llegó a Reims en 1582 y en Navidad de 1583 ya era sacerdote, marchando a Inglaterra en abril siguiente. Fue uno de los sacerdotes cobijados por La Perla de York, se dice que predicaba con gran entusiasmo, y fue detenido en primavera de 1586 porque alguien notó que, a pesar de su descuidada vestimenta, sus compañeros lo trataban con más deferencia.

Cuando oyó su sentencia de muerte por el mero hecho de ser sacerdote, conforme a la Ley de 1584, Ingleby exclamó en latín: «Creo que veré la bondad del Señor en la tierra de los vivos» (Salmo 27, 13). Cuando le colocaron los grilletes para marchar camino a su ejecución en el Knavesmire, dijo: «Me parece que voy a estar demasiado orgulloso de mis botas».

El siguiente mártir lo fue precisamente por hacer un comentario favorable hacia Ingleby en ese momento. Robert Bickerdike era aprendiz en York y en 1585 ya tuvo problemas por invitar a un vaso de cerveza a un sacerdote católico, John Boste (mártir en 1594). Le arrestaron, pero por falta de pruebas le soltaron. El día de la ejecución de Ingleby, al oír a la mujer de un ministro protestante convocar a otros para ver atar al zarzo a «ese ladrón traidor», dijo Biclerdike:

No, no es un ladrón, sino que es tan fiel como tú.

El padre de la mujer lo hizo detener y como salió inocente en el juicio, el juez lo remitió a la audiencia principal de York, que lo condenó y allí fue ahorcado el 5 de julio.

El 8 de agosto fue el turno del sacerdote John Fingley, que estudió en Cambridge, llegó a Reims en 1580, se ordenó en marzo de 1581 y al mes siguiente marchó a la misión inglesa. Trabajó durante cinco años en el norte hasta que le arrestaron en York.

Tres días después le siguió John Sandys, natural de Chester y estudiante de Oxford, que llegó en 1583 a Reims, siendo ordenado en 1584 y marchando a la misión el 2 de octubre. En menos de dos años fue apresado y ejecutado en la forma usual en Gloucester.

Tres mártires murieron juntos el 8 de octubre: John Adams, Robert Dibdale y John Lowe. Adams era natural de Dorset y fue ministro protestante antes de hacerse católico y llegar a Reims en 1579. Ordenado un año después, partió para la misión inglesa en marzo de 1581, volvió a regresar a Reims y marchó definitivamente en junio de 1583.

Patrick Ryan dice en La Enciclopedia Católica que Adams tenía unos 40 años, era «Muy buen polemista, sencillo, muy piadoso y, sobre todo, un hombre de duro trabajo. Trabajó muy vigorosamente en Winchester y Hampshire, donde ayudó a muchos, especialmente a las clases más pobres». Detenido en Winchester, lo mandaron en marzo de 1584 a Marshalsea, donde el 14 de noviembre lo sentenciaron a ser deportado con otros 72 sacerdotes, llegando a Reims al mes siguiente, pero solo para volver otra vez a Inglaterra. Lo arrestaron en Winchester y el 19 de diciembre ya estaba en la cárcel de Southwark llamada The Clink —a orillas del Támesis, hoy junto al puente de ferrocarril—, gestionada por el obispo anglicano de Winchester. Esta vez le aplicaron la ley de 1584 junto a otros dos sacerdotes y posiblemente un hermano suyo laico.

John Lowe era también un ministro protestante converso, pero no se ordenó inmediatamente, sino que estuvo un par de años sirviendo en un colegio cercano a Douai antes de marchar en 1581 a Roma, donde se ordenó para regresar a Inglaterra a fines de 1583. Vivió con su madre viuda, y paseando con ella en mayo de 1586 alguien le oyó hablar de su aspiración al martirio. Lo arrestaron y llevaron inmediatamente a The Clink.

Robert Dibdale era natural de Stratford-upon-Avon, la parroquia de la mujer de Shakespeare, Ana Hathaway. Es posible que asistiera a la misma escuela que Shakespeare, pero en un momento indeterminado marchó a Roma, pasando medio año en el Colegio de Reims para volver, sin haberse ordenado, en junio de 1580. Arrestado inmediatamente en Dover, lo dejaron libre en septiembre de 1582 y se marchó a Reims, donde se ordenó sacerdote en 1584.

Regresó ese verano y fue capellán de la mansión Denham en Buckinghamshire, 30 km al oeste de Londres, cuyo propietario estaba casado con una hermana de John Gerard, jesuita que fue apresado y torturado, pero que escapó de la Torre de Londres en 1594 y vivió hasta 1637. Dibdale tuvo otra suerte, ya que lo arrestaron por la calle en Londres en julio de 1586 y en menos de tres meses lo ejecutaron. En 1998 lo hicieron cotitular de la iglesia de su pueblo, Shottery, en el condado de Warwick, junto con Nuestra Señora de la Paz.

Seis días más tarde, el 14 de octubre, moría en la Torre de Londres Ricardo Creagh, arzobispo de Armagh, probablemente la única ciudad del mundo que tiene dos catedrales dedicadas a San Patricio (una católica y otra de la «Iglesia de Irlanda», anglicana), hoy en Irlanda del Norte, aunque a solo 15 km de la frontera con la República de Irlanda.

Mercader como su padre, en su juventud hizo varios viajes a España, haciéndose religioso después de un naufragio. Ya sacerdote, regresó a su ciudad natal de Limerick. Rechazó los obispados de Limerick y Cashel, pero el nuncio David Wolfe estaba empeñado en que ocupara la sede primada cuando quedara vacante y lo hizo consagrar obispo en Roma, regresando en 1564 como arzobispo de Armagh, predicando la lealtad a Inglaterra incluso estando presente en la catedral el principal líder local, Shane O'Neill, que odiaba a Inglaterra.

La reacción de O'Neill fue quemar la catedral, matando a un sacerdote, por lo que Creagh se negó a absolverle. O'Neill declaró entonces que, después de la reina de Inglaterra, Creagh era la persona a la que más odiaba. Los ingleses, por su parte, capturaron dos veces a Creagh, que a la tercera ya no logró escapar y en 1567 lo encerraron en la Torre de Londres hasta su muerte. Aunque no fue asesinado, como de otros muchos puede probarse que su vida terminó prematuramente a causa del odio a la fe de sus perseguidores, de ahí que esté en proceso de beatificación y canonización.

A pesar de su lealtad a Inglaterra, el Consejo Privado insistió en mantenerlo preso a causa de su fe y su popularidad en Irlanda. Incluso encargaron a la hija del carcelero acusarle de haber abusado de ella, pero la propia chica se retractó ante el tribunal.

Alexander Crow era un zapatero de Yorkshire que marchó al Colegio Inglés de Reims buscando emplearse en oficios menores, y así fue portero y cocinero, pero en 1583 se ordenó sacerdote y regresó al norte al año siguiente, trabajando durante año y medio hasta que lo detuvieron mientras oficiaba un bautizo, ejecutándolo en York el 30 de noviembre.

También de Yorkshire era el laico Richard Langley, de buena posición, que ofreció su casa para refugio de sacerdotes, hasta que le delató el Presidente del Consejo del Norte (institución que existió de 1484 a 1641), el puritano Enrique Hastings, conde de Huntingdon, que se crió junto a Eduardo VI y al que Isabel encargó durante el alzamiento de 1569 que garantizara que María Estuardo no escapara.

Hastings envió una nutrida tropa para registrar las propiedades de Langley el 28 de octubre de 1586, encontrando en una casa a dos sacerdotes y llevándose también al propietario, que estaba en otra. Langley se negó a hacer el juramento de supremacía o excusarse ante el Presidente del Norte o el Consejo Privado. Cambiaron el jurado inicial, compuesto por gentes de la zona que podían serle más favorables. Le condenaron a muerte sin haber presentado pruebas de que refugiara a los sacerdotes a sabiendas y le colgaron en York el 1 de diciembre.

María Estuardo, reina de Escocia que pagaba en prisión el apoyo que los rebeldes del norte de Inglaterra le ofrecieron en 1569, pagaría aún más cara la conspiración de Antonio Babington, que pretendió asesinar a Isabel y poner en el trono de Inglaterra a la reina escocesa en 1586.

Esta vez, María Estuardo conocía la conspiración. Fue acusada de traición y ejecutada el 8 de febrero de 1587. Vestida de terciopelo rojo, antes de su ejecución hizo una última oración, perdonó a sus verdugos y reafirmó su fe católica.

En esta ejecución, Felipe II de España encontró un justificante moral para invadir Inglaterra y tratar de derrocar a Isabel, propósito para el cual aceleró los preparativos de la flota que estaba reuniendo en Lisboa desde el año anterior.

Cuatro de los cinco mártires beatificados de 1587 murieron en marzo, empezando por el sacerdote Tomás Pilchard, educado en la abadía de Battle, un pueblo de Sussex considerado un «semillero de recursantes». Se graduó en Oxford en 1579, dos años después marchó a Reims y en marzo de 1583 era ordenado sacerdote, regresando a la misión inglesa dos meses después para trabajar en Winchester. Enseguida fue arrestado y desapareció, para reaparecer regresando a Inglaterra a comienzos de 1586. Trabajó un año en Londres, pero alguien que le conocía de Oxford le reconoció y le arrestaron en marzo de 1587.

Lo enviaron a la prisión de Dorchester, casi 200 km al suroeste de Londres, donde se dice que convirtió a muchos presos. Lo ejecutaron el 21 de marzo, aunque no había verdugos que supieran hacerlo y tuvieron que contratar a un carnicero.

Edmund Sykes, natural de Leeds —donde ahora, 35 km al suroeste de York, una parroquia a su nombre agrupa las iglesias dedicadas a San Nicolás y a Nuestra Señora del Buen Consejo—, se ordenó en Reims en 1581 y a los pocos meses ya estaba de vuelta en Yorkshire, donde trabajó durante tres años disfrazado de peregrino, hasta que estando enfermo lo delató un apóstata. Condenado al destierro, lo embarcaron a fines de 1585. Peregrinó a Roma, dudando si entrar en una orden religiosa, para finalmente embarcarse para Inglaterra el 16 de junio de 1586. Después de medio año, lo delató su hermano, en cuya casa se alojaba. Preso en el castillo de York, lo condenaron como traidor por ser sacerdote y lo ejecutaron en el Knavesmire el 23 de marzo de 1587.

John Hambley hizo un viaje relámpago del anglicanismo al catolicismo no exento de altibajos: leyó un libro de Robert Parsons en 1582, dejó de asistir a los oficios estatales y por miedo a las multas se marchó de su pueblo, la parroquia de St Mabyn, al sur de la costa norte de Cornualles. En Londres, un «sacerdote seminarista» lo reconcilió con la Iglesia católica y a fines de mayo de 1583 ya estaba en Reims, donde fue ordenado sacerdote el 22 de septiembre de 1584 y enviado en abril de 1585 a la misión inglesa con Maurice Williams.

Tras cinco semanas administrando sacramentos en el mismo cuartucho donde se reconcilió con la Iglesia, cerca de la taberna londinense llamada *El León Rojo* (en el cruce de las calles Red Lyon y Holborn, 1 km al oeste del mercado de Smithfield), trabajó durante un año en los condados orientales de Dorsetshire, hasta que lo delataron y arrestaron en Pascua de 1586. Una vez que le condenaron, renegó de la fe pidiendo un indulto, y mientras se escapó.

En Salisbury, Hambley volvió a ejercer su sacerdocio, hasta que en vísperas de la Asunción, fiesta católica del 15 de agosto, el obispo anglicano mandó registrar las casas de católicos confiando en sorprender a algún sacerdote celebrando misa. Fue el caso de Hambley que, dominado por el pánico, delató los nombres de otros católicos y volvió a negar su fe.

Pero los jueces ya no le creyeron y volvieron a juzgarle en la Pascua siguiente. Entonces tuvo valor para mantenerse en la fe y reprocharse su anterior conducta, siendo ejecutado el 29 de marzo de 1587 fuera de la ciudad. Uno de sus contemporáneos, apellidado Warford, achaca la fortaleza final de Hambley a la ayuda de su ángel de la guarda, mientras que otro, apellidado Gerard, lo atribuye a un compañero de prisión, Tomás Pilchard, martirizado ocho días antes.

El último mártir de ese mes fue Esteban Rowsham, natural y estudiante de Oxford. Hacia 1578 se ordenó como vicario de la iglesia universitaria de Santa María, pero se hizo católico y marchó a Reims en 1581, donde le ordenaron sacerdote y en abril de 1582 ya volvía a la misión inglesa junto con Robert Ludlam, sacerdote que sería mártir en 1588.

George Douglas, el último mártir del año, se sale por completo de lo usual, primero por ser escocés nacido en Edimburgo, al mismo tiempo maestro de profesión, converso al catolicismo y viajante precoz, ya que lo vemos viajando a Francia hacia 1556, cuando en Inglaterra aún quedaban por delante dos años de restauración católica, si bien en Escocia fue el año del regreso de John Knox y al año siguiente un grupo de nobles firmó el primer pacto para subvertir la situación religiosa en favor del protestantismo, situación que derivó en las revueltas de 1559 y la abolición del catolicismo por el Parlamento en 1560, al morir la madre de María Estuardo y mujer de Jacobo V, María de Guisa, que había sido regente desde la muerte de su marido en 1542.

En 1558, cuando el cambio de régimen favorecía a los protestantes en Inglaterra, Knox publicó su obra *Primer toque de trompeta contra el monstruoso gobierno de mujeres,* que evidentemente le granjeó la enemistad de Isabel I. A la inversa, el éxito de Knox al establecer la Iglesia presbiteriana en Escocia dificultaría el papel de la reina María Estuardo, que en 1561 debía gobernar como mayor de edad, al cumplir los 18 años, pero tuvo que conformarse con que le dejaran asistir a misa, tratando incluso de discutir asuntos religiosos con Knox en varias entrevistas. Su perdición fue que pretendía ser no solo la reina de Escocia, sino también la de Inglaterra, lo que paradójicamente terminó cumpliendo su hijo.

Volviendo al último mártir de 1587, Douglas fue ordenado sacerdote secular en Notre Dame de París en 1574, supuestamente protegido por alguna carta testimonial de María Estuardo. Trabajó en el norte de Inglaterra, York y toda la región oriental hasta la costa (East Midlands), hasta ser capturado y, sin más referencias sobre la acusación que la de que «persuadía a los súbditos de la reina frente al protestantismo», es decir, sin que se mencionara su sacerdocio sino esa presunta traición, lo ejecutaron el 9 de septiembre de 1587.

EL FRACASO DE LA GRAN ARMADA Y LOS MÁRTIRES DE 1588 A 1595

1588 fue el año del envío de la Gran Armada española contra Inglaterra, pero también el que más mártires reconocidos por la Iglesia católica como beatos o santos registra: 30, lo que manifiesta que ambos asuntos están relacionados.

El caso de la Gran Armada es más conocido: una vez reunidos 130 barcos dotados de 2500 cañones, al mando de un comandante inexperto, el Duque de Medina Sidonia (Alonso Pérez de Guzmán) la Armada debía arribar a Flandes, embarcar a las tropas del Duque de Parma y desembarcarlas en el sur de Inglaterra para avanzar sobre Londres.

La Armada partió en mayo de Lisboa, pero los vientos contrarios la obligaron a reorganizarse en La Coruña. En julio, entró en el Canal de la Mancha, donde la flota inglesa, comandada por Charles Howard y Francis Drake, aprovechando su mayor maniobrabilidad, la castigó con golpes seguidos de retiradas.

El 8 de agosto, frente a Gravelinas, situada entre Calais y Dunquerque, los ingleses dispersaron la flota española recurriendo a ataques con barcos incendiarios llamados brulotes. A falta de puertos y ante esta presión, la Armada desistió del intento de embarcar a las tropas y trató de regresar a España rodeando las Islas Británicas, en medio de fuertes tormentas. Menos de la mitad de los barcos regresaron y los muertos entre marineros y soldados se calculan en 15.000.

La organización de la Gran Armada contó con el apoyo del papa Sixto V, quien renovó la Bula de excomunión de Isabel I, sumando a los cargos el agravante de regicidio por la muerte de María Estuardo. Pero los católicos de Inglaterra permanecieron leales y solo parecen haber conspirado contra la reina exiliados como el cardenal William Allen y el sacerdote jesuita Robert Parsons.

En cuanto a los martirios, no hubo ninguno en 1588 antes de que fuera notorio el fracaso de la Gran Armada: Mann (p. 93) no deja duda de que su reactivación fue consecuencia de la derrota española:

En los tres días siguientes a la derrota de la Armada, seis sacerdotes y ocho laicos que ya estaban en prisión, fueron ejecutados; y para fines de 1588 serían 31 los muertos. Durante el reinado de Isabel, 189 católicos, 128 de ellos sacerdotes, fueron martirizados por su fe. No obstante, 360 sacerdotes seguían sirviendo a los católicos en Inglaterra. El catolicismo seguía siendo fuerte en Lancashire, Cheshire y Sussex, y para el Estado seguía constituyendo un peligro que se practicara a pesar de las multas, registros, arrestos, torturas y muertes. En 1603, las prisiones estaban llenas de sacerdotes y laicos católicos.

El 24 de julio fueron tres los sacerdotes ejecutados. Uno de ellos era Robert Ludlam, hijo de un hacendado del condado de Derby, que estudió varios años en el Colegio de San Juan de Oxford y en 1580 ingresó en el de Reims, ordenándose sacerdote al año siguiente y volviendo a Inglaterra en 1582. Llegó a ser muy querido, moviéndose por todo el país durante más de seis años hasta que el 12 de julio de 1588 lo arrestaron, junto al sacerdote Nicolás Garlick, quienes iban a detener en su casa al recusante John Fitzherbert en la mansión Padley, 15 km al suroeste de Sheffield.

En la prisión de Derby (45 km al sur de Padley), Ludlam y Garlick se encontraron con otro sacerdote, Richard Simpson, ya condenado pero pendiente de ejecución. Los tres fueron juzgados el 23 de julio, condenados por traición y ejecutados en la forma habitual al día siguiente en el Puente de Santa María de Derby. Ludlam fue el último en morir y antes de caer de la escalerilla dijo en latín: «Venid, benditos de Dios». John Fitzherbert moriría en la Torre de Londres en 1591.

El 27 de julio de 1588 moría Robert Sutton, hijo de un carpintero y ministro anglicano que se graduó en el Colegio Christ Church de Oxford en 1567. Lo convirtió al catolicismo su hermano menor, William, que se haría jesuita. Con otro hermano llamado Abraham marchó Robert a Douai en 1576, llegando ambos a ser sacerdotes católicos en febrero de 1577 y marchando en marzo de 1578 a Inglaterra, donde trabajaron siete años hasta ser detenidos y desaparecer.

Robert reapareció y regresó a Inglaterra, donde le detuvieron mientras celebraba misa en Stafford, unos 40 km al norte de Birmingham. En esa misma ciudad lo juzgaron, sentenciaron y ejecutaron.

El siguiente mártir reconocido lo fue pasados 21 días, el 17 de agosto. Se trataba de un laico, William Lampley, fabricante de guantes, de notable ímpetu apostólico, al que delató alguien a quien había ayudado, ejecutado en Gloucester por el cargo de auxiliar a sacerdotes.

Por iniciativa del conde de Leicester, Robert Dudley, se erigieron patíbulos en seis lugares distintos de Londres y durante una semana, del 14 al 20 de agosto, se hizo, por orden del Consejo Privado de la reina, una revisión de todas las prisiones en busca de presos ejecutables, cuyos datos se entregaron al abogado de la corona, John Puckering, para que preparara los cargos y pudieran realizarse ejecuciones en puntos de Londres distintos a los habituales como parte de un plan para aterrorizar a los supuestos espías españoles.

El 28 de agosto fueron ocho los mártires (beatificados) ejecutados. El sacerdote Tomás Holford, alias Tomás Acton (por su lugar de nacimiento, en el condado de Cheshire y 45 km al sureste de Liverpool) fue ejecutado en el barrio londinense de Islington, 2,5 km al norte de la Catedral de San Pablo. Hijo de un ministro protestante, fue maestro de escuela hasta que conoció al sacerdote Richard Davis y se hizo católico hacia 1579. Tres años después estaba en Reims, donde en menos de un año se ordenó y regresó a Inglaterra. Tras un año de actividad, estuvo a punto de ser detenido en compañía de Davis, por lo que regresó a su región, donde lo arrestaron en mayo de 1585.

Lo interrogó el obispo anglicano de Chester, quien le propuso el exilio, que Holford rechazó, pues parecía preferir ser ejecutado. Lo mandaron a Londres, pero se escapó de la cárcel fingiendo locura en un momento de borrachera de sus vigilantes. En 1586, escapó por poco al registro de casas ordenado tras el fallido complot de Babington que costó la vida a María Estuardo.

De nuevo Holford se alejó de la capital, pero en 1588 regresó para comprar ropa y unos espías que le vieron celebrar una misa clandestina lo siguieron hasta la sastrería, donde lo arrestaron. Lo encerraron en Newgate, juzgándolo el 26 de abril y ahorcándolo dos días después (sin proceder a su descuartizamiento) en Clerkenwell, hoy una animada zona entre el Museo Metropolitano, los Archivos Metropolitanos de Londres y la Universidad de la City.

Cuatro personas fueron ejecutadas en el lugar conocido como Mile End Green. Destaca entre ellas Tomás Felton, natural del barrio londinense de Bermondsey, al sur del Puente de la Torre, hijo del mártir homónimo descuartizado en 1570 por colgar junto a la Catedral de San Pablo la Bula *Regnans in Excelsis* y luego paje de Lady Lovett, legendaria mujer que moriría acusada de participar en una conspiración católica.

Challoner (p. 145) señala que Felton fue ordenado sacerdote en Reims en 1583, tras de lo cual se hizo franciscano, contando con el parabién del Dr. Allen, director del Colegio Inglés. Regresó a Inglaterra no por afán de predicar, sino para mejorar su salud, y una vez recobrada quiso marchar, pero lo detuvieron en la costa y pasó dos años preso en la pequeña prisión de Poultry Compter, hoy junto a la estación del Banco, en plena City de Londres.

Liberado por gestiones de una tía suya, Felton trató de volver a Francia y lo encerraron de nuevo, esta vez en Bridewell, antiguo palacio de Enrique VIII junto al embarcadero de Blackfriars. De allí salió por los buenos oficios de Lady Lovett, presa en la cercana prisión de Fleet, medio kilómetro al norte y junto a los juzgados de Old Bailey. Pero de nuevo trató de regresar a Reims y lo encarcelaron en Bridewell, donde fue severamente torturado físicamente y obligado a asistir a oficios con sermones que interrumpía gritando: «¡Jesús, Jesús!».

Tras la derrota de la Armada, le interrogaron sobre si, en caso de desembarco, habría tomado parte por la reina o por los españoles y el Papa. Respondió que habría tomado «el partido de Dios y de mi país»; preguntado sobre si Isabel era la cabeza de la Iglesia de Inglaterra, dijo haber leído diversas crónicas, en ninguna de las cuales decía que Dios hubiera ordenado eso. Eso bastó para condenarle y colgarlo al día siguiente en Mile End, barrio que en el siglo XIX quedaría al este del Canal del Regente.

William Dean, compañero de Felton en el suplicio, estudió hasta 1577 en Cambridge antes de ser ministro protestante; cuatro años después se hizo católico de la mano del sacerdote Tomás Aufield, quien como vimos apostató, regresó a Reims y terminaría siendo mártir en 1585. Entretanto, Dean marchó a Reims y fue ordenado a fines de 1581, partiendo al mes siguiente para Inglaterra, donde lo detuvieron pasado otro mes, en febrero de 1582. Torturado y encerrado en Newgate, en 1584 lo cambiaron de prisión y lo deportaron a Normandía, con amenaza de muerte si volvía, lo que hizo a fines de 1585.

De nuevo arrestado, pasó otros dos años y medio en prisión hasta que el 22 de agosto junto a otros cinco sacerdotes y cuatro laicos lo juzgaron y condenaron, siendo el primero en morir en el patíbulo recién instalado en Mile End. Trató de hablar a la multitud, pero estas ejecuciones no eran para doblegar a los condenados, sino para aterrorizar al resto, así que le golpearon en la cabeza, le amordazaron y le colgaron.

Con Dean iba el laico Henry Webley, de Gloucester, que asistió al sacerdote a su regreso de la deportación y a su vez fue detenido en abril de 1586 en Chichester, a bordo de un barco en el que trataba de huir a Francia. Tras dos años en Marshalsea, lo acusaron de conversión al catolicismo, de auxiliar al sacerdote y de confesarse con él, para condenarlo a muerte.

La cuarta víctima del 28 de agosto en Mile End era James Claxton, sacerdote de Yorkshire ordenado en Reims que regresó en 1582. Estaba ya en la cárcel en 1585, cuando lo desterraron como a Dean, pero también él regresó y fue condenado.

En un nuevo patíbulo instalado en Lincoln's Inn Fields —a mitad del camino entre el palacio-prisión de Bridewell y la sede actual del Museo Británico, y solo un par de manzanas al norte de lo que hoy es la London School of Economics— ejecutaron el mismo día a los sacerdotes Robert Morton y William Grunter y al laico Hugh More.

El primero estudió en Roma y Reims, donde se ordenó sacerdote, regresando a Inglaterra en 1587 y pasando poco tiempo preso en Newgate antes de ser descuartizado.

Grunter era galés de Raglan, al este del río Usk y 25 km al norte de su desembocadura en Newport. Estudió en Reims y regresó en 1587, siendo capturado poco después. Challoner dice que sufrió «como el resto de los que fueron ejecutados en este tiempo, con gran constancia y alegría», si bien no le dejaron hablar en la ejecución, por lo que «su silencio habló por ellos» (p. 116).

More, educado en Oxford y orientado a ser ministro anglicano, se convirtió gracias al sacerdote jesuita Tomás Stephenson y viajó a estudiar a Reims, aunque no se hizo sacerdote, pues tenía apenas 25 años cuando fue ejecutado bajo el cargo de estudiar en un seminario extranjero y auxiliar a sacerdotes.

La celebración macabra de la victoria sobre la Gran Armada terminó dos días más tarde con la ejecución de otros siete mártires, esta vez en el habitual patíbulo de Tyburn. Entre las víctimas, por primera vez una mujer en el cadalso: Margarita Ward y un laico señalado ya en interrogatorios de 1584 como «el mayor asistente de los sacerdotes», el galés Richard Lloyd, apodado Flower. No obstante, todo lo que se pudo probar fue que dio algo de vino al sacerdote William Horner. Tenía 22 años cuando lo ejecutaron.

Si Margarita Clitherow, ejecutada en 1986, fue la Perla de York, Margarita Ward será apelada Perla de Tyburn. De familia notable, era dama de compañía de la señora Whitall y acudió a Bridewell para auxiliar al sacerdote Richard Watson, después de que este volviera a declararse católico tras haber renegado. Con el tiempo, Ward fue sometida a menos controles y pudo llevar al preso una soga con la que Watson escapó, aunque dejó colgando la cuerda que sirvió para incriminar a Ward.

A pesar de las torturas, Ward se negó a dar noticias sobre Watson, confesando que había «librado a ese cordero inocente de las manos de aquellos lobos sangrientos». Se le ofreció la libertad con solo asistir a un oficio protestante y pedir perdón a la reina, a lo que se negó, pues dijo no haber hecho nada que la ofendiera.

Además de Ward, fue ahorcado el barquero a la que ella pidió que se llevara a Watson, el irlandés John Roche, que primero se ofreció en lugar de otro barquero que falló y, para mejor camuflar a Watson, intercambió su ropa con la del sacerdote. También le ofrecieron la libertad a cambio de pedir perdón y asistir a un oficio protestante, pero no quiso.

De una distinguida familia, Richard Leigh marchó a estudiar a Reims y Roma, donde le ordenaron sacerdote en 1586. Arrestado en Londres, lo deportaron pero volvió de nuevo y lo detuvieron el 4 de julio de 1588. Estuvo mes y medio preso en la Torre de Londres. Su juicio tuvo lugar en Old Bailey y también fue solo ahorcado.

El tercer Richard del grupo se apellidaba Martin y obtuvo la maestría en Artes por Oxford a fines de 1583. Lo arrestaron bajo el cargo de haber dado sopa al sacerdote Robert Morton. Una vez en la prisión de Newgate, Martin reconoció haberse convertido a la fe católica. Quizá por eso su castigo fue más duro y fue descuartizado.

La sexta víctima fue el laico Edward Shelley, de una familia acomodada de Warminghurst, al sur de Londres y a apenas 15 km del castillo de Arundel y de la costa sur. Fue detenido en 1584 por tener un libro prohibido y ayudar al sacerdote William Dean, ejecutado dos días antes que él. Estuvo en la prisión de The Clink.

El 23 de septiembre, fue ejecutado en Kingston de Támesis —remontando el río 5 km al sur del Palacio de Richmond— el sacerdote William Way (también apodado May y Flower), de quien sabemos que recibió órdenes menores en Reims en 1584 y el sacerdocio en septiembre de 1586, pasando en diciembre a Inglaterra, donde medio año después ya estaba preso. Lo iban a juzgar en Newgate. No aceptó reconocer a un tribunal civil, y aunque acudió el obispo anglicano de Londres, Way tampoco lo reconoció como obispo ni a Isabel como cabeza de la Iglesia, por lo que lo condenaron por traidor sin más debate.

El 1 de octubre hubo seis mártires, entre ellos los cuatro llamados del Monte Oaten de Canterbury, por el lugar donde desde 1576 se había instalado un patíbulo, cerca de la actual iglesia anglicana de

Santa María Bredin y medio kilómetro al sur de la catedral primada de esa confesión.

Robert Wilcox se ordenó sacerdote a los 25 años en Reims en 1585 y un año después lo arrestaron nada más entrar en Inglaterra, pasando más de dos años en Marshalsea, hasta que el 15 de agosto de 1588 lo examinaron y, al reconocer que era sacerdote católico, lo mandaron a Canterbury para juzgarlo. Al ser ejecutado el primero, animó a los demás, diciendo que llevaría al cielo noticias de su pronta llegada.

Gerard Edwards (apodado Edward Campion) estudió en el Colegio de Jesús de Oxford, sin graduarse porque no quiso hacer el juramento de supremacía. Estuvo al servicio del Barón Dacre, Gregorio Fiennes, hasta que en 1586 marchó a Reims donde gracias a sus estudios previos pudo ser ordenado en solo un año y regresar en Pascua de 1587. A las pocas semanas lo capturaron y tras un primer interrogatorio organizado por el Consejo Privado, pasó más de un año en prisión hasta que, en un segundo interrogatorio ya en agosto de 1588, reconoció ser sacerdote, lo que le valió la condena a muerte a sus 36 años de edad.

Christopher Buxton ingresó en el Colegio de Reims en verano de 1581 sin estudios universitarios, por lo que no fue ordenado hasta octubre de 1586 en el Colegio de Roma, donde estudió los dos últimos años. Aunque trataron de retenerlo en Francia, prefirió seguir las directivas del padre Parsons y pasó en septiembre de 1587 a Inglaterra, donde dos meses después lo encerraron en Marshalsea.

Examinado en agosto de 1588, Buxton admitió ser sacerdote. Por su juventud, pensaron ganárselo si renunciaba a su religión, pero dijo que no compraría una vida corruptible a ese precio, y que «si tuviera cien vidas las daría todas voluntariamente en defensa de mi fe». El día antes de salir para ser juzgado en Canterbury, Buxton mandó a un sacerdote el manuscrito de un Ritual que había escrito en la cárcel y que se conserva en Olney, 80 km al noroeste de Londres.

El último de los cuatro era un laico llamado Robert Widmerpool, que estudió en Oxford sin graduarse y era tutor en casa de la condesa de Northumberland, que había dejado tres hijas allí antes de refugiarse en Flandes tras la ejecución de su marido en 1572 por la rebelión del norte. Fue arrestado bajo el cargo de ayudar a un sacerdote. A sus 28 años, ya con la soga al cuello, daba gracias de poder morir en Canterbury por la misma causa que el obispo Tomás Becket.

El quinto mártir del 1 de octubre fue John Robinson, que hacía gala de gran sencillez y sinceridad, según los relatos evocados por Challoner (p. 155). Sin más datos vitales que los de haber estado casado y marchar a Reims al enviudar. Capturado en el mismo puerto de su desembarco, fue condenado enseguida al reconocer su sacerdocio. Le gustaba decir que si no podía argumentar sobre la fe tan bien como otros, podía morir por ella tan bien como el mejor.

En la prisión londinense de Clink, por su edad y trato afable lo llamaban los presos «padre» y él les llamaba «hijos». Se entristeció por ser el último católico sin ejecutar, y se alegró tanto al recibir la noticia de su ejecución que dio al mensajero su cartera con todo el dinero que tenía, mientras se ponía de rodillas dando gracias a Dios. Lo llevaron a descuartizar en Ipswich (capital del condado de Suffolk, a orillas del río Orwell y a menos de 20 km de la costa) y querían que se calzara botas por ser invierno y el viaje de más de 100 km, pero él se negó:

> *No, estas piernas nunca tuvieron botas desde que yo las he tenido y seguramente ahora podrán hacer el viaje sin botas, ya que se les va a pagar bien por sus sufrimientos.*

El 5 de octubre de 1588 hubo cuatro mártires en Londres y otro en York. El primero —y único beatificado— de los londinenses fue William Hartley, estudiante del Colegio de San Juan en Oxford, del que llegó a ser capellán hasta que en 1579 lo dimitieron bajo sospecha de tendencias católicas. Ese mismo año marchó a Reims y en 1580 fue ordenado sacerdote y en junio ya estaba de vuelta en Inglaterra, ayudando a Robert Parsons y Edmundo Campion a distribuir libros. En agosto de 1581, tras hallarse la imprenta en la hacienda de la familia Stonor unos 30 km al sureste de Oxford, encerraron a Hartley en Marshalsea.

En diciembre de 1583 le descubrieron celebrando misa para el barón Villiam Vaux de Harrowden —a su vez preso por alojar a Campion, pagaría una multa de mil libras, que al valor de 2024 serían 430.000 euros—, lo que además de un suplemento de cadenas supuso para Hartley una condena por conspiración, aunque ya estaba preso cuando sucedieron los hechos de que se le acusaba.

Desterrado en 1585, marchó a Reims y peregrinó a Roma antes de regresar a Inglaterra. En septiembre de 1588 lo arrestaron en Londres y lo ejecutaron en presencia de su madre en Mile End («frente al teatro»), según Challoner (p. 157), quien asegura que con él mataron a otro sacerdote de Douay llamado John Weldon, que en Holloway, cerca de Londres, mataron a un anciano sacerdote «ordenado en Inglaterra antes del cambio de religión», llamado Richard Williams, y que por haberse convertido al catolicismo, mataron en Clerkenwell al laico Robert Sutton (no confundir con el sacerdote ejecutado en julio), maestro de escuela al que ofrecieron el perdón si reconocía a la reina como «suprema cabeza en todas las causas sin restricción». Pero él contestó que la reconocía en todas las causas temporales.

El mártir de York era John Hewitt (identificado, al beatificarlo, con el antes apellidado Weldon), que estudió en Cambridge; marchó a Reims, regresó como diácono, fue apresado y desterrado en 1585, volviendo a Reims se ordenó sacerdote. Una vez capturado, lo condenaron junto con Edward Burden, de Durham, que estudió en el Colegio de la Trinidad de Oxford, se ordenó en Reims en 1584 y volvió en 1586; también fue descuartizado, pero mes y medio después (el 29 de noviembre).

También en York ejecutaron el 29 de noviembre al último mártir de 1588, Edward Burden. Era graduado del Colegio de Corpus Christi en Oxford y ordenado sacerdote en Reims en 1584; regresó en 1586 y fue capturado dos años después.

De entre los ejecutados en 1589, son ocho los mártires reconocidos por la Iglesia católica, empezando por dos asesinados en York el 16 de marzo: John Amias y Robert Dalby. El primero ingresó en el Colegio Inglés de Reims como viudo en 1580, ordenándose sacerdote en menos de un año y regresando en compañía de san Edmund Sykes (como vimos, martirizado en 1587). A Amias no lo capturaron hasta fines de 1588, mandándolo al castillo de York. Al comenzar su ejecución, quiso explicar a la gente que lo mataban por su religión y no por traidor, pero no le dejaron continuar.

Robert Dalby, por su parte, fue ministro protestante antes de ingresar en Reims en septiembre de 1586, ordenándose en abril de 1588 y saliendo en agosto para Inglaterra. Lo arrestaron inmediatamente al desembarcar en Scarborough. Junto con Amias, se prostró en oración al llegar al Knavesmire para su ejecución.

Otros cuatro mártires compartieron suerte el 5 de julio: Tomás Belson, Humphrey Pritchard, Richard Yaxley y George Nichols. Este último era natural de Oxford, donde en 1571 se graduó en el Colegio Brasenose. Fue profesor en la Escuela San Pablo de Londres, donde se convirtió, marchando en 1581 a Reims, donde en 1583 ya era sacerdote y regresaba a Oxford.

Allí logró buen número de conversiones, hasta que en mayo de 1589 los oficiales de la universidad irrumpieron a medianoche en la residencia de estudiantes donde se alojaba, llamada La Rueda de Santa Catalina, que una piadosa viuda católica gestionaba cerca de la iglesia de Santa María Magdalena. Cerca de esta se erigió en 1843 el «Memorial de los Mártires» en honor a los obispos Latimer, Ridley y Cranmer, ejecutados en 1555 y 1556.

Los sacerdotes Nichols y Yaxley, junto con Belson, que había ido a confesarse, y Prichard, sirviente de la residencia, fueron interrogados por el vicecanciller y varios doctores de la universidad. Confesaron ser católicos y Nichols añadió que era sacerdote, para evitar males al resto. Tras algunas discusiones teológicas, al ser informado el Consejo Privado de la reina, ordenó que los enviaran a Londres.

El secretario Walsingham acusó a Nichols de traidor por ser sacerdote, a lo que este respondió:

> *Extraña conclusión, honorable señor, puesto que es seguro que los primeros que convirtieron a Inglaterra del paganismo eran todos sacerdotes. Si predicar el evangelio de Jesucristo e instruir a los ignorantes en la fe católica es perturbar a la nación o inci-*

tar a la sedición, entonces aquellos eran igualmente culpables; pero si no, tanto nosotros como ellos somos igualmente inocentes.

En la prisión Bridewel colgaron de las manos a los sacerdotes sin lograr que abjuraran. Tampoco sirvió de nada meter a Nichols en un calabozo lleno de alimañas. A fines de junio los devolvieron a Oxford, donde los condenaron a ser descuartizados como sacerdotes venidos de fuera o por haberles auxiliado.

Richard Yaxley era de una familia noble de Boston (poco más de 40 km al sureste de Lincoln). Fue compañero de estudios de Nichols en Oxford y en Reims, desde donde partió para Inglaterra en 1586.

Belson estudió en Oxford, sin graduarse. En 1584 partía del Colegio de Reims a Inglaterra como laico, acompañando al sacerdote san Francis Ingleby (mártir en 1586). A él, tras detenerlo en la Torre de Londres, lo desterraron. Regresó a Inglaterra y cuando lo detuvieron en Oxford había ido a confesarse con Nichols.

Una placa-memorial de los Mártires Católicos de la calle Holywell de Oxford rememora esta ejecución. Los sacerdotes fueron los primeros en subir al cadalso y Belson abrazó sus cuerpos mientras los descuartizaban, para pedir su intercesión, manifestando su alegría por haber sido su hijo espiritual.

Pritchard era galés y durante 12 años se ocupó de ayudar a cristianos perseguidos. Fue el último en subir al cadalso, donde destacó por su «semblante alegre y sonriente», según Challoner (p. 165), y dijo a los presentes:

> *Os invito a todos a ser testigos, en la presencia de Dios y de sus santos ángeles, de que soy católico, y de que fui condenado a muerte por confesar la fe católica, y que muero gustosamente por la fe católica.*

Los últimos dos mártires beatificados de 1589 son el sacerdote William Spenser y el laico que le acogió, Robert Hardesty. El primero, originario del Yorkshire, obtuvo la maestría en arte en el Colegio de la Trinidad de Oxford en 1580. Aunque ya entonces trataba de orientar en sentido católico a sus colegas, no se convirtió hasta 1582, cuando con otros cuatro compañeros marchó a Reims, de donde regresó a la misión inglesa en 1584. Reconcilió con la Iglesia a sus padres y a un tío suyo que fue sacerdote. Se introdujo en el castillo de York para ayudar a los presos católicos. Spenser y Hardesty fueron descuartizados en el Knavesmire el 24 de septiembre.

Los mártires beatificados de 1590 son once: los tres primeros (4 de marzo) fueron el sacerdote Christopher Bales y dos laicos que le ayudaron. Bales era de la provincia de Durham e ingresó en el Colegio Inglés de Roma en 1583, pasando luego a Reims, donde se ordenó en 1587 para regresar al año siguiente. Arrestado enseguida, fue torturado por el famoso Topcliffe.

Cuando lo condenaron por ordenarse en el extranjero y llegar con intención de predicar, preguntó al juez si también san Agustín de Canterbury fue un traidor. El juez dijo que no, pero que después esa actuación había sido tipificada por la ley como traición. Lo despedazaron en la calle Fleet de Londres, esquina con Fetter Lane, frente al lugar donde hoy un cartel recuerda que estuvo la taberna de la Mitra (documentada desde 1613).

A Nicolás Horner le ahorcaron en Smithfield como felón por ayudar a Bales, y por el mismo motivo a un mozo de cuadra llamado Alexander Blake lo ahorcaron de la ventana de su propia casa en Grays Inn Lane (hoy carretera A5200 que va desde Kings Cross hasta cruzarse en Chancery Lane con la carretera Holborn, A40), según Challoner (p. 166), que cita al «obispo de Tarazona» (Yepes) al relatar que Horner perdió una pierna por las malas condiciones de una estancia previa en prisión, y que tuvo una visión la noche antes de su muerte en la que recibía una corona del cielo.

Dos mártires murieron el 6 de abril: Anthony Middleton, de Yorkshire y ordenado en Reims, que regresó en 1586 y fue torturado por Topcliffe en Fleet Street antes de ser destripado. Alcanzó a decir a los congregados que moría por ser sacerdote y predicar la religión verdadera, pidiendo a Dios que aceptara su muerte para reparar sus pecados, progreso de la fe católica y conversión de los herejes.

El segundo era Edward Jones, de St Asaph, en el norte de Gales (poco más de 30 km al suroeste de Liverpool, al otro lado del estuario del río Dee) y llegó dos años después. Ambos trabajaron con éxito en Londres, Middleton porque era bajito y de aspecto juvenil, por lo que no parecía sacerdote, y Jones porque predicaba bien. Ambos fueron capturados por espías que simulaban ser católicos y las fuentes de Challoner (p. 168) suponen que no hubo juicio, siendo ahorcados en las ventanas de sus casas —Jones en Fleet y Middleton en Clerkenwell—, con un cartel que decía: «Por traición e invasión extranjera».

Otros dos sacerdotes fueron ejecutados en Rochester el 13 de abril: Miles Gerard y Francis Dicconson. Gerard fue tutor de niños antes de ingresar en el Colegio Inglés en Reims en 1579. Ordenado en 1583, se quedó allí como profesor hasta mediados de 1589, cuando partió a la misión inglesa con cinco compañeros. En Dunquerque los marineros solo aceptaron dos pasajeros, y estos dos sacerdotes embarcaron. El barco se desvió y en vez de en Londres desembarcaron en Dover, donde inmediatamente los arrestaron, ya a fines de noviembre. En Londres los torturó Topcliffe y tras su condena por traición los llevaron a ejecutar a la antigua sede episcopal de Juan Fisher.

Los últimos mártires del año fueron cuatro sacerdotes sacrificados el 27 de mayo en Durham, llamados mártires de Dryburn por estar el patíbulo en esa plaza frente al ayuntamiento; hoy ocupa el lugar la escuela católica de San Leonardo. Edmund Duke, originario de Kent, se había formado en los colegios de Reims y Roma, donde fue ordenado sacerdote en 1589. Los otros tres, Richard Hill, Richard Holiday y John Hogg, eran de Yorkshire y fueron ordenados en Reims el mismo año.

En marzo de 1590 salieron para el norte de Inglaterra y pronto fueron arrestados por actuar en grupo. Junto a ellos fueron ejecutados cuatro delincuentes comunes que también se declararon católicos en ese momento. La asistencia de católicos era tal que solo los funcionarios y algún ministro protestante gritaron «¡Dios salve a la reina!» al levantar las cabezas cortadas de los ejecutados. Un matrimonio protestante, Robert Maire y su esposa Grace, se convirtió al catolicismo tras presenciar la ejecución.

En 1591, el número de mártires (beatificados) ascendió a 15, siendo los primeros el sacerdote Robert Thorpe y el laico Tomás Watkinson, en cuya hacienda fueron sorprendidos el Domingo de Ramos —que en los países de calendario gregoriano era 21 de marzo, y en Inglaterra, que hasta 1752 siguió con el juliano, 11 de marzo— ya que un espía denunció haber visto el día anterior las palmas y preparativos de procesión.

Desde su Yorkshire natal, Thorpe marchó a Reims en 1584, ordenándose en poco más de un año y regresando en mayo de 1585. El sacerdote Anthony Champney escribe en su historia manuscrita del reinado de Isabel (*Annales Elizabethae Reginae*):

> *Este santo sacerdote, al que conocí en mis días jóvenes, y a quien con frecuencia confesé mis pecados, trabajó durante mucho tiempo y con muchísimo fruto en la viña del Señor. Era un hombre de baja estatura, salud enfermiza, pero de gran devoción y piedad, y aunque era de natural timorato y débil, sufrió la muerte por la fe católica con gran constancia y fortaleza.*

Mientras que al sacerdote lo descuartizaron sin piedad en el patíbulo de York, a Watkinson le ofrecieron salvarse de la horca con solo asistir a una ceremonia de la Iglesia oficial, lo cual rechazó.

Con apenas 21 años de edad, el caso del laico Lawrence Humphreys es singular: de padres protestantes y él mismo habituado a estudiar la Biblia y polemizar contra los católicos, hasta que con 18 años quiso discutir con un sacerdote, a poder ser jesuita. El padre Stanney le citó un día que debía predicar sobre la presencia real de Cristo en la Eucaristía, en la octava del Corpus, sermón al que Lawrence asistió con otro protestante. Después del sermón charlaron individualmente con el sacerdote, y al poco tiempo ambos eran católicos.

El cambio de Lawrence fue tan notable que el propio padre Tomás Stanney elogiaría su «profunda humildad, su exacta obediencia, su virginal pureza y su perfecta caridad». El caso es que el joven cayó enfermo, y delirando dijo que la reina era hereje, por lo que cuando sanó lo metieron en la cárcel de Winchester, donde él se ofreció voluntario para realizar las tareas más penosas.

En el juicio el magistrado le preguntó por su religión y dijo ser católico, explicando que lo es «el bautizado que profesa de palabra y de obra la fe y la religión católicas, entregadas por los apóstoles a la Iglesia Universal y mantenidas por su sucesores». El juez le preguntó si adoraba al crucifijo y dijo que no, pero que le recordaba el sufrimiento de Cristo por sus pecados. Por último le preguntó si había dicho que la reina era hereje, y el joven dijo no recordar haber dicho en su vida esas palabras, pero que habiendo testigos no iba a negarlas y aceptaba ser castigado. Recibió la condena a muerte «con alegría y pasó lo que le quedaba de vida en meditaciones y oraciones que hacía postrado en el suelo» (Challoner, p. 280). En el patíbulo, confesó ser católico y bendijo a los presentes. Cuando el verdugo le espetó que se iba a quedar con su abrigo, el joven sonrió, lo que no gustó al funcionario, que le dio una fuerte bofetada, provocando la contestación de Lawrence:

> *¿Por qué me haces esto? Nunca en mi vida te di motivo para tratarme de esta forma.*

El 1 y 2 de julio de 1591 fueron ejecutados sucesivamente dos sacerdotes en Fleet Street: Montford Scott y George Beesley. Scott estudió en Trinity Hall (Cambridge) y fue uno de los primeros alumnos del Colegio Inglés de Douai en 1574. Siendo diácono, fue a Inglaterra con Dominic Vaughan, los apresaron a fines de 1576 y Vaughan dio los nombres de católicos que conocía, tras de lo cual el Consejo Privado y el arzobispo de Canterbury los dejaron marchar.

Scott se ordenó sacerdote y regresó a Inglaterra en 1577. Capturado en 1578, lo soltaron de nuevo hasta que lo capturaron en York en 1584 y pasó siete años preso en Londres. Gracias al pago de un rescate, lo soltaron con idea de desterrarlo —entremedias visitó a los católicos en el Castillo de Wisbech, 130 km al norte de Londres—, pero el torturador Topcliffe ordenó su arresto de nuevo.

Los dos sacerdotes fueron juzgados y condenados en la prisión de Newgate el 30 de junio. Beesley era de familia católica, se ordenó en Reims en 1587 y regresó a fines de 1588. Capturado en 1590, a pesar de fuertes torturas no dio el nombre de ningún católico.

El 7 de julio fueron ejecutados en Winchester el laico Ralph Milner y el sacerdote Roger Dicconson. Milner vivía a medio camino entre Winchester y Southampton, casado y con ocho hijos, dedicado a trabajos manuales, criado como anglicano, pero finalmente converso, fue detenido el día de su primera comunión. Por su buen comportamiento, le dejaban salir bajo fianza, incluso dándole las llaves de la prisión, lo que aprovechó para facilitar que algunos sacerdotes atendieran a los presos y gente de los pueblos: primero Tomás Stanney y luego su sucesor Roger Dicconson.

Este era de Lincoln, estudió y se ordenó en Reims antes de regresar a Inglaterra en 1583. Al poco tiempo fue detenido, pero escapó aprovechando una borrachera de los carceleros. En su segundo arresto, acompañado por Milner, tuvo menos suerte. El juez ofreció al laico la libertad a cambio de asistir a una ceremonia anglicana, pero rechazó todas las ofertas. Cuando iban a ejecutarlo, le llevaron a sus hijos, confiando en ablandarlo, pero lo más que hizo fue darles su última bendición. Ambos sufrieron el triple castigo destinado a los traidores.

El 10 de diciembre fueron siete los mártires ejecutados en Londres: tres sacerdotes y cuatro laicos. Edmund Gennings era desde los 16 años paje de un noble católico, Richard Sherwood, al que acompañó a Reims para hacerse sacerdote. Edmund se ordenó en 1590 con solo 23 años y volvió a Inglaterra donde se hizo apodar «el ferretero» (*Ironmonger*). Todos sus parientes habían muerto, a excepción de un hermano al que encontró en Londres, pero que le pidió que se fuera para no convertirle en sospechoso.

Regresó a Francia, pero en 1591 estaba de nuevo en Londres, donde lo capturó Richard Topcliffe con sus agentes el 7 de noviembre mientras celebraba misa en la casa del noble san Swithun Wells en Grays Inn (carretera A5200, donde el año anterior ejecutaron a Alexander Blake). Incluso después de ser condenado en juicio, al volver a la prisión de Newgate, el juez Young y el torturador Topcliffe siguieron ofreciendo la libertad e incluso algún cargo a Gennings si iba a una iglesia anglicana y renunciaba a su religión. Como se negó, lo metieron en una celda oscura hasta su ejecución.

Gennings y Wells debían ser ejecutados ante la casa del noble y el resto en Tyburn. El discurso de Gennings desde la escalera de la horca airó a Topcliffe, que mandó cortar la soga nada más caer el reo, de modo que estuviera consciente durante su destripamiento. El sacerdote repitió tanto la expresión «San Gregorio, ruega por mí» que el verdugo exclamó:

> *¡Rayos! Mira: su corazón está en mi mano y Gregorio sigue estando en su boca. ¡Qué enorme papista!*

En cuanto a Wells, desde los tiempos de su padre su familia acogió a los católicos y él mismo fue maestro de escuela hasta que el Consejo Privado mandó detenerlo en 1582. Primero se escondió, luego asistió a servicios religiosos oficiales y en 1583 se reconcilió con la Iglesia católica, apoyando a los sacerdotes y comprando para esconderles la casa de Gray's Inn.

En 1586, Wells fue encarcelado en Newgate con dos seminaristas, pero su sobrino pagó la fianza. Al poco fue procesado por supuesta complicidad en el complot de Babington, pero quedó en libertad, marchando incluso a Roma con una misión encargada por el conde de Southampton, Henry Wriothesley, protagonista de muchas misiones diplomáticas, nieto de Anthony Browne, vizconde de Montagu, destacado católico —a su vez hijo del que hirió en un torneo a Enrique VIII— que siempre rechazó las Leyes de Supremacía y Uniformidad de 1559 y 1562, pero que por su fidelidad fue muy apreciado por la reina Isabel, y que terminaría muriendo en 1624 de fiebres cuando lo enviaron a luchar en los Países Bajos contra los españoles.

Al regresar de esta misión, Wells siguió trabajando en apoyo de los católicos perseguidos, por lo que lo interrogaron en 1587 y por fin en 1591, cuando para evitar que la misa fuera interrumpida, los asistentes aguantaron la puerta y pelearon con los asaltantes hasta que terminó, momento en que se rindieron. Wells no estaba presente entonces, pero sí su esposa y los sacerdotes Gennings, Plasden y White, más los laicos Mason, Hodgson y Lacey.

Una vez apresado, durante el juicio que se celebró el 6 de diciembre, Wells dijo que no estuvo presente en la misa en cuestión, pero que le habría gustado estarlo, por lo que le condenaron a ser ahorcado en su propia casa. De camino al patíbulo, se cruzó con un amigo, del que se despidió con buen humor:

> *Adiós a nuestras simpáticas batidas de caza. Ahora tengo algo mucho más importante que hacer.*

Con la misma fina ironía dejó sin palabras al ministro que Topcliffe le mandó para que reconociera haber seguido doctrinas falsas y a sacerdotes traidores:

> *Aunque te he oído decir algo, no es más que la opinión de un solo doctor, que además es muy joven.*

Topcliffe entonces provocó a Wells jugando con la homonimia entre bulas y toros (*Bulls*):

> *¡Perros papistas, que seguís al Papa y sus bulas! Créeme, pienso que a ti te ha engendrado algún toro.*

Wells entró al trapo diciendo: «Pues si nosotros tenemos toros por padres, tú tienes a una vaca por madre»; pero inmediatamente pidió perdón a Topcliffe y le rogó «que no le distrajera mientras trataba de centrarse en otros asuntos». La mujer de Wells, Alice, si bien fue indultada, murió en prisión en 1602 (y no ha sido beatificada).

Polydore Plasden era londinense e hijo de un artesano que hacía recipientes a partir de cuernos. Marchó a estudiar a Reims y Roma, donde se ordenó a fines de 1586 y dos años después regresó a Inglaterra. Fue ejecutado también el 10 de diciembre, pero en Tyburn, donde reconoció a Isabel como reina legítima «a quien defendería lo mejor que pudiera contra todos sus enemigos», rezó por ella y por el reino, añadiendo que «preferiría perder mil vidas a negar o luchar contra mi religión». Por orden de sir Walter Raleigh (que pronto caería en desgracia ante la reina por casarse sin su permiso con una de sus damas de honor), se le dejó expirar en la horca para descuartizarle ya muerto.

Eustace White fue repudiado por su padre al convertirse al catolicismo en 1584; cuatro años después fue ordenado sacerdote en Roma y regresó a Inglaterra, donde tres años después un compañero de viaje lo delató por algo que había dicho y fue detenido en Dorset. Lo torturaron por orden del Consejo Privado en Bridewell, colgándolo un día entero, incluyendo cierta tortura psicológica, según la carta que el 23 de noviembre escribió a Henry Garnet:

> *Entró Topcliffe y me dijo que los españoles habían llegado a Southwark por nuestra culpa: Mira, ¿no oyes los tambores? Y entonces sonaron los tambores en honor del alcalde. Al día siguiente también me colgaron una o dos horas: así son las mentes maliciosas de nuestros adversarios.*

Antes de ser ejecutado en Tyburn, White perdonó a Topcliffe y dijo al pueblo que su única traición era ser sacerdote y agradeció a Dios la feliz corona de sus trabajos. Mientras lo cortaban, llegó a ponerse en pie, así que lo echaron sobre el fuego y dos hombres lo sostuvieron mientras proseguía la escabechina.

Sydney Hodgson era abogado y fue uno de los que impidió el paso a los hombres de Topcliffe, para luego entregarse. En el juicio le ofrecieron perdonarle la vida si prometía cierta conformidad, aún ocasional, con la Iglesia de Inglaterra. Él y los demás que serían ejecutados en Tyburn (incluidos los laicos John Mason y Brian Lacey), contestaron a las propuestas de adhesión a la religión oficial que les hicieron incluso después de la condena que preferían «vivir y morir en la verdadera fe romana y católica, que ellos y toda la antigüedad profesaron siempre; y que de ningún modo irían a iglesias protestantes, ni admitirían que la reina puede ser la cabeza de la Iglesia en asuntos espirituales» (Challoner, p. 148).

El último mártir de 1591 fue William Pike, carpintero del que se dice que se convirtió por influjo de Tomás Pilchard (mártir de 1587), como parece que sucedió con John Hambley. Se sabe que negó la supremacía de la reina, motivo por lo cual lo ejecutaron en Dorchester el 22 de diciembre.

De 1592 han sido beatificados dos mártires: Tomás Pormort y Joseph Lambton. El primero procedía de una familia hidalga de Lincolnshire, estudió en Cambridge y a principios de 1581 marchó a Reims, siendo ordenado en Roma en 1587. En 1590 era jefe de estudios en el Colegio Suizo de Milán, pero ese mismo año salió para Inglaterra. Lo detuvieron en Londres dos veces en verano, siendo torturado en la Torre por Topcliffe, que lo dejó muy maltrecho.

En febrero de 1592 lo condenaron por traición por ser «sacerdote seminarista» y haber reconciliado con la Iglesia católica a un sastre. Pormort se defendió diciendo que no tenía facultades para aquello de que le acusaban, pero luego acusó a Topcliffe de haberle confesado que mantenía una relación «indecente» con la reina Isabel. Este reaccionó obteniendo de inmediato una orden de ejecución, instaló el patíbulo el 20 de febrero en el patio de la iglesia de San Pablo y tuvo dos horas a Pormort en la escalera de la horca tratando de que se retractara de lo dicho.

Lambton era de Yorkshire. Ingresó en el Colegio de Reims en 1584 con Anthony Page (que morirá en 1593) y otros dos. Desde 1589 estuvo en el Colegio Inglés de Roma, donde se ordenó en 1592. Lo capturaron nada más desembarcar en Newcastle de Tyne (a 15 km de la costa y poco más de 20 al norte de Durham) y lo condenaron junto con Edward Waterson. Se ordenó la ejecución inmediata y sin público de Lambton para fines de julio, pero a Waterson quisieron darle tiempo para reflexionar (moriría dos años después). El verdugo se negó a destriparlo, así que echaron mano de un médico francés.

Challoner (p. 157) señala además que el 23 de junio fue ejecutado en Tyburn el hidalgo Robert Ashton, de Croston (Lancashire) por pedir a Roma una dispensa para casarse con una prima segunda suya.

Ese mismo mes murió «preso por su fe en el castillo de Wisbech» Tomás Metham, uno de los primeros sacerdotes formados en Douai, que luego se hizo jesuita. Ninguno de los dos ha sido beatificado.

En 1593 se generalizó la prohibición de alejarse más de 5 millas (unos 8 km) de su casa a quienes se negaban a asistir a ceremonias religiosas oficiales (por medio de la *Popish Recusants Act*, Ley de recusantes papistas). Hubo además dos mártires: Anthony Page y William Davies. El primero era de origen noble y, tras estudiar en Christ Church (Oxford) desde 1581, se fue a Reims en 1584 con Joseph Lambton y tardó siete años en ser ordenado sacerdote. Año y medio después, el 2 de febrero de 1593, en una batida organizada con motivo de la fiesta de las Candelas (la Presentación) en que se bendecían velas, lo encontraron cerca de York escondido en una bala de heno. Lo condenaron por ser sacerdote y le aplicaron la triple pena capital el 30 de abril.

Davies nació en el norte de Gales y llegó a Reims en 1582, lugar en el que se ordenó en 1585 para regresar a su tierra, donde editó, en una imprenta que le facilitó el abogado Robert Pugh y que instaló en una cueva junto al mar, en el extremo de la Península de Creuddyn (hoy Llandudno) llamado Pequeño Orme, el primer libro impreso en Gales, titulado *Y Drych Cristianogawl*, «El espejo cristiano» (puede verse en https://viewer.library.wales/4688808).

Parece que a partir de 1586, ante la creciente presión inglesa para buscar católicos en Gales, Pugh y otros se fueron a vivir a esas cuevas con Davies para editar el libro, cuyo autor parece haber sido el misionero Robert Gwyn, con un prefacio de otro galés llamado Roger Smith. El tema del libro son los cuatro «novísimos» del final de la vida: muerte, juicio, cielo o infierno, aunque solo se llegó a imprimir un tercio de su contenido, en 180 páginas de tamaño bolsillo, ya que la cueva fue descubierta el 14 de abril de 1587 y apenas dos días después una autoridad local relataba el hallazgo en carta al arzobispo de Canterbury.

Los aproximadamente doce ocupantes que dijo ver en torno a la cueva el informante que la descubrió por el humo que de ella llegaba a la superficie, pudieron huir por alguna salida y arrojar la imprenta al mar, ya que los 40 milicianos congregados por la autoridad no se atrevieron a entrar por la estrecha abertura y se limitaron a poner vigilancia, de modo que cuando entraron en la cueva no había nadie.

William Davies, a quien apodaban «sir Dai», fue capturado en marzo de 1591, cuando trataba de enviar a Irlanda a tres estudiantes y otro joven que después debían viajar al Colegio de Valladolid. También capturaron a otro sacerdote, Robert Hugh, que logró escapar más tarde tras cuatro meses en los calabozos del castillo de Beaumaris, en el lado opuesto (suroeste) de la Bahía de Conwy, en la isla de Anglesey, separada de Gran Bretaña por el estrecho de Menai, cuya anchura varía entre 200 metros y 1,5 kilómetros.

Según el relato que uno de los sacerdotes testigos hizo en Valladolid al obispo Yepes, primero se registró a los prisioneros, sin encontrarles objetos religiosos. Luego se les preguntó si asistirían a un servicio religioso oficial y harían el juramento de supremacía, cosa que todos rechazaron. Volvieron a los calabozos a la espera de condena, y mientras tanto pudieron conseguir lo necesario para celebrar misa, hasta el punto de que el gobernador les dejaba usar a diario la capilla con ese fin, incluso permitiendo que asistiera gente venida del exterior: hasta desde 80 millas de distancia venían a confesarse o recibir la comunión, y también venían ministros protestantes a debatir con Davies.

Los benefactores llegaron a sobornar a los guardias y proponer al sacerdote que escapara, pero Davies decía que su misión era estar en el castillo. Por fin fue juzgado el 18 de julio de 1593. Reconoció ser sacerdote y pidió clemencia; el juez admitió que algunos sacerdotes eran desterrados, pero que la mayoría eran ejecutados, «que es lo que tú mereces, por lo obstinado que eres», al no revelar nada de lo que hacía. Al oír su condena a muerte, el sacerdote recitó la oración *Te Deum Laudamus* (Te alabamos, oh Dios).

Davies era tan popular que nadie se prestó a ejecutarlo, y tuvieron que traer para ello a dos presos de Chester. La gente del pueblo ni siquiera permitió erigir un cadalso, de modo que la ejecución tuvo que hacerse dentro del castillo. En la mañana del 27, el sacerdote preparó varias notas para sus amigos animándoles a perseverar en la fe.

Cuando le ataron a un zarzo tirado por un caballo, el joven a quien le encargaron guiarlo se negó, diciendo:

> *Me alegraría con todo mi corazón si me colgaran con este hombre, pero no voy a conducir el caballo, hagan lo que ustedes quieran.*

Al sacerdote le dejaron rezar un buen rato en el patíbulo, hasta que el ministro protestante oyó que rezaba el *Ave Maris Stella,* punto en que ordenó que lo colgaran. En un último intento por salvarlo, el alguacil le preguntó qué pensaba de la reina:

> *Que Dios le dé un largo y próspero reinado y la gracia de morir siendo miembro de la Iglesia católica.*

Con sus últimas palabras, el sacerdote se despidió de Anglesey, a la que los romanos habrían dado el apelativo *Insula Obscura,* referido a sus densas forestas y a la actividad de los druidas:

> *Esta isla fue llamada en tiempos antiguos la isla oscura, y nunca antes que en el presente le convino más ese nombre. Pero pido a Dios que la sangre inocente que aquí voy a derramar arroje sobre ella la luz de esa fe que recibió hace más de mil años.*

Después, tomó la soga, la besó y se la puso al cuello diciendo: «tu yugo, Señor, es suave, y tu carga ligera». Lo dejaron morir en la horca, y después cada una de las cuatro partes de su cuerpo se envió a distintos lugares, quedando su cabeza en la celda que había ocupado. Sus ropas ensangrentadas se repartieron como reliquias, siendo su sotana usada durante muchos años por otros sacerdotes durante las misas.

En 1594 hubo 11 mártires (beatificados): el primero, a quien ya vimos preso en Newcastle, fue el londinense Edward Waterson, que se convirtió en Roma en 1588, al regreso de un viaje comercial a Turquía, por influjo de Richard Smith, quien a su vez había estudiado en el Colegio de la Trinidad de Oxford, donde se hizo católico, y llevaba en el Colegio Inglés de Roma desde 1586, aprendiendo con el cardenal san Roberto Berlarmino (a cuyas enseñanzas remitía también el libro galés *Y Drych Cristianogawl*).

Smith se ordenaría en Roma en 1592, obteniendo el doctorado en Teología en el Colegio Inglés de Valladolid, donde fue profesor y desde donde pasó a enseñar en el Colegio Inglés de Sevilla en 1598. Volvió a Inglaterra en 1603, pasando a París diez años después; en 1624 sería nombrado vicario papal para Inglaterra, donde regresó ya ordenado obispo. Pretendió ejercer autoridad sobre cualquier misionero católico que quisiera predicar incluso en Escocia, pero el Papa Urbano VIII lo desautorizó, recordándole que los misioneros estaban autorizados por el Papa, lo que llevó a Smith a dimitir en 1632 y retirarse a Francia.

En cuanto a Waterson, pasó a Reims, donde se ordenó en 1592 y tras presenciar la ejecución de Joseph Lambton en Newcastle de Tyne, le llegó su turno el 7 de enero. Los testigos relataron que los caballos a los que ataban el zarzo se negaban a arrastrarlo, por lo que lo llevaron andando al patíbulo.

El 4 de febrero ejecutaron en Durham al hidalgo John Speed, por asistir a sacerdotes llevándolos de casa en casa, y a quien también ofrecieron renegar de la fe para salvar la vida.

El 4 de julio de 1594 fueron ejecutados los llamados cuatro mártires de Chideock, por el lugar donde fueron arrestados el 24 de abril, el castillo propiedad de Ann Stanley, viuda de John Arundell (y previamente del barón Charles Stourton), que fue diputado del Parlamento inglés cuatro veces entre 1545 y 1558, antes de rechazar la Ley de Uniformidad de 1559. Aunque asistió a servicios anglicanos, Arundell apoyó a Cuthbert Mayne, mártir en 1577, por lo que fue detenido en la Torre de Londres y después, hasta poco antes de morir en 1590, en el palacio-residencia del obispo de Ely en Londres, del que hoy solo queda la capilla de Santa Eteltreda, medio kilómetro al oeste del mercado de Smithfield.

Su hija Dorothy Arundell marchó a Bruselas, donde animada por el ejemplo del sacerdote John Cornelius, se hizo, junto con su hermana Gertrudis, monja benedictina, amadrinando el primero de los 22 conventos ingleses fundados en el siglo XVII en el continente.

El arresto de los mártires en el castillo de Chideok (una cruz los rememora en el solar arrasado, casi 30 km al oeste de Dorchester y a 1,5 km de la playa de Seatown) se debió a un chivatazo de un sirviente al que el sacerdote había reprendido por molestar a una sirvienta. El alguacil de Dorsetshire lo detuvo junto a dos sirvientes dublineses de familia normanda, John Carey y Patrick Salmon, más un familiar de los Arundell, Tomás Bosgrave, que por el camino ofreció su sombrero al sacerdote.

Nacido de padres irlandeses gaélicos en tierras de los Arundell en Bodmin —40 km al oeste de Plymouth—, John Connor O'Mahony latinizó su nombre como John Cornelius cuando su señor lo mandó a estudiar al Colegio Exeter de Oxford, de donde lo echaron por ser católico. Marchó al Colegio Inglés de Reims y en 1580 al de Roma, donde fue ordenado en 1583 y regresó a Inglaterra, donde trabajó durante una década, pidiendo al superior de los jesuitas ingleses, Henry Garnet, que le permitiera entrar en la Compañía.

Los presos fueron enviados a Londres, donde los torturadores a las órdenes del arzobispo de Canterbury no les sacaron nombres, por lo que los devolvieron a Dorchester. Allí les garantizaron salvar la vida si se adherían a la religión oficial, pero lo que hizo Cornelius fue ingresar en la Compañía. Fueron juzgados y condenados —él como sacerdote, el resto por ayudarle— en Chideok y ejecutados dos días después en Dorchester. Primero fue John Carey, quien besó la soga llamándola «precioso collar» e hizo profesión de fe católica; le siguió Patrick Salmon, quien animó a los presentes a hacerse católicos; después Tomás Bosgrave, quien también apeló a la verdad de la fe, y O'Mahony, quien recitó la oración de san Andrés «Oh cruz, tantas veces deseada». Como no le dejaron hablar a los presentes, rezó por sus verdugos y por la reina. Aunque fue descuartizado, la señora Arundell recuperó todos los cuerpos y los enterró debidamente.

El 24 de julio fue ejecutado John Boste, hijo de un terrateniente de Dufton, más de 60 km al oeste de Durham. Se graduó en el Colegio de la Reina de Oxford, del que fue miembro becario desde 1572.

Regresó para ser maestro cerca de su localidad natal y tras convertirse al catolicismo marchó a Reims, donde se ordenó sacerdote en 1581. Regresó inmediatamente a Londres y luego al norte, donde le acompañó John Speed, que como vimos fue mártir el 2 de febrero.

Desde 1584, el Consejo Privado de la reina dio órdenes de apresarlo, lo que lograron a fines de 1593 por la traición de un excatólico, que pidió una bendición tras una misa en casa de la familia Neville, lo que sirvió de señal a los milicianos que estaban escondidos, y que asaltaron la casa, encontrando al sacerdote en un escondrijo cercano a la chimenea. Lo enviaron a Londres para que lo torturara e interrogara Richard Topcliffe, que al no sacar nada lo devolvió a Durham, para que lo ejecutaran en Dryburn. Antes de morir, Boste negó ser un traidor:

> *Mi función es invadir las almas, no mediar en invasiones temporales.*

Mientras subía la escalera al cadalso, recitó el Ángelus. Cortaron la soga enseguida, de modo que seguía consciente y erguido mientras lo descuartizaban. Sus piernas se expusieron en los muros del castillo, pero alguien robó su cabeza esa misma noche del puente de Framwellgate, inmediatamente al norte del castillo.

Dos días después fue ejecutado en Gateshead (20 km al norte de Durham e inmediatamente al sur del río Tyne, frente a Newcastle) el sacerdote jesuita John Ingram, que no estudió en Oxford (a pesar de lo que suponen algunas historias), ya que marchó de Inglaterra con 17 años a estudiar en Reims, donde junto con otros tres alumnos fue secuestrado por mercenarios calvinistas del duque de Anjou, aunque lograron escapar a fines de 1582, según una carta de William Allen. Fue ordenado sacerdote en Roma en 1589.

Ingram desembarcó en Escocia en primavera de 1592. Durante año y medio fue capellán de sir Walter Lindsay, que por sospechas de rebelión había sido apresado por Jacobo VI en Edimburgo en 1589 y soltado bajo promesa de presentarse a juicio. A partir de ese año hubo disturbios de la población protestante contra los católicos en

Aberdeen y otros lugares, que contradecían la política hasta entonces tolerante de Jacobo VI.

La estancia de Ingram coincidió con la época en que Lindsay no se presentó a juicio y en enero de 1593 fue declarado rebelde y su castillo de Finavon (más de 80 km —en línea recta— al norte de Edimburgo) destruido por las tropas del rey. Esto propició la revuelta de los nobles católicos que fueron derrotados el 3 de octubre de 1594 en la batalla de Glenlivet. Lindsay huyó a España, lo que alimentó más teorías conspiratorias y de preparación de invasiones españolas, favoreciendo la persecución de los católicos.

Ingram, que como capellán de Lindsay había logrado conversiones también de nobles, pasó a Inglaterra antes de la revuelta, el 25 de noviembre de 1593, pero trató de volver a Escocia y le detuvieron los guardas ingleses del castillo de Norham, en la margen derecha del río Tweed, que hace frontera con Escocia casi hasta su desembocadura en la costa oriental. Por llevar relicarios, sospecharon que era sacerdote y lo encerraron en Berwick, donde sus amigos escoceses hicieron lo posible por librarlo, llegando alguno a decir que era su hijo y otros a ofrecer mil coronas. Esto despertó el interés del nuevo jefe de espías de la reina Isabel, William Cecil (sucesor de Francis Walsingham), que lo mandó llevar a la Torre de Londres.

Por el camino, Ingram escribió epigramas en latín. A su llegada a la Torre el 17 de abril de 1593, Sábado Santo, escribió uno en el que muestra ser consciente de su futuro:

> *Se desentierran piedras, las entrañas de la tierra, para que los ricos puedan tenerlas por suyas. Pero no busco sepultura: la única tumba viviente para mi cuerpo demacrado será un cuervo.*

El 13 de julio fue devuelto de Londres a York con el mencionado Boste. Allí lo tuvieron cuatro días en un calabozo sin camastro y otros tantos en Newcastle, donde una mujer que lo visitó quedó impresionada por su serenidad y alegría, que quedó reflejada también en cartas donde esperaba la muerte «por la honra de Dios»:

En mi dolorido cuerpo, mi espíritu no sufre por ningún desastre, angustia o dificultad.

Los dos sacerdotes fueron juzgados junto con un ministro protestante convertido al catolicismo, George Swallowell. Tras la condena de los dos sacerdotes, alguien desde Escocia volvió a ofrecer mil coronas por Ingram, pero el obispo de Durham, en nombre de la corona, instó al jurado a aplicar con toda su dureza la ley contra los sacerdotes seminaristas. Tras la condena a muerte el 24 de julio, preguntaron a Ingram qué alegaba y dijo:

Digo que soy sacerdote y que mi ejercicio y práctica del sacerdocio no puede ser considerado traición por ninguna ley cristiana; y suplico a Dios que os perdone a vosotros y a los que lo hacen de otra manera. Y os perdono de todo corazón a vosotros y a todos mis acusadores y perseguidores, y por eso suplico a Dios que tenga misericordia de mí y me fortalezca con paciencia y constancia en mi agonía.

El 26 de julio lo llevaron al cadalso al otro lado del río, frente a la llamada capilla papista (San Edmundo). Antes de morir le pidieron que rezara por la reina y pidió «que tuviera un largo reinado para gloria de Dios y que pluguiera a este concederle que viviera y muriera como un buen príncipe católico».

George Swallowell, que era natural de Shadforth, 7 km al este de Durham, fue ahorcado el mismo día en Darlintong, unos 30 km al sur de Durham.

El último mártir de 1594, Edward Osbaldeston (de esa misma localidad en Lancashire), fue ejecutado el 16 de noviembre en York. Fue ordenado sacerdote en Reims en 1585, pero no regresó a Inglaterra hasta 1589. Lo capturaron por la denuncia de un sacerdote anglicano en un pueblo de Yorkshire el 30 de septiembre de 1594. Al día siguiente lo juzgaron en York. Escribió una carta llena de humildad y serenidad a los presos del castillo, transcrita por Challoner (pp. 174- 175), en la que manifiesta su gozo porque le detuvieran en el aniversario de su primera misa (día de San Jerónimo), renovando su deseo de hacer todo por el honor y gloria de Dios:

> *Y si le place conservarme todavía, como antes lo hizo, nunca me negaría a trabajar ni murmuraría por ningún dolor o tarea; y si a Su Majestad le place dejarme caer en manos de los perseguidores, entonces que Su infinita bondad tenga a bien protegerme hasta el fin, lo cual no dudo que hará, después de tantas y tan grandes bondades y dones como me ha concedido a lo largo de toda mi vida, que son innumerables e inexplicables.*

LA REBELIÓN DEL ULSTER

Mientras que la rebelión del sur de Irlanda (Munster) a partir de 1579, a pesar de contar con cierta ayuda desde España e Italia, fue aplastada, la Guerra de los Nueve Años, que estalló en el Ulster (noreste), acompañará a la reina Isabel hasta el final de su reinado. La comenzó en 1594 Hugh Roe O'Donnell (alias Hugh el Rojo), atacando fortalezas inglesas. El principal líder, sin embargo, sería Hugh O'Neill, conde de Tyrone, que inicialmente trató de mediar con la corona inglesa pero en 1595 se unió a la rebelión, derrotando a los ingleses en la batalla de Clontibret.

Los ingleses serían de nuevo derrotados en Yellow Ford (1598), pero la llegada de Lord Mountjoy (Charles Blount) en 1600 y sus tácticas brutales cambiaron el signo, hasta el punto de que cuando los españoles desembarcaron en Kinsale para apoyar a los rebeldes en 1601, fueron cercados y derrotados. Tras ser sucedida la reina Isabel en 1603 por Jacobo I, O'Neill se rindió y la nueva política de plantaciones en el Ulster supuso el fin del orden gaélico tradicional.

En cuanto a los mártires, tres son los beatificados de 1595, empezando por Robert Southwell, sacerdote jesuita ejecutado en Tyburn el 21 de febrero. Nacido en Santa Fe de Horsham —hoy junto al Museo de Aviación de Norwich, capital del condado de Norfolk, 160 km al noreste de Londres— su familia sacó notable provecho de la supresión de los monasterios por Enrique VIII. En 1576 llegó a Douai, pero no estudió en el Colegio Inglés, sino en el de los jesuitas de Anchin, asociado a la misma universidad y situado a un par de manzanas de distancia.

La propia Universidad de Douai era de muy reciente fundación, ya que la creó Felipe II en 1559 para mantener el carácter católico de los Países Bajos, y abrió en 1562. El monasterio benedictino ofreció un edificio contiguo al suyo al superior general de los Jesuitas, Diego Laínez, para que abrieran un colegio, que se estrenó con 200 estudiantes en 1568; en 1571 eran 540 y en 1575 pasaban del millar, con 400 internos. En 1667 Luis XIV conquista Douai, que pasa así de manos españolas a francesas, y en 1762 el Parlamento francés decide cerrar todos los colegios jesuitas, aunque el Parlamento de Flandes retrasará dos años el cierre y expulsión de los jesuitas.

En 1580 Southwell ingresó en la Compañía de Jesús y continuó estudios en el Colegio Jesuita de Roma. Se ordenó en 1584 y fue prefecto de estudios del Colegio Inglés de Roma. En 1586 pidió ir a Inglaterra con Henry Garnet, en la que se considera la tercera misión jesuita a ese país, siendo la primera la de Robert Parsons y Edmundo Campion (1580-81), y la segunda la de William Weston, a quien arrestaron en 1587.

Controlados por los espías de Walsingham, Southwell y Garnet vivieron sin ser molestados en casa del barón William Vaux de Harrowden en Hackney, 5 km al noreste de la Torre de Londres. En 1588 se les unieron John Gerard y Edward Oldcorne, este mártir en 1606, como Henry Garnet, que no fue beatificado, a diferencia de su sobrino Tomás, mártir en 1608. Desde 1589, Southwell fue capellán de Anne Howard, esposa de Philip Howard, conde de Arundel, que llevaba preso en la Torre de Londres desde 1585.

Cuando Richard Topcliffe violó y torturó a Anne Bellamy, hija de uno de los ejecutados por participar en el complot de Babington, la joven reveló dónde estaba Southwell, que fue detenido el 28 de diciembre de 1592 y a su vez torturado en casa de Topcliffe. Pasadas 40 horas, la reina ordenó que lo entregaran a un equipo especial de torturadores en la entrada fortificada (*Gatehouse*) entre la abadía de Westminster y el Parlamento, hoy n.º 12 de la calle Abingdon, entre la Torre Victoria y la Torre de Joyas. Lo dejaron medio muerto y un mes después lo encerraron en la Torre de Londres, donde permaneció tres años.

En 1595, el Consejo Privado ordenó su juicio por John Popham, que aprovechó para denigrar a los «sacerdotes seminaristas y jesuitas». Southwell admitió los cargos, pero negó cualquier intención conspiratoria, pues solo pretendía administrar los sacramentos según el rito católico.

No se quiso dar mucha publicidad a su ejecución el 21 de febrero, de hecho se hizo coincidir en hora pero no lugar con la de un famoso salteador de caminos, y sin embargo se congregó gran multitud en Tyburn. Se le permitió confesar ante la plebe que era jesuita y rezar por la reina y la patria. Como lo iban a descuartizar vivo, Lord Mountjoy (el mismo que mandaría las tropas inglesas en Irlanda) y otros se colgaron de sus pies para que muriera rápidamente. Cuando mostraron su cabeza al pueblo, nadie gritó «traidor» como era habitual. Sus obras escritas influyeron en algunas tragedias de Shakespeare como *El Mercader de Venecia, Romeo y Julieta, Hamlet* o *El Rey Lear.*

Dos mártires fueron ejecutados en York el 7 de abril de 1595: Alexander Rawlins y Henry Walpole. El primero estudió en Oxford y ejerció como farmacéutico en Londres hasta que en 1586 lo apresaron junto a Swithun Wells (el noble que sería ejecutado en 1591 al capturarle junto al sacerdote Edmund Gennings). A Rawlins lo desterraron por «obstinado papista» y en 1587 ingresó en el Colegio Inglés de Reims. En 1590 fue ordenado y regresó precisamente con Gennings, pero él marchó a York y Durham, donde lo detuvieron en Navidad de 1594.

Mientras esperaba juicio, llevaron preso a Walpole, que era de Norfolk, y se acercó al catolicismo mientras estudiaba para abogado en Gray's Inn (Londres). Presenció prédicas de Edmundo Campion con los protestantes y le siguió tan de cerca que su ropa se manchó con la sangre del mártir durante su ejecución en 1581. Escribió un libro de poesía en honor a Campion, por lo que al editor le cortaron las orejas, pero no delató a Walpole, que escapó a Reims y Roma, haciéndose jesuita.

Ordenado en 1588, fue capellán de ingleses e irlandeses en el ejército español de los Países Bajos. Lo capturaron y torturaron en uno de los tres fuertes que los neerlandeses habían entregado en 1585 a los militares ingleses a cambio de su ayuda: el de Flesinga en la isla de Walcheren, en la orilla norte del estuario del Escalda. Su familia y los jesuitas pagaron su rescate. De allí marchó a ayudar en las fundaciones de los colegios de ingleses en Valladolid y Sevilla, y en 1593 obtuvo permiso de Felipe II para fundar el colegio de S. Omers en los Países Bajos —inmediatamente al sur de Gravelinas y Calais—, que en 1794, a causa de la Revolución Francesa, se trasladó a Lancashire (Stonyhurst College, 50 km al norte de Mánchester).

Walpole subió a bordo de un barco pirata junto con un soldado inglés y su hermano Tomás, pretendiendo ir a Escocia a causa de la peste reinante en Inglaterra, pero las tormentas los arrojaron en la costa de Yorkshire el 4 de diciembre de 1593, donde Walpole fue inmediatamente traicionado por un compañero de viaje. Topcliffe lo torturó durante 14 sesiones en la Torre de Londres —en cuya Torre de la Sal, no sin cierta ironía, grabó su nombre junto con los de los santos Pedro, Pablo, Jerónimo, Ambrosio, Agustín y Gregorio Magno—, devolviéndolo a York donde el 3 de abril de 1595 fue acusado junto con Rawlins de ser sacerdote.

Walpole argumentó que la condena legal solo podía recaer sobre sacerdotes que no se hubieran entregado en el plazo de tres días, y que él estuvo menos de un día y por tanto no pudo violar esa ley. Los jueces le pidieron directamente que hiciera el juramento de supremacía, a lo que se negó, por lo que ambos fueron convictos de traición.

El 13 de agosto de 1595 fue ejecutado en Warwick —18 km al sur de Coventry, 40 al sureste de Birmingham— el sacerdote William Freeman. De familia católica de York, fue anglicano un tiempo y en 1581 obtuvo el grado de bachiller en el Colegio de Magdalena de Oxford. Residiendo en Londres, presenció en 1586 la ejecución de Edward Stransham, que le impresionó tanto que marchó a Reims, donde fue ordenado sacerdote al año siguiente. Regresó en 1589 y trabajó seis años en la provincia de Warwick, hasta que en enero de 1595 registraron en Stratford de Avon (la villa de Shakespeare) la casa de una mujer que le había contratado como tutor de su hijo. Pasó siete meses en prisión negando ser sacerdote, pero rechazando también propuestas de fuga. Un compañero prisionero lo delató y fue condenado como traidor.

El último mártir beatificado este año no fue ejecutado, sino que murió de enfermedad tras diez años preso en la Torre de Londres: se trata del ya citado san Felipe Howard, conde de Arundel. Lo bautizó el último arzobispo católico de York, Nicolás Heath, con Felipe II como padrino. Su padre (viudo al año de nacer Felipe) era duque de Norfolk y estuvo preso de 1569 a 1570 por pretender casarse con María Estuardo. De nuevo lo arrestaron en 1571 tras el complot de Ridolfi y lo ejecutaron en 1572, cuando Felipe tenía 15 años.

Tras dos años en el Colegio de San Juan de Cambridge, entró en la corte de Isabel, donde llegó a ser uno de los favoritos de la reina, que al morir su abuelo materno lo hizo conde de Arundel. En 1581 asistió a un debate en la Torre de Londres entre teólogos protestantes y los sacerdotes Campion y Sherwin, que despertó su simpatía por el catolicismo.

Al descubrirse en 1583 la conspiración de Throckmorton que pretendía sustituir a Isabel por María Estuardo, le acusaron de complicidad y planeó huir a los Países Bajos españoles, pero en ese momento la reina visitó su casa y le ordenó quedarse confinado. Al mismo tiempo, su mujer se hizo católica sin consultarle; tras un enfado inicial, terminó por reconciliarse con la Iglesia católica él mismo con ayuda del jesuita William Weston, junto con su hermanastro William.

En contra de las sugerencias de Weston, Howard trató de llevarse a su familia al continente, pero el plan fue conocido por Walsingham y su barco asaltado por piratas al servicio del gobierno al salir de Littlehampton, puerto situado menos de 6 km al sur de Arundel.

Así terminó en la Torre de Londres el 25 de abril de 1585, acusado de ser católico, huir del país, participar en complots jesuíticos y reclamar el ducado de Norfolk. Le impusieron 10.000 libras de multa y prisión a discreción de la reina. Le ofrecieron la libertad con tal de que entrara en la iglesia llevando delante de la reina la Espada del Estado.

En 1589 lo condenaron a muerte y lo privaron de sus títulos por traidor, alegando que rezó por la victoria de la Gran Armada. En una carta fechada el 1 de mayo, el jesuita Garnet explicaba que rezó para que no mataran a los presos católicos en represalia:

> *Todo lo que hizo fue pedir que se rezaran oraciones todos los días y todas las noches en la Torre de Londres y en otras prisiones en ese momento, principalmente, cuando todos esperaban una masacre general.*

La reina Isabel no firmó la orden de ejecución, pero a Howard nunca se lo dijeron, por lo que pensó que podía morir en cualquier momento. Nunca conoció al sacerdote Robert Southwell, pero intercambiaba mensajes con él por medio de su perro, que aparece retratado junto al conde en una estatua en la Catedral de Arundel. En su celda aún puede verse la frase que grabó en latín, inspirada en el capítulo 8 de la Carta a los Romanos: «Cuanto más suframos por Cristo en este siglo, tanta más gloria tendremos con Él en el futuro».

La reina le ofreció liberarle si mantenía una charla con el arzobispo de Canterbury, a lo que se negó, prefiriendo sufrir en compañía «del pueblo de Dios» que gozar de los placeres temporales. Enfermo de disentería y moribundo, pidió a la reina en 1595 permiso para ver a su mujer e hijo, nacido estando él en prisión. La reina le ofreció no solo eso, sino devolverle todos sus títulos y el favor real con solo asistir a una ceremonia de la Iglesia oficial. Howard respondió:

> *Si mi religión es la causa por la que debo sufrir, lamento tener solo una vida que perder.*

Murió el 19 de octubre. Su mujer hizo voto de castidad y en vez de casarse de nuevo, dedicó su vida a escribir poesía cristiana, asistir a misa y cuidar enfermos. En 1604, su hijo recobró el título de conde de Arundel. Los restos de san Felipe se encuentran en una capilla de la Catedral de Nuestra Señora y San Felipe en Arundel.

Mientras un Howard (Philip) moría por su fe en la Torre de Londres, su primo hermano Charles, almirante jefe de la Flota, proponía a la reina Isabel I un asalto a Cádiz que se produjo el 30 de junio de 1596, por una flota compuesta por 150 navíos con 10.000 soldados y 7000 marineros a sus órdenes, apoyada por 24 navíos holandeses con otros 5000 hombres.

Ingleses y holandeses saquearon la ciudad durante seis días, destacando los segundos por arrastrar por las calles una imagen de la Virgen con el Niño Jesús de la Cofradía del Rosario de los Morenos del Hospital de la Misericordia, a la que cortaron los brazos, acuchillaron su cara y arrancaron el Niño, dejando solo un pie de este.

Sancta Maria Vulnerata, imagen venerada en el Colegio St. Albans de Valladolid

La imagen mutilada fue llevada a Inglaterra, donde la recuperaron los católicos y la enviaron al oratorio privado madrileño de Martín de Padilla. Desde el Colegio de Ingleses de Valladolid pidieron la imagen, que fue allí recibida el 8 de septiembre de 1600 por Margarita de Austria, esposa de Felipe II (que ya había fallecido) y desde entonces la estatua, a la que el obispo de Valladolid dio el título de Santa María Vulnerata (Herida), acompaña la vida de los seminaristas. El argumento esgrimido por los ingleses para hacerse cargo de la veneración de la imagen fue, según la web sanalbano.org:

> *Es justo que los católicos ingleses reparen las injurias que los herejes ingleses han hecho a Nuestra Señora, y que sirvan y reverencien la imagen de la que han abusado. Nuestro respeto hacia ella será mayor y más sincero que la irreverencia que ellos le manifestaron.*

Tres laicos ejecutados en York el 29 de noviembre son los mártires beatificados de 1596. George Errington había ayudado al sacerdote John Boste (mártir en 1594) a buscar candidatos al sacerdocio —por este motivo ya estuvo preso en 1585— y le acompañó en su último viaje de York a Durham. En 1591 volvieron a apresarle, pero escapó del castillo de York. Por tercera vez lo apresaron a fines de 1593 y fue condenado al descuartizamiento por «persuadir en favor del papismo».

William Knight era un converso que fue encarcelado en octubre de 1593 por denuncia de su tío, al que había reclamado ciertas propiedades de su difunto padre. El tercer condenado era William Gibson, miembro de una familia noble escocesa que se había distinguido en la defensa de la fe. Estaba encerrado en el castillo de York desde agosto de 1593 y junto con los otros dos cayó en la trampa de un clérigo anglicano que se infiltró en la cárcel simulando querer hacerse católico y que les pidió que le instruyeran y le buscaran un sacerdote. De esa forma pudo acusarles de haber tratado de persuadirle para hacerse católico, lo que constituía un crimen de traición.

Junto con los tres anteriores cayó en esa trampa otro laico, Henry Abbot, que iba a encargarse de buscar el sacerdote que pedía el falso converso. Su ejecución, también en York, se retrasó hasta el 4 de julio de 1597 y coincidió con las del sacerdote diocesano William Andleby y de los laicos Tomás Warcop y Eduardo Fulthrop.

Andleby había nacido cerca de Beverley, al este de York. Fue educado en el protestantismo, en el Colegio de San Juan de la Universidad de Cambridge. Hacia los veinticinco años de edad, cuando se dirigía a Flandes a luchar contra los españoles, se entrevistó en Douai con el doctor Allen, rector del Colegio Inglés. En cuarenta y ocho horas, las palabras y exhortaciones de Allen produjeron tan honda impresión en el joven hasta entonces adversario de la Iglesia católica, que no solo se convirtió, sino que ingresó en el seminario. Ordenado sacerdote en 1577, volvió a Inglaterra y durante veinte años trabajó en Yorkshire y Lincolnshire. Junto con Tomás Atkinson, atendió a los prisioneros católicos en el castillo de Hull.

Finalmente, fue arrestado y se le condenó al descuartizamiento, por ser sacerdote. La misma pena se aplicó a Edward Fulthrop, originario de Yorkshire, por haberse reconciliado con la Iglesia. Tomás Warcop fue condenado solo a la horca por haber hospedado a Andleby.

En 1598 hubo cinco mártires: el primero, el laico John Britton, fue ejecutado en York el 1 de abril después de sufrir una vida llena de persecuciones y vejaciones contra su profunda fe, que le llevó a vivir alejado de su familia para mantenerlos a salvo.

El sacerdote Peter Snow y el laico Ralph Grimston también fueron ejecutados en el Knavesmire de York, el 15 de junio. El primero llegó a Reims en 1589 y volvió a Inglaterra recién ordenado en mayo de 1591. Siete años después, fue detenido en compañía de Grimston, mientras se trasladaban desde un refugio hacia York. Allí los condenaron por sacerdote-traidor (Snow) y por asistente-felón (Grimston), siendo el primero descuartizado y el segundo solo ahorcado. Sus cabezas fueron recuperadas por católicos y se encontraron en 1845 bajo el suelo de la capilla del castillo de Hazlewood, a mitad de camino entre York y Leeds, en cuya catedral se conservan desde

2005, después de que se hiciera una reconstrucción del aspecto facial de los dos mártires.

El franciscano galés san John Jones, nacido hacia 1530, fue ordenado sacerdote diocesano y estuvo detenido, por administrar sacramentos, de 1582 a 1585 en la prisión de Marshalsea, y de nuevo desde 1587 confinado en el castillo de Wisbech. Marchó o fue desterrado al continente ya con 60 años en 1590. Desde Roma sus superiores lo enviaron a Inglaterra, y tuvo una audiencia de despedida con el papa Clemente VIII, que lo abrazó y bendijo.

Jones llegó a Londres a fines de 1592, hospedándose en la casa puesta en marcha por el jesuita John Gerard y gestionada por santa Anne Line (mártir en 1601). Capturado en 1598, Topcliffe se lo llevó a su casa para alargar las torturas. En los dos años que pasó en prisión, Jones fortaleció en la fe al laico san John Rigby (mártir en 1600), mientras que a él le curó su herida en la pierna la viuda cuidadora de sacerdotes Jane Wiseman, que tenía dos hijos jesuitas.

Condenado por traición, fue ejecutado el 12 de julio en el puente sobre el río Neckinger llamado St Thomas à Watering, donde acababa la autoridad municipal de Londres, hoy cruce de Old Kent Road (A2) con Albany Road. Como la ejecución se retrasó más de una hora porque el verdugo olvidó llevar la soga, Jones aprovechó el tiempo para hablar con los presentes, respondiendo a sus preguntas, de modo que cuando el verdugo azotó a los caballos para retirar el carro y que Jones cayera, varios asistentes lo retuvieron hasta que el sacerdote terminó la explicación.

Nacido y muerto cerca de Carlisle, capital del condado de Cumbria, 90 km al oeste de Newcastle de Tyne y a 14 km de la frontera occidental con Escocia, Christopher Robinson se presentó en Reims en 1589 y estaba de vuelta como sacerdote en Inglaterra en 1592. Dos años después presenció y relató la ejecución de John Boste en Durham. A su vez, Robinson fue capturado en marzo de 1597 y ejecutado el 19 de agosto de 1598. Según el relato que transmitió Henry Garnet, la soga se rompió dos veces y el sacerdote se quejó al alguacil de que mostraran «tan poca humanidad al atormentarlo», aunque «no importa, estoy dispuesto a sufrirlo todo».

Tras más de un año sin mártires beatificados, entre los asesinados en el año 1600 hay nueve, comenzando en York por el sacerdote Christopher Wharton, hermano menor de Tomás barón de Wharton. Estudió en el colegio de la Trinidad de Oxford, graduándose en 1564, quedó como becario y allí se convirtió al catolicismo. En 1583 entró en el Colegio Inglés de Reims, donde se ordenó al año siguiente y dos después marchó a Inglaterra junto con Edward Burden (mártir en 1588). De sus catorce años de actividad consta que en algún período estuvo en Oxford y que fue arrestado en casa de una viuda, Leonor Hunt, que también fue encarcelada en el castillo de York. Ambos rechazaron salvar la vida y recobrar la libertad a cambio de aceptar la religión oficial, y fueron condenados, respectivamente, por traición y felonía. Wharton fue despedazado el 28 de marzo, Leonor (que no ha sido beatificada) murió en prisión.

El 21 de junio fue ejecutado en el patíbulo del puente de St Thomas à Watering el laico John Rigby, que servía en casa de sir Edmund Huddleston, quien le mandó al juzgado central de Londres (Old Bailey) a excusar la ausencia por enfermedad de su hija, acusada como «recusante» por negarse a participar en los actos de religiosidad oficiales. Allí preguntaron a Rigby por sus propias creencias y dijo ser católico, así que lo mandaron a la prisión de Newgate.

Al día siguiente, Rigby firmó una confesión admitiendo haber sido reconciliado con la Iglesia católica dos o tres años atrás en la prisión de Clink por san John Jones (mártir en 1598). Dos veces le ofrecieron la libertad a cambio de renunciar a su religión y lo rechazó. Cuando le condenaron por traición dijo al juez: «Eso es lo que yo quería». A los verdugos que le ayudaron a subirse a la escalera les dio una joya de oro, diciendo:

> *Toma esto como muestra de que te perdono voluntariamente a ti y a todos los que contribuyan a mi muerte.*

Como no murió al ahorcarle, quedó de pie mientras lo descuartizaban, así que tuvieron que echarlo abajo y agarrarle, lo que provocó protestas de los presentes por la barbarie del procedimiento.

El 11 de julio fueron ejecutados en Lincoln dos sacerdotes: Tomás Sprott y Tomás Hunt (cuyo verdadero apellido probablemente era Benstead). El primero fue ordenado sacerdote en Douai en 1596, pasando a Inglaterra, donde firmó el 8 de noviembre de 1598 una carta al Papa en protesta por el sometimiento a los jesuitas del arcipreste que debía coordinar al clero inglés, aunque él mismo quiso ser jesuita. Hunt estudió en los colegios-seminarios ingleses de Valladolid y Sevilla, siendo ordenado en 1599. Al poco de llegar a Inglaterra, fue apresado en Wisbech, de donde escapó junto con otros cinco.

Sprott y Hunt fueron detenidos en la posada *La Cabeza del Sarraceno,* del centro de Lincoln, donde les encontraron óleos santos (usados en el Bautismo, la Confirmación y la Unción de Enfermos) y dos breviarios. No se pudo probar en juicio que fueran sacerdotes, por lo que el jurado no los quería condenar. Hunt dijo entonces al juez John Glanville que, en vez de reprender al jurado y hacer caer «sangre inocente» sobre gente que no entendía ni la ley ni el caso, debía asumir él mismo la sentencia. El juez, a un tiempo, dijo «que vuestra sangre, a la que llamáis inocente, caiga sobre mí y sobre mi cabeza», pero también obligó al jurado a condenarlos. Días más tarde, Glanville murió al tirarle su caballo durante un paseo.

Rostenberg estudia la carta contra el arcipreste nombrado por el Papa en el capítulo que titula «lenguas puntiagudas y libros calumniosos» (p. 53-64). La considera parte de una controversia que «dividió» el catolicismo, provocando una lucha entre la orden jesuita y «el antiguo sacerdocio inglés leal a la Corona».

Dado lo «habitual» que, según esta autora, era la «general antipatía inglesa hacia el Romano Pontífice», se habían producido en 1595 protestas de los estudiantes ingleses en el «Colegio Jesuita de Roma» contra la supuesta pretensión de los jesuitas de mandar en la misión inglesa.

En particular el padre Parsons era muy criticado tras la publicación (hacia 1593, según Bailey, p. 195), de sus *Conferencias de Doleman sobre la sucesión,* donde afirmaba que los legítimos soberanos de Inglaterra eran los herederos de Juan de Gante, es decir, la casa de Lancaster que asumió el trono en 1367 y lo perdió ante la casa de York en la Guerra de las Dos Rosas. El último rey de la casa de York, Ricardo III, fue derrotado y muerto en 1485 por Enrique Tudor (abuelo de Enrique VIII), descendiente lejano de la casa de Lancaster.

Parsons pretendía echar por tierra la legitimidad de los Tudor, precisamente en el ocaso de su último vástago, alegando que la «sangre completa» de los Lancaster, por medio de Felipa de Plantagenet (madre de Juan de Gante), pasaba por su bisnieta Catalina de Lancaster (esposa de Enrique III de Castilla y por tanto abuela de Isabel la Católica) a Felipe II de España, mientras que la abuela de Enrique VIII solo tenía «la mitad» de esa sangre.

Según Rostenberg (p. 53), «el patriotismo de los estudiantes ingleses en el extranjero despertó» contra esta pretensión de seguir apoyando aspiraciones de monarcas extranjeros al trono de Inglaterra. Al mismo tiempo, los presos en el castillo de Wisbech reaccionaron frente a lo que uno de ellos —Christopher Bagshaw— consideraba conducta despótica de los jesuitas, pues parecía «como si la fe católica nunca se hubiera predicado verdaderamente, ni ningún buen orden hubiera podido ser establecido por nosotros, pobres sacerdotes seculares».

Para moderar este enfrentamiento entre el clero que se consideraba fiel al gobierno y los más radicales, el papa Clemente VIII nombró el 7 de marzo de 1598 a Robert Blackwell como arcipreste de Inglaterra, con poder también sobre el clero en Escocia, y que sin embargo no debía tomar ninguna decisión sin permiso del superior de los jesuitas en Inglaterra. Los opositores al nombramiento mandaron emisarios a Roma con su carta de protesta, que no fue tenida en cuenta.

El 26 de julio de 1600 fueron ejecutados en Lancaster otros dos mártires: Robert Nutter y Edward Thwing. El primero estudió en el Colegio Brasenose de Oxford hacia 1565 y con su hermano mayor, John, marchó al Colegio de Reims, donde se ordenó a fines de 1581. De vuelta a Inglaterra, fue apresado con su hermano en la Torre de Londres en 1584, fue torturado y presenció la ejecución de su hermano antes que a él lo soltaran confiando en que al espiarlo darían con refugios católicos. Arrestado de nuevo en enero de 1585, lo deportaron a Francia con 20 sacerdotes más y un laico en el barco *Mary Martin*.

Nutter peregrinó a Roma y pronto regresó a Inglaterra escoltando a nuevos sacerdotes, pero el 30 de noviembre de 1585 lo encarcelaron en Newgate, de donde lo trasladaron en 1587 a Marshalsea y en 1590 al castillo de Wisbech. Entremedias, ingresó en la orden dominicana, si bien en 1597 escribió a Garnet pidiéndole un director jesuita. Tanto él como Thwing (y otros como el arriba citado Tomás Sprott) firmaron la carta al Papa contra el arcipreste. El 10 de marzo de 1600 un guardia dejó una puerta abierta y varios presos escaparon: los que huyeron hacia el sur, como Nutter, fueron capturados y enviados a Lancaster, donde los ejecutaron.

Por su parte, Edward Thwing, de Heworth, hoy un barrio del noreste de York, era familiar del último santo inglés canonizado antes del comienzo de la persecución, san Juan Twenge (1320-1379). Llegó a Reims en 1583, completó estudios en Roma y se ordenó en Francia en 1590. Pasó a Inglaterra en 1597, siendo inmediatamente arrestado y enviado a Wisbech, donde compartió la suerte de Nutter. Poco antes de ser juzgado y ejecutado, escribía al director del Colegio de Douai una carta como «prisionero por Cristo en el castillo de Lancaster», pidiendo oraciones para que «consume mi carrera para gloria de Dios y bien de mi patria», firmando «desde mi prisión y paraíso».

El 9 de agosto fueron ejecutados en Durham el sacerdote Tomás Palasor y los laicos John Norton y John Talbot. El primero llegó a Reims en 1592 y pasó a Valladolid, donde se ordenó en 1596. Fue apresado en Lamesley, al sur de Newcastle de Tyne, en casa de John Norton junto la esposa de este y el noble John Talbot. Los cuatro fueron condenados a muerte, el sacerdote como traidor, los otros como felones, pero la mujer salvó la vida por estar embarazada. Otro acusado se salvó aceptando asistir a las ceremonias religiosas oficiales.

Del primer año del siglo XVII son seis los mártires beatificados, comenzando por John Pibush, sacerdote ejecutado el 18 de febrero de 1601 en St Thomas à Watering. Llegó a Reims en 1580, se ordenó en 1587 y regresó a Inglaterra el año siguiente, siendo arrestado en un pueblo de Gloucestershire en 1593. El Consejo Privado lo mantuvo preso un año en Gatehouse de Westminster y lo devolvió a Gloucester, donde no fue sentenciado y escapó de prisión. Tras un año en libertad, lo capturaron y enviaron de nuevo a Londres. Juzgado en Westminster el 1 de julio de 1595 lo condenaron por traidor, pero aún pasaría más de cinco años en la prisión de Queen's (luego King's) Bench, una de tantas situadas en el barrio de Southwark, casi un kilómetro al sur del actual Puente del Milenio sobre el Támesis.

El 27 de febrero fueron tres los mártires ejecutados en Tyburn: los sacerdotes Mark Barkworth (benedictino) y Roger Filcock (jesuita) y la laica Anne Line (Higham de soltera). El primero era protestante y se convirtió estando en Flandes, con ayuda de un jesuita. Ingresó en el Colegio de Ingleses de Valladolid, donde se ordenó en 1599. Nada más volver a Inglaterra fue apresado y condenado a muerte por traidor.

Filcock era de Sandwich (junto a la costa de Kent y 18 km al este de Canterbury).Estudió en Reims y Valladolid, donde se ordenó y desde donde volvió a Inglaterra en 1598. Allí Henry Garnet le autorizó a hacer el noviciado jesuítico en Flandes, pero su detención lo impidió. Lo condenaron sin pruebas de que fuera sacerdote y al presenciar la ejecución de Backworth, en lugar de asustarse, gritó, parafraseando a san Pablo: «Deseo ser disuelto y estar con Cristo».

Anne Line era una mujer de condición física enfermiza pero alma vigorosa, que comulgaba al menos una vez por semana «y siempre con abundancia de lágrimas», según Challoner (p. 214). En una ocasión relató a su confesor haber tenido una visión de Cristo en el Santísimo Sacramento llevando la cruz e invitándola a seguirle, lo que interpretaba como promesa de que sería martirizada como deseaba.

En la fiesta de la Presentación (2 de febrero, la Candelaria o las Candelas, llamada en inglés Candlemas) de 1601, asaltaron su casa, pero por estar bien cerrada, el sacerdote que celebraba misa pudo huir. El fiscal Popham se empeñó en acusarla en los tribunales de Old Bailey, aunque solo pudo conseguir el testimonio de un individuo que dijo haber visto en la casa a un hombre vestido de blanco. Una vez condenada y de vuelta a prisión, contó que un día antes tuvo una visión de la gloria que le esperaba en el Cielo, pero no quiso contarlo antes. Ante los congregados en Tyburn —donde la ejecutaron antes que a los sacerdotes—, exclamó:

> *Me condenan a morir por refugiar a un sacerdote católico. Y estoy tan lejos de arrepentirme de haberlo hecho que desearía con toda mi alma, en vez de haber refugiado a uno, que hubieran sido mil.*

Los dos últimos mártires de 1601 murieron el 3 de abril, los sacerdotes Thurstan Hunt y Robert Middleton. El primero, de Yorkshire, fue ordenado en Reims en 1584 y enviado a Inglaterra al año siguiente. Trabajó principalmente en Lancashire, donde tratando de rescatar a un sacerdote cautivo, lo apresaron. Middleton, de la misma región, había sido ordenado en Sevilla y fue capturado al mismo tiempo y ambos enviados a Londres, de donde los devolvieron para ser ejecutados en Lancaster.

En 1602 se registran tres mártires ya reconocidos por la Iglesia católica. El primero fue el laico James Duckett, ejecutado el 19 de abril en Tyburn por imprimir devocionarios católicos. Natural de Cumbria y protestante, se convirtió al catolicismo en 1590 leyendo el libro de Jean de Caumont *La Fundación de la Religión católica* y dos años después se casó con una católica, Anne Hart.

Duckett colaboró con uno de los principales editores de obras católicas —muchas de las cuales se leían en el castillo de Wisbech—, Gabriel Cawood, que gozó del favor de la reina, lo que no obsta para que uno de sus aprendices, Peter Bulloch, fuera ejecutado por católico.

Cediendo ante promesas de libertad, Bulloch delató a Duckett, cuyo abuelo James Leyburne ya fue ejecutado en 1583 en Lancaster por negar la supremacía de la reina en asuntos religiosos. Duckett había estado preso durante nueve de los 12 años que dedicó a imprimir libros católicos (y también como sastre de ornamentos y vestidos sacerdotales). El 4 de marzo de 1602 los agentes del fiscal Popham, al registrar el domicilio familiar a medianoche, no encontraron el libro que Bulloch denunció (la *Humilde súplica a su majestad* del sacerdote Southwell), sino una tirada entera del libro *Monte Calvario* y otros ejemplares de obras católicas.

El juicio de Duckett fue «una mancha en el nombre de uno de los grandes juristas del país, sir John Popham, y refleja la desesperada situación de la minoría católica», según Rostenberg, que concluye:

> *Legalmente, Duckett fue culpable por distribuir un libro subversivo. Moralmente, la justicia inglesa fue culpable, por negarle un juicio justo a James Duckett.*

El jurado declaró inocente a Duckett, pero Popham obligó a revertir el veredicto y declararlo culpable. Al haber admitido que también él distribuyó libros prohibidos, Bulloch fue igualmente condenado y ejecutado a la vez con Duckett.

John Duckett, hijo del mártir y prior de la Cartuja de Nieupoort, en los Países Bajos españoles, afirmó que, cuando iba camino del cadalso, dieron a su padre una copa de vino. Bebió parte de ella y dio el resto a su mujer, pidiéndole que bebiera por Peter Bullock y que lo perdonara. Ella se negó, pero James insistió hasta lograrlo. Al llegar a Tyburn, James besó y abrazó a Bullock, suplicándole que muriera en la fe católica, sin éxito.

En el mismo juicio fueron condenados a muerte los sacerdotes Tomás Tichborne, Robert Watkinson y Francis Page, aunque su ejecución se retrasó un día. El primero de ellos no ha sido beatificado. Su padre, Nicolás, ya había muerto en la prisión de Winchester hacia 1588. Él llegó a Reims en 1584, fue ordenado en 1592 y regresó dos años después a Inglaterra, donde fue capturado en 1597. Escapó de prisión en 1598 con ayuda de su hermano Nicolás y un amigo. Ambos fueron ejecutados. Tomás fue traicionado el 17 de abril de 1602 por un sacerdote apóstata apellidado Atkinson, e inmediatamente juzgado y ejecutado mientras padecía una tuberculosis terminal.

Watkinson, de Yorkshire, estudió en Douai y Roma, y regresó apenas ordenado sacerdote en 1602. Tras visitar a un médico en Londres, se cruzó por la calle con un desconocido que, comentando su aspecto enfermizo, le dijo que no se preocupara porque «dentro de cuatro días estaría completamente curado». Eso fue el 16 de abril, víspera de su denuncia por un sacerdote apóstata, seguida del juicio, condena y ejecución a los 33 años de edad y tras solo un mes de sacerdocio. La mañana de la ejecución, pudo celebrar misa, y su criado Henry Owen, igualmente preso, dijo haber visto sobre su cabeza «una luz brillante como un rayo de gloria» entre la consagración y la comunión, que después desapareció.

El jesuita Francis Page había nacido en Amberes de padres ingleses y volvió a la isla para estudiar derecho. Fue pasante de un abogado católico con cuya hija se quiso casar. Al estudiar religión para poder obtener su mano, descubrió su vocación al sacerdocio y pidió al jesuita John Gerard que le ayudara a formarse. Cuando el jesuita fue encarcelado en la Torre de Londres con san Nicolás Owen (23 de abril de 1594: Gerard escapó en 1597, Owen fue mártir en 1606), Page se quedó afuera esperando varios días, hasta que lo detuvieron, y optó por marchar a Reims. Regresó como sacerdote en 1600.

Era el sacerdote que celebraba en casa de santa Anne Line cuando fue arrestada y a su vez fue arrestado 14 meses después por la denuncia de una mujer cazarrecompensas. Había pedido ser jesuita y la noche antes de su ejecución le permitieron visitar la celda de un jesuita ante el que hizo sus votos, lo que le permitió confesar en el cadalso que pertenecía a la orden.

El último mártir de 1602 fue el hermano jesuita laico irlandés Dominic Collins, de familia paterna normanda y materna galesa. Su padre y uno de sus hermanos fueron alcaldes de Cork, capital del mismo condado en la costa sur de Irlanda y 220 km al suroeste de Dublín. Él marchó a Francia, trabajando en una fonda hasta poder pagarse un caballo y enrolarse en 1586 en la caballería de la Liga Católica en la guerra contra los hugonotes de Bretaña y las tropas inglesas y alemanas que los apoyaban.

Collins igualmente combatía por la independencia de Bretaña, a las órdenes del duque de Mercoeur, que buscaba el apoyo de España y del Papa contra la casa de Borbón. Llegó a capitán y le apodaban De la Branche. Conquistó el castillo de Lapena, del que Mercoeur le hizo gobernador. Enrique de Navarra trató de sobornarle con 2000 ducados para que se rindiera. Cuando vio que la guerra se perdía, rindió Lapena al general español Juan del Águila, que lo mandó a San Sebastián con una carta para Felipe II, quien le dio una pensión y trabajo en la Armada en La Coruña.

En 1598 un jesuita irlandés, Tomás White, fundador del Colegio Irlandés en Salamanca, llegó a La Coruña para confesar a sus paisanos enrolados en la Armada. Collins, ya con 32 años, le pidió entrar en la Compañía y White le presentó al provincial de Castilla, Alfonso Ferrer. Por la Inmaculada, fue admitido como novicio en Santiago de Compostela y en 1601 hizo votos solemnes.

Al organizarse la expedición española para ayudar al final de la Guerra de los Nueve Años (1593-1603), el jesuita irlandés asignado a la Armada como capellán, James Archer, pidió a Collins que lo acompañara. La flota partió el 3 de septiembre, llegando la fuerza principal a Kinsale —al sur de Cork— el 30 de septiembre, pero las unidades menores —unos mil soldados de infantería con algo de artillería— con las que iba Collins fueron arrastradas por tormentas y no desembarcaron hasta el 1 de diciembre en Castlehaven, 50 km siguiendo la costa al suroeste de Kinsale.

Collins y Archer propusieron a Juan del Águila organizar una sublevación de un clan local para bloquear el paso a los ingleses, pero el jefe español prefirió tomar la villa de Kinsale, donde fueron cercados y el 3 de enero de 1602 derrotadas las fuerzas que llegaban desde el Ulster para auxiliarles. Aunque Juan del Águila se rindió, Archer le acusó de cobardía y se unió junto con Collins a los irlandeses del clan O'Sullivan rebeldes en el castillo de Dunboy, más de 50 km al oeste.

Archer marchó a España en busca de apoyo, en un barco diferente al de Red Hugh, que llegó a La Coruña y se desplazó a Valladolid para entrevistarse con Felipe III, aunque no lo logró, ya que murió enfermo en el Castillo de Simancas. Collins quedó en Dunboy con 143 soldados irlandeses cercados por 4000 ingleses. Tras 11 días de asedio, se rindieron el 18 de junio. Todos los prisioneros fueron ahorcados, salvo Collins y dos más, enviados al castillo de Shandon (hoy el Centro Firkin Crane, junto a la iglesia de Santa Ana, en Cork). Allí los torturaron y ejecutaron a los otros dos soldados.

Ante la perspectiva de lograr la abjuración de un jesuita en Irlanda, retuvieron a Collins cuatro meses en su ciudad natal de Yougal, ofreciéndole el Diputado Mayor de Irlanda, sir Charles Blount (Lord Mountjoy, el que evitó que el poeta jesuita Southwell fuera descuartizado vivo) no solo el perdón, sino altos cargos bien en el ejército o la Iglesia de Irlanda a cambio de jurar la supremacía. Un tribunal militar lo condenó y fue ahorcado el 31 de octubre. Al llegar al cadalso, se puso de rodillas y lo besó, rezó por sus enemigos, la reina y su patria, y desde la escalera habló a los presentes en español, irlandés e inglés pidiendo a los católicos «que conservaran firmemente la fe hasta la muerte, sin hacer caso ni de las amenazas ni de las promesas de los herejes».

Resultó tan conmovedor que el verdugo escapó y tuvo que ahorcarle un pescador que pasaba por allí. Las últimas palabras de Dominic fueron:

> *¡Mirad al cielo y, dignos descendientes de vuestros antepasados, que siempre la profesaron, mantened firme la fe por la que hoy voy a morir!*

El último sacerdote que murió bajo Isabel fue el beato William Richardson, que había estudiado en Reims, Valladolid y Sevilla. Antes de ser torturado y ejecutado en Tyburn el 17 de febrero de 1603, oró por ella.

A diferencia de su hermanastra María Tudor, que la noche antes de morir soñó con ángeles, niños y música, anota Mann que «las pesadillas hicieron que Elizabeth tuviera miedo de dormir mientras se acercaba la muerte. Cerca del final se quedó sin palabras y apenas pudo expresar su acuerdo con que Jacobo VI de Escocia la sucediera».

Mientras que su padre, Enrique VIII, se obsesionó con que todo el mundo aceptara de antemano al sucesor que él tuviera en mente —aunque para llegar a él tuviera que alterar todas las leyes—, y terminó siendo sucedido por las dos hijas a las que había desheredado, Isabel parece haberse concentrado en que todos le juraran la misma lealtad incondicional que a su padre —aunque sustituyendo el absurdo de un laico cabeza de la Iglesia, por la más disimulada fórmula de «gobernadora»—, pero olvidándose no ya de engendrar, sino siquiera de pensar en un sucesor. ¿En qué estaría pensando durante tantos años?

Mann resume así este aspecto problemático, incluso de fracaso, por el cual puede decirse que «los 45 años de reinado de Isabel supusieron estabilidad, pero no siempre unidad» (p. 95):

> *Isabel mantuvo a los puritanos fuera de la influencia de la Iglesia de Inglaterra, pero no logró mantener a los sacerdotes católicos fuera de Inglaterra. No logró convertir a Irlanda ni erradicar el catolicismo allí. Especialmente hacia el final de su reinado, una sucesión incierta despertó las esperanzas y preocupaciones tanto de los puritanos como de los católicos.*

JACOBO I
Y EL COMPLOT DE LA PÓLVORA

El ascenso de Jacobo I pretendía precisamente eliminar la indecisión que había marcado el reinado de Isabel respecto a la sucesión. Aunque la mujer de Jacobo se convirtió al catolicismo, no cabía duda de que sus hijos habían sido educados en el protestantismo. Pero había muchos tipos de protestantismo, como subraya Mann (p. 106):

> *Jacobo venía de la Escocia presbiteriana y calvinista a la Inglaterra episcopal y arminiana. Los puritanos de Inglaterra nunca estuvieron contentos con la solución isabelina. Siempre habían querido eliminar los vestigios del catolicismo de la Iglesia de Inglaterra, incluidos los obispos (episcopalismo) y la doctrina del libre albedrío (arminianismo).*

De camino a su coronación, entre Escocia y Londres, Jacobo I iba liberando a diestro y siniestro a todo tipo de presos, excepto los católicos, para dejar claro que el dilema sobre si la Iglesia de Inglaterra bajo su mando iba a derivar hacia el puritanismo o el anglicanismo tenía una única solución: en todos y cada uno de los casos se haría la santa voluntad del rey, conforme él había explicado por escrito en 1598, siendo Jacobo VI de Escocia, en el libro *La verdadera ley de las monarquías libres.*

Para rechazar la idea de un contrato entre los reyes y sus súbditos, Jacobo rechazaba la comparación con países donde la monarquía era electiva, basando el autoritarismo de los reyes británicos en una mayor semejanza respecto al poder de Dios (p. 11):

> *Estos ejemplos no son pertinentes para nosotros, porque nuestro reino y otras diversas monarquías no están en ese caso, sino que tuvieron su comienzo de una manera muy contraria.*

La autocracia de las islas anglo-celtas tendría su origen en Irlanda y habría sido provocada por la escasez de población. Según Jacobo VI, las tierras escocesas también estaban poco pobladas, y las dominó un rey, Fergus, procedente de Irlanda, por lo que sus habitantes habrían aceptado aquel dominio «de buena voluntad». En estos casos, los reyes no establecían las leyes antes de ser elegidos (y por tanto quedaban limitados por ellas), sino después de electos «según la ocasión lo requiriera» (es decir, hacían las leyes a su gusto):

> *Los reyes, por tanto, en Escocia, estaban antes que los Estados o los rangos de hombres dentro de los mismos, antes de que se estableciera ningún Parlamento o ley: y ellos distribuyeron las tierras, que al principio eran todas suyas, erigieron o deshicieron Estados, idearon y establecieron formas de gobierno. Y por tanto se deduce necesariamente que los reyes fueron los autores y actores de las leyes, y no las leyes de los reyes.*

A pesar de esa teoría, Mann asegura que en la práctica Jacobo tuvo que basarse en el equilibrio logrado por Isabel y seguir negociándolo (p. 107):

> *Jacobo I mantuvo el compromiso al defender el episcopado y la persecución de los católicos, al tiempo que permitió a los presbiterianos en Escocia mantener la disciplina y el culto de la Iglesia. Bajo Carlos I, el compromiso se derrumbaría, porque mientras continuaba la persecución oficial de los católicos en el campo,*

permitió que el número y la influencia de los católicos crecieran en la corte. Los puritanos de Inglaterra desconfiaban de él. De hecho, mantuvo el episcopado con tanta seguridad como su padre, pero en cambio se entrometió en la disciplina y el culto de la Iglesia en Escocia. Ciertamente, estas acciones llevaron a la Guerra Civil y el Interregno, pero el establecimiento de la Via Media anglicana por parte de Isabel contribuyó a la crisis, ya que había dejado sin resolver la mezcla de influencias católicas y protestantes en la Iglesia de Inglaterra.

Para empezar, Jacobo I no era un ignorante, sino que había estudiado la teología de la Reforma y la Contrarreforma —se carteaba con el cardenal jesuita Roberto Belarmino y estaba de acuerdo en muchos de sus puntos de vista—, llegando a la conclusión de que la autoridad de los apóstoles había sido transferida a los obispos, y no a cualquier asamblea cristiana. Pero existía, además, una conexión entre la autoridad del rey y la de los obispos: el rey ejercía por medio de ellos una parte de su autoridad, la espiritual. Es decir, supremacía, pero respetando una jerarquía eclesiástica (aunque subordinada).

Jacobo era partidario de la doctrina de la libre voluntad, por lo que quiso que se tradujera de nuevo la Biblia, que llevará su nombre, eliminado todo rastro de calvinismo.

Tras ser derrotados en 1603, los gobernantes católicos del Ulster huyeron en 1607 al Continente, por lo que Jacobo I llevó a cabo lo que se llamó plantación del Ulster, asentando ingleses y escoceses en las tierras confiscadas a los nobles irlandeses. Los seis condados afectados fueron Donegal, Tyrone, Fermanagh, Cavan, Armagh y Londonderry (hasta entonces llamado Coleraine). Algunas tierras permanecieron en manos de terratenientes católicos que aceptaron las condiciones impuestas por el rey, mientras que algunas ciudades fueron entregadas para su gestión a empresas y gremios londineneses (como Coleraine, asignado a la Compañía de Pescaderos de Londres). Las semillas de violencia así sembradas brotarían durante el reinado de Carlos I.

Los líderes católicos dentro de Inglaterra confiaron en que también a ellos podría beneficiarles la promesa de equilibrio manifestada por Jacobo, en todo caso mostraron su lealtad revelando un complot para matarle al principio de su reinado. Quizá confiaban en que algo de simpatía hacia el catolicismo se despertaría en él siendo hijo y marido de sendas católicas (María Estuardo y Ana de Dinamarca). Por ese lado, sin embargo, la esperanza era vana, ya que apenas conoció a su madre y estaba «distanciado» de su esposa.

Antes de acceder al trono de Inglaterra, Jacobo propuso organizar un concilio con asistencia del Papa y de líderes puritanos. El Papa lo rechazó, así que él organizó por su cuenta la Conferencia de Hampton Court, del 14 al 18 de enero de 1604, sin católicos, ya que el Papa no aceptaba el principio conciliarista impuesto, que implicaba aceptar de antemano las decisiones colectivas que salieran de dicha conferencia.

Aunque el principal contenido de la conferencia debían ser las reclamaciones de los puritanos, pocas de sus propuestas fueron aprobadas. Se encargó una nueva traducción de la Biblia al inglés, que en 1611 se publicaría como Biblia del Rey Jacobo.

Al igual que Isabel, Jacobo se sorprendió negativamente al saber que los católicos en Inglaterra eran más de lo que parecía, y así lo manifestó ante el Parlamento de 1604, que en julio aprobó una nueva Ley de Uniformidad, que trataba de reforzar la obligatoriedad de seguir las normas litúrgicas y doctrinales del Libro de Oración Común, imponiendo a todos los clérigos que juraran cumplirlas. Esto provocó por una parte la emigración de puritanos a los Países Bajos y América.

Por otra parte, las nuevas leyes añadían medidas para castigar a los educadores católicos: desheredar a los que marcharan a estudiar al extranjero sin permiso, confiscar los barcos de quienes los llevaran; cada familia católica que tuviera un tutor no aprobado por el obispo anglicano pagaría una multa diaria (al igual que el profesor).

Estas nuevas leyes se estrenaron con los dos mártires reconocidos de 1604: el sacerdote John Sugar y su asistente Robert Grissold, ejecutados el 16 de julio en Warwick. Sugar estudió en Oxford en 1584, sin graduarse, y supuestamente fue ministro de la Iglesia estatal antes de marchar a Douai, donde en 1601 se ordenó sacerdote y regresó a Inglaterra.

Los arrestaron el 8 de julio de 1603 y tras un año de prisión los condenaron el 14 de julio de 1604 invocando las leyes de 1584 y del mismo 1604. La captura se debió al chivatazo de un familiar de Grissold, que le dijo que podía irse, ya que buscaban al sacerdote; pero Robert explicó: «No me iré, a no ser que venga mi amigo conmigo». Igualmente, le ofrecieron salvarse de la condena si manifestaba su adhesión a la Iglesia de Inglaterra, a lo que de nuevo se negó.

Según Dodd (1841, p. 180), otro mártir llamado Lawrence Bayley, fue ejecutado el 16 de septiembre de 1604 en Lancaster, y ya en 1605 habría otro mártir, John Fultering, ejecutado en York el 1 de agosto junto a uno que sí ha sido beatificado, Thomas Welbourne, único del que se sabe su profesión: maestro de escuela.

También ha sido beatificado el laico William Browne, ejecutado el 5 de septiembre de 1605 en Ripon, 30 km al noroeste de York, siendo el único mártir del Territorio Occidental (West Riding) no ejecutado en York, según me hizo notar por escrito el archivero diocesano de Leeds, Robert Finnigan, en cuya opinión, Browne podría tener en común con Fultering y Welbourne ser maestros de escuela, ya que fueron condenados por «persuadir al Papismo», es decir, por instruir en la fe a conversos.

La reacción frente a la nueva presión legal fue el llamado Complot de la Pólvora, que, a diferencia de anteriores conspiraciones, no se podía basar en apoyos o instrucciones extranjeras, no al menos del Papa ni de los sacerdotes que en Inglaterra insistían en la prohibición de derrocar al monarca.

El líder del complot fue un laico, Robert Catesby que reclutó a otros y a un exsoldado del ejército español, Guy Fawkes, para cavar un túnel hasta la bodega del Parlamento, colocar dinamita allí y volarla el 5 de noviembre de 1605 en la sesión inaugural.

Uno de los conspiradores envió una carta anónima a William Parker, barón de Monteagle, el 26 de octubre, para que no acudiera al Parlamento el día 5 (puede que el autor fuera su cuñado Francis Tresham). Monteagle era católico y había sufrido prisión en la Torre de Londres por ayudar en su rebelión de 1601 en Londres a Robert Devereux, conde de Essex, con quien había estado en Irlanda en 1599 (ocasión en que recibió él mismo el título de barón, que perdió en la cárcel y recuperó al ser perdonado por Jacobo I).

Aunque todavía en 1602 había apoyado la misión en España de Tomás Wintour, al ser perdonado por el nuevo rey, Monteagle declaró que había «terminado con todas las conspiraciones formales», llegando incluso a escribir una carta al nuevo rey prometiendo obedecer la religión estatal.

Monteagle advirtió del peligro, y en la noche del 4 de noviembre encontraron en el sótano a Fawkes con cerillas y algo de pólvora. Torturado en la Torre de Londres, dijo los nombres de los implicados. Todos menos uno se declararon inocentes, y todos fueron condenados por alta traición y ejecutados a fines de enero de 1606.

Ejecución por ahorcamiento, evisceración y descuartización, en este caso de condenados por traición tras el Complot de la Pólvora de 1605

En su libro de 2008, Francis Edwards, jesuita que fue archivista de la provincia británica de su orden (1959-86) y luego del archivo central de la Compañía en Roma (1986-89) presenta una tesis controvertida sobre el Complot de la Pólvora: que Robert Cecil, conde de Salisbury, pudo no descubrir o manipular la trama, sino incluso inventarla para suprimir el catolicismo en Inglaterra.

Edwards sugiere que la narrativa construida por Salisbury fue un movimiento estratégico para solidificar su influencia y eliminar amenazas potenciales bajo la apariencia de una conspiración católica frustrada.

Pauline Croft reconoce que Cecil y su padre, Lord Burghley, inventaron complots para difamar a la comunidad católica inglesa. Pero, según ella, no hay indicios de que ese fuera el caso del Complot de la Pólvora.

Además, Cecil no necesitaba mejorar su posición en el gobierno, ya que era el ministro más destacado del rey desde el verano de 1604, y no precisamente por crispar, sino porque su paciente diplomacia culminó con el tratado de Londres, que trajo la paz entre España e Inglaterra. Aunque aprobó legislación anticatólica, dejó claro que no se aplicaría en Escocia.

Para Croft, Edwards refleja la mentalidad de los católicos que vivieron aquella época, reacios a reconocer una realidad que parece superar a la ficción: la historiadora pone el ejemplo de los terribles acontecimientos en torno al 11 de septiembre de 2001 y cómo generaron multitud de teorías de la conspiración para evitar reconocer que, simplemente, hay personas capaces de una determinada actuación criminal.

Ciertamente, reconoce Croft, la actuación del fiscal Edward Coke, al frente de la acusación en 1606, fue excesiva porque no se conformó con denigrar a los conspiradores, sino también a todos los católicos.

La consecuencia de los abusos de la acusación fue que se hizo recaer la responsabilidad sobre los jesuitas, aunque su jefe provincial, Henry Garnet, había prohibido expresamente cualquier conspiración. En palabras de Owen Chadwick, «sospechar de Roma se convirtió casi en parte del carácter nacional, parte del patriotismo, parte del ser inglés de un hombre».

El Parlamento promulgó el 5 de julio de 1606 un nuevo Juramento de Lealtad que exigía a todos los súbditos reconocer al rey como única autoridad legítima en asuntos temporales, negando la del Papa. Se definía también al monarca como «gobernador supremo» de la Iglesia de Inglaterra; por lo tanto, era una afirmación implícita de soberanía, negando que hubiera una esfera de asuntos espirituales que no pudieran ser gobernados por la autoridad temporal.

Se aprobó una nueva remesa de leyes anticatólicas, subiendo las multas a quien no asistiera a las ceremonias oficiales, multando a quien no se casara en la Iglesia de Inglaterra o no bautizara en ella a sus hijos, o no fuera enterrado conforme a dichos ritos. Se prohibió a los católicos servir en el ejército, la marina, la abogacía, la medicina o la farmacia; se les prohibió no solo viajar al extranjero, sino también a Londres o en cualquier caso a más de 5 millas de su casa, y se les declaró susceptibles de ser cacheados en cualquier momento.

En adelante, el aniversario del complot sería fiesta civil con el nombre de Día de Guy Fawkes, no para honrarle, sino para quemar su efigie y, ya de paso, la del Papa. Las oraciones incluidas en el Libro de Oración Común para dar gracias a Dios por librar al rey de ese complot se mantendrán hasta 1854.

Como consecuencia del aumento de la represión, hay seis mártires reconocidos por la Iglesia en 1606. El primero es Nicolás Owen, «hermano laico» jesuita muerto en la Torre de Londres el 1 de marzo. Se distinguió por construir numerosos refugios («agujeros», *holes*) para sacerdotes en casas particulares, gracias a las habilidades aprendidas de su padre, carpintero de profesión en Oxford, de quien era aprendiz desde 1577.

Owen tuvo dos hermanos mayores sacerdotes y en 1581 asistió a Edmundo Campion, siendo él mismo arrestado por proclamar la inocencia de su compañero. Una vez liberado, pasó en 1588 al servicio del jefe de los jesuitas, Henry Garnet. La mayoría de los refugios los construía de noche, trabajando de día como carpintero itinerante, para no despertar sospechas. Arrestado y torturado en 1594, lo soltaron porque alguien pagó la multa y por su insignificante apariencia. En 1597 participó en la fuga de John Gerard de la Torre de Londres.

Estatua de san Nicolás Owen en la iglesia de Santa María de Harvington (foto Lawrence Lew, O. P.)

Fue capturado a principios de 1606 con Ralph Ashley, tras salir de un agujero. El secretario de Estado Robert Cecil manifestó la «increíble y gran alegría» que produjo a los gobernantes su captura, pues conocían «su gran habilidad» y que había construido innumerables refugios. Topcliffe lo mandó torturar con tanta saña que murió al salírseles las entrañas por una hernia que padecía. El sacerdote Gerard lo elogió así:

En verdad creo que no se puede decir que ningún hombre haya hecho más bien a todos los que trabajaron en la viña inglesa. Fue la ocasión inmediata de salvar las vidas de muchos cientos de personas, tanto eclesiásticas como seculares.

El siguiente mártir, Brian O'Carolan, fue ejecutado el 24 de marzo en Trim (45 km al noroeste de Dublín). Era un sacerdote secular al que acusaron de «administrar sacramentos siguiendo el rito romano». Le ofrecieron la vida, la libertad y un buen cargo si se apuntaba a la Iglesia estatal, pero lo rechazó.

El «hermano laico» al que habían apresado junto con Owen, Ralph Ashley, fue ejecutado el 7 de abril en el lugar llamado Redhill, al sureste de la ciudad de Worcester, junto con Edward Oldcorne, sacerdote jesuita. Las primeras noticias de Ashley lo sitúan como cocinero en el Colegio de Douai, de donde en 1590 pasó al Colegio Inglés de Valladolid, donde se hizo jesuita. Regresó a Inglaterra en 1598 auxiliando a Oldcorne, con quien le arrestaron, enviándolos a la Torre de Londres, donde a él lo torturaron, coincidieron con Owen y Tomás Garnet y los devolvieron a Worcester sin haberles sacado información. Antes de que mataran a Oldcorne, le besó los pies diciendo:

Qué hombre tan feliz soy, que puedo seguir los pasos de mi padre hasta la muerte.

Oldcorne era hijo de un fabricante de ladrillos de York, protestante, cuya mujer era católica y había sufrido prisión. En la escuela, fue compañero de los hermanos Wright y de Guy Fawkes, que intervinieron en el Complot de la Pólvora. Estudió medicina, pero decidió marchar a Reims, y Roma, donde se ordenó en 1587 y al año siguiente se hizo jesuita. Regresó a Inglaterra en 1588 con el padre Gerard. Trabajó 17 años en el condado de Worcester.

En 1601 peregrinó al santuario y manantial de Santa Winifrida, a orillas del estuario del río Dee en Gales (20 km al sur de Liverpool), para pedir su propia curación de un cáncer. Una vez curado, volvió para dar gracias en 1605, acompañado por 30 personas, entre ellas Gerard, Owen, Ashley y Garnet. Los tres últimos estaban con él cuando sucedió el Complot de la Pólvora; se escondieron, pero tras ocho días tuvieron que salir, ya que su perseguidor, sir Henry Bormley, perseveró en la búsqueda, pues uno de los que serían ejecutados por el Complot, Humprey Littleton, le había asegurado que Oldcorne y probablemente Garnet estaban escondidos en la zona.

Oldcorne fue torturado, pero no encontraron pruebas de que hubiera conocido el Complot antes de que sucediera. Lo ejecutaron con Ashley, pero también con Littleton, que dijo merecer morir por haber delatado a los otros.

Los últimos mártires de 1606 son dos irlandeses no beatificados, incluidos en la causa del obispo Richard Creagh. Donough MacCready era sacerdote diocesano y fue ejecutado en Coleraine (Ulster, 90 km al noroeste de Belfast) antes del 5 de agosto. Sir John Burke fue ejecutado en diciembre en Limerick, tras ser encerrado por promover el catolicismo. En su juicio dijo que no reconocería como rey o reina a quien no creyera en Cristo y en su Madre, y tratara de desviarle a él de servir a ambos.

De 1607 hay dos mártires reconocidos: Robert Drury, ejecutado el 26 de febrero en Tyburn. Marchó a Reims en 1588 y dos años después a Valladolid, en cuyo Colegio se ordenó sacerdote para regresar a Inglaterra en 1593.Trabajó en Londres y firmó la carta contra el arcipreste Blackwell enviada desde el castillo de Wisbech el 17 de noviembre de 1600.

El gobierno inglés invitó en noviembre de 1602 a estos sacerdotes a manifestar su lealtad a la reina. En respuesta, el sacerdote William Bishop escribió el 31 de enero de 1603 un «mensaje de lealtad» que firmaron 13 sacerdotes, incluidos el propio Robert Drury y Roger Cadwallador (mártir en 1610).

El mensaje la reconocía como reina, rechazaba la pretensión de que el Papa pudiera librar a los católicos de su deber de obediencia, se lamentaba de los intentos de restaurar el catolicismo como religión oficial y prometía denunciar cualquier conspiración contra el gobierno de la que tuvieran noticia.

A cambio, los sacerdotes pedían poder prestar obediencia al Papa como sucesor de San Pedro. Resumiendo, se mostraban dispuestos a «verter su sangre en defensa de su Majestad», pero preferían «perder su vida a infringir la autoridad legal de la Iglesia católica de Cristo». La negación del poder del Papa sobre los soberanos terrenos fue condenada por la Universidad de Lovaina, pero no evitó que Bishop llegara a ser nombrado vicario apostólico de 1623 a 1624.

Isabel murió a los tres meses y Jacobo I no se conformó con obediencia civil, de ahí que se promulgara el nuevo Juramento de Lealtad a la vez que Drury fue arrestado. Le encontraron una carta de Robert Parsons que consideraba ilegal el nuevo juramento, y le ofrecieron salvar la vida jurando. El 22 de septiembre el papa Pablo V condenaría el juramento como contrario «a la fe y a la salvación» porque a su vez el juramento llamaba «impía y herética» la «condenable doctrina» según la cual el Papa podía deponer a los gobernantes temporales.

Drury se negó a jurar y, por ciertos papeles que se expusieron en su ejecución, se supone que podía ser terciaro u oblato de la orden benedictina, ya que se decía que tenía poderes papales para admitir a la gente en esa orden con indulgencias.

El segundo mártir de 1607 fue Matthew Flathers, estudiante de Douai y oblato benedictino, ordenado en 1606 y vuelto a Inglaterra en junio de ese año. Arrestado y condenado inmediatamente, se le conmutó la sentencia de muerte por destierro, pero al poco tiempo regresó a su tierra natal de Yorkshire, donde lo capturaron y en cuya capital le ofrecieron salvar la vida haciendo el nuevo Juramento de Lealtad. Se negó y lo ejecutaron en la puerta de la muralla llamada Micklegate Bar.

En 1608 hubo otro dos mártires, el primero, también benedictino, era George Gervase, ejecutado en Tyburn el 11 de abril. Natural de Bosham (Sussex, en la costa sur) y huérfano desde los 12 años, fue secuestrado con dos hermanos suyos por piratas, probablemente compañeros de Drake, y llevado a América. En esos 12 años de cautiverio perdió la fe católica, pero al regresar a Inglaterra y ver que su hermano mayor se había exiliado en Flandes por su fe, le siguió y se reconcilió con la Iglesia católica. Fue soldado del ejército español hasta que en 1595 entró en el Colegio de Douai, donde se ordenó en 1603 y al año siguiente regresó.

Tras dos años, fue arrestado en junio de 1606 y desterrado (con Flathers). Peregrinó a Roma, trató de hacerse jesuita y, como no le admitieron, ingresó como novicio en el Monasterio inglés de San Gregorio de Douai (trasladado en 1814 en Downside Abbey, 20 km al sureste de Bristol). Pronto regresó a Inglaterra, lo detuvieron y le ofrecieron el Juramento de Lealtad. Al rechazarlo, lo condenaron como sacerdote a ser descuartizado.

El 23 de julio cayó en Tyburn el jesuita Tomás Garnet, cuyo tío Henry, superior de los jesuitas en Inglaterra, había sido ejecutado el 3 de mayo de 1606. Su padre, a su vez, fue en el Colegio Balliol de Oxford un líder ejemplarizante para Campion, Parsons y otros. Con 17 años, Tomás marchó a estudiar al colegio jesuita de Omer y tres años después, en 1596, salió de Calais con otros cinco hacia el Colegio de San Albano en Valladolid.

El mal tiempo hizo que su barco tuviera que refugiarse en el fondeadero de Los Bajos (The Downs, 6 km al este de la costa de Kent en Kingsdown), donde los capturaron y llevaron a ser interrogados por el jefe de la Flota, Charles Howard. Con ellos iba el sacerdote jesuita William Baldwin, a quien en la prisión de Bridewell pidió confesión un laico, James Atkinson (no el sacerdote que delató a Tomás Tichborne), que al ser torturado había delatado a otros. A pesar del riesgo de ser delatado, Baldwin admitió ser sacerdote y confesó a Atkinson, que luego murió al ser de nuevo torturado.

Los seis jóvenes estudiantes fueron interrogados por el arzobispo de Canterbury, que a su vez los envió por separado a otros obispos; el más joven de ellos se conformó a la religión oficial. Garnet se puso enfermo, lo mandaron a su casa de Oxford y escapó sin siquiera ver a su padre para no implicarlo, llegando de nuevo a St Omer y Valladolid, donde se ordenó en 1599, volviendo a Inglaterra hasta su captura.

Lo encerraron en el Gatehouse de Westminster, luego lo torturaron en la Torre tratando de que implicara a su tío Henry. Tras siete meses, lo deportaron a Flandes en un barco con otros 4 sacerdotes, leyéndoles una proclama real firmada el 10 de julio de 1606, en la que les amenazaban con la muerte si regresaban. Desde Bruselas, su compañero de viaje padre Baldwin, ahora superior de los jesuitas, lo envió como primer novicio del Colegio jesuita de San Juan en Lovaina.

En septiembre de 1607 regresó a Inglaterra, pero seis semanas después lo arrestó un sacerdote apóstata. En esa época discutía el rey Jaime I con el cardenal Belarmino sobre el Juramento de Lealtad impuesto tras el Complot, y a Garnet le prometieron salvar su vida si juraba. Rechazó y lo ejecutaron, mientras manifestaba ser «el hombre más feliz que vive hoy día».

De 1609 no hay mártires beatificados. Los de 1610 son cuatro. El 27 de agosto fue ejecutado Roger Cadwallador, de familia galesa pero nacido 20 km al este de la frontera ya en Inglaterra, 75 km al suroeste de Birmingham. Estudió en Reims y en Valladolid, donde fue ordenado sacerdote en 1593, regresando a Inglaterra al año siguiente para trabajar en su tierra natal de Herefordshire durante 16 años.

Lo buscaron intensamente desde 1605 y en Pascua de 1610 lo capturaron y lo tuvieron encadenado en las mazmorras del obispo de Hereford y luego en la cárcel de Leominster, 20 km al norte. Allí fue ejecutado por un verdugo inexperto que, tras ahorcarlo durante un buen rato, lo destripó estando aún vivo.

El siguiente mártir, el sacerdote George Napper, murió el 9 de noviembre en Oxford. Su padre fue miembro-becario del Colegio de Todos los Santos de Oxford y George estudió en el de Corpus Christi, de donde le expulsaron en 1566 como recusante. En 1579 estaba en el Colegio de Reims y un año después estaba preso en Inglaterra, de donde le dejaron salir en 1589 tras reconocer la supremacía real.

Regresó al Colegio Inglés de Douai, donde fue ordenado sacerdote en 1596 y en 1603 estaba de vuelta en Oxford, viviendo en casa de su hermano. El 19 de julio de 1610 le capturaron con un portaviático en el que llevaba dos Hostias consagradas y un relicario, más un breviario y santos óleos. Encerrado en el castillo de Oxford, lo condenaron por sacerdote, siendo la prueba clave los óleos. En prisión convirtió a un preso, lo cual agravó su situación, aunque le ofrecieron el destierro si hacía el Juramento de Lealtad. Como lo rechazó, lo ejecutaron, colgando cada una de sus cuatro partes en las cuatro puertas de la ciudad.

Los últimos mártires de 1610 fueron dos sacerdotes ejecutados en Tyburn el 10 de diciembre: Tomás Somers y el benedictino John Roberts. Este era hijo de un noble descendiente de los príncipes de Gales. Fue bautizado como anglicano, pero educado por un antiguo cisterciense. Estudió en el Colegio de San Juan de Oxford y luego leyes en Londres. Se convirtió al catolicismo durante una visita a Notre Dame de París, marchó a España, ingresando en 1598 en el monasterio de San Benito el Real de Valladolid. Profesó en 1600 en San Martín Pinario de Santiago de Compostela y llegó a Inglaterra ya como sacerdote en abril de 1603. En mayo lo capturaron y desterraron, pero tras pasar por Douai regresó y ayudó a las víctimas de la peste en Londres.

En 1604, al embarcar hacia España con cuatro postulantes a novicios (entre ellos Maurus Scott, mártir en 1612) lo volvieron a arrestar y desterrar, pero de nuevo regresó. El 5 de noviembre de 1605 lo arrestaron al registrar la casa de Tomás Percy, a quien perseguían por el recién descubierto Complot de la Pólvora. Lo tuvieron siete meses preso en el Gatehouse de Westminster y lo volvieron a deportar en julio de 1606.

Durante los siguientes 14 meses fundó en Douai el convento de San Gregorio para benedictinos ingleses (procedentes de conventos de España), del que fue primer prior (lo cerraron los revolucionarios en 1795 y reabrió en Downside). En octubre de 1607 regresó y en noviembre ya estaba preso en Gatehouse, de donde escapó, viviendo en Londres hasta que en mayo de 1609 lo llevaron preso a Newgate. El embajador francés Antoine de la Broderie evitó que lo ejecutaran y volvió a ser desterrado. Marchó a España, luego a Douai y a Inglaterra.

El 2 de diciembre de 1610 lo apresó al terminar una misa el espía y exsacerdote John Cecil, que había hecho un informe sobre él para Jacobo I. Condenado tres días después, tenía 33 años cuando lo ejecutaron. Por su popularidad al haber ayudado durante la peste, el pueblo presente exigió que lo dejaran morir en la horca para no descuartizarlo vivo, y cuando el verdugo mostró su corazón, en lugar del habitual grito de «¡Viva el Rey!», hubo silencio.

De su compañero de martirio, Tomás Somers, no parece haber más dato que el de que era «sacerdote misionero» (Dodd, 1739, p. 379).

La figura de John Roberts está vinculada a la de la dama española Luisa de Carvajal Mendoza (1566-1614), que conoció el Colegio de Ingleses de Valladolid (Sant Albans) y marchó a Inglaterra para acompañar a los sacerdotes, particularmente cuando eran condenados, organizando en las cárceles cenas de despedida en las vísperas de las ejecuciones, permitiendo así también que celebraran misa y se confesaran.

Carvajal fue arrestada dos veces, la primera en 1608, pero el embajador español logró ponerla a salvo. Luisa siguió recogiendo como reliquias los miembros de católicos ejecutados y guardándolos en cajas de plomo. El 9 de diciembre organizó en Newgate un banquete para 20 católicos condenados, presidiendo ella la mesa y teniendo como invitado de honor al sacerdote John Roberts, tras cuya ejecución al día siguiente Carvajal logró recuperar un dedo que se conserva en Downside.

Tras un año sin mártires beatificados, nos encontramos con cinco de 1612, empezando por el obispo Conor O'Devany y el sacerdote Patrick O'Loughran, ambos franciscanos, ejecutados el 1 de febrero en Dublín. El primero, de nombre irlandés Concobhar Ó Duibheannaigh o simplemente Cornelius, se hizo franciscano en la abadía de Donegal, hoy reducida a un cementerio y ruinas en la orilla sur del estuario del Eske en esa ciudad del noroeste de Irlanda.

Cornelius fue nombrado obispo de Down y Connor (Belfast) en 1582 por el papa Gregorio XIII. En 1588 lo encerraron en el castillo de Dublín. En 1590 lo soltaron hasta que, a mediados de 1611 y con casi 80 años, lo capturaron mientras impartía el sacramento de la Confirmación y lo volvieron a encerrar en el castillo de Dublín. Su ejecución fue deseo personal del virrey de Irlanda, Arthur Chichester. El 28 de enero lo sentenciaron y lo ejecutaron el 1 de febrero (en el calendario juliano, 11 en el gregoriano). El obispo pidió a una mujer que les traía comida que lo enterraran con el hábito franciscano.

Retrato de la venerable Luisa Carvajal conservado en
el Colegio St. Albans de Valladolid

La ejecución fue al otro lado del río, frente al castillo, y el camino estaba lleno de católicos, mientras los ministros protestantes le recordaban que se le perdonaría la vida con tal de confesar su traición y entrar en un templo oficial. Él besó el patíbulo y animó a los católicos presentes a perseverar en la fe.

El sacerdote O'Loughran había marchado a estudiar a Flandes poco antes de que en 1607 estallara en Irlanda la llamada Huida de los Condes, cuando el conde de Tyrone, Hugh O'Neill, el de Tyrconnell, Rory O'Donnell (hermano menor del difunto Red Hugh) y otras 90 personas, ante la presión posterior a la Guerra de los Nueve años, terminada en 1603, escaparon a Flandes y Roma (donde tras ser recibidos por el papa Pablo V, murió Rory O'Donnell en 1608 y Hugh O'Neill en 1616; ambos están enterrados en el convento de franciscanos españoles de San Pietro in Montorio).

O'Loughran se encontró en el Colegio Irlandés de Douai (fundado en 1603 por Christopher Cusack, con apoyo de Felipe III, a orillas del Canal del Escarpa y un kilómetro al norte del Colegio Inglés) con Hugh O'Neill, siendo por un tiempo director espiritual del conde y de su esposa Catalina, y viajando con ellos a Roma.

El sacerdote regresó en junio de 1611 y fue arrestado nada más desembarcar en Cork. Admitió haber impartido sacramentos a los exiliados y asistir al obispo Cornelius. Lo metieron en un calabozo hasta su condena a muerte junto con el obispo. Este quiso morir al final, para asistir al sacerdote, pero no se lo permitieron, y O'Loughran le dijo que se conformaba con que le ayudara rezando para que nada «me separe del amor de Cristo o de mi compañía con usted».

Los presentes quedaron tan impresionados de la entereza de ambos que tomaron reliquias y por la noche desenterraron los cadáveres de George's Hill (el lugar de ejecución) y les dieron un entierro digno junto a otros mártires en el cementerio de la iglesia de Santiago (la iglesia anglicana allí construida en 1859 es hoy una destilería de la empresa Pearse Lyons).

William Scott, monje benedictino ejecutado en Tyburn el 30 de mayo, ha sido beatificado con su nombre religioso de Maurus. Luisa de Carvajal, que desenterró, recompuso y volvió a enterrar en caja de plomo sus restos, afirma que junto con fray Mauro de Sahagún fue ejecutado un sacerdote.

De 1613 no hay mártires beatificados, pero ese año el arzobispo de Canterbury, George Abbot, hizo encarcelar a Luisa de Carvajal y tres de sus compañeras, acusándolas de conspirar contra Jacobo I y el Parlamento. El embajador español, Diego Sarmiento de Acuña, conde de Gondomar, logró liberarla y Felipe III ordenó que fuera repatriada.

El daño sufrido en prisión, sin embargo, acabó con ella, que había hecho voto de martirio y murió en casa de Gondomar el 2 de enero de 1614 de agotamiento y enfermedad. Su cuerpo fue repatriado por el embajador y está enterrado en el Real Monasterio de la Encarnación de Madrid, gestionado por Patrimonio Nacional, que conserva sus numerosas cartas y textos místicos.

Sarcófago con los restos de Luisa Carvajal, en la sala de reliquias del Monasterio de la Encarnación, Madrid (foto Santiago Mata)

Entretanto, el rey Jacobo acordó en 1613 la boda de su hija mayor, Isabel, con Federico V, elector del Palatino, que combatía contra los católicos en Bohemia, y que perderá la corona al ser derrotado en 1620 en la batalla de la Montaña Blanca. Llamada la Reina de Invierno o Reina de Corazones, Isabel era profundamente protestante, y su hija Sofía de Hannover sería la madre de Jorge I, que subiría al trono después de que Ana I uniera las dos coronas de Gran Bretaña y muriera sin hijos en 1714.

En 1615 tuvo lugar el martirio de un sacerdote jesuita escocés, san John Ogilvie, criado como hijo de un rico hacendado calvinista y enviado con 12 años a estudiar al continente en escuelas benedictinas de Ratisbona y jesuitas de Moravia. A los 17 años se hizo católico en Lovaina, en 1599 se hizo jesuita y en 1613 fue ordenado sacerdote en París. Pensó encontrar algún noble católico en Escocia, pero al no encontrarlos marchó a Londres y regresó a París.

En noviembre de 1613 volvió a Escocia disfrazado de vendedor de caballos. Celebraba misa y predicaba en privado hasta que en octubre de 1614 lo mandó arrestar el arzobispo John Spottiswood, inicialmente fervoroso presbiteriano pero desde su nombramiento como arzobispo anglicano de Glasgow y su consagración en 1610 en Londres por George Abbot, más fervoroso defensor de la Iglesia oficial.

Inicialmente bien tratado; al no confesar, Ogilvie fue torturado impidiéndole dormir cuando rechazó el Juramento de Lealtad. Durante el juicio, el sacerdote acusó al rey de «huir de Dios» y dio a entender que lo consideraba anticuado cuando dijo que no admitiría su autoridad sobre la Iglesia «más de lo que admitiría la autoridad de un sombrero viejo». A sus 36 años, lo colgaron el 10 de marzo en el lugar conocido como La Cruz de Glasgow, picota que debía tener cierta semejanza con la que hoy llaman Mercat Cross, una copia construida en 1929 en el cruce de Gallowgate (A89) con High St (A8), frente a la torre llamada Tolbooth Steeple. Antes de morir, Ogilvie pidió las oraciones de los católicos, «pero no las de los herejes», y arrojó su rosario. Los católicos congregados fueron gravados con fuertes multas.

En 1616 se registra un repunte de mártires beatificados, con cinco; empezando el 11 de marzo con Tomás Atkinsons, natural de Yorkshire, que tras ser ordenado en Reims regresó a Inglaterra en 1588. A sus 70 años, fue capturado y llevado a York junto con la familia que le acogió. Basándose en unas indulgencias (papales) que portaba, lo condenaron a ser descuartizado.

Siete días después ejecutaron a Roger Wrenno, un tejedor de Chorley —45 km al sur de Lancaster— al que habían condenado junto al sacerdote al que acogía, padre John Thules. Este llegó a Reims en 1583, fue ordenado sacerdote en Roma en 1590 y regresó dos años después. Estuvo preso en el castillo de Wisbech, donde el 8 de noviembre de 1598 escribió la carta a favor del establecimiento de un arcipreste y la del 17 de noviembre de 1600 criticando a la persona elegida. Hungerford (p. 207) publicó uno de sus poemas, que termina así:

> *Dios os conceda gracia en vuestros corazones*
> *para que os abstengáis de la falsa doctrina,*
> *y para que mantengáis la verdadera fe católica,*
> *que Cristo ordenó una vez.*
> *Todo el honor sea para el Dios de los ejércitos,*
> *toda la gloria a su Hijo,*
> *toda la alabanza sea para el Espíritu Santo,*
> *Tres Personas en Uno.*

Ambos se escaparon del castillo de Lancaster, pero tras dar vueltas toda la noche no se alejaron apenas del lugar, por lo que los capturaron y les ofrecieron salvarse renegando de la fe. Al colgar a Wrenno después de ejecutado el sacerdote, se rompió la cuerda y el alguacil insistió:

> *Es la voluntad de Dios que no mueras, haz el juramento, sé un buen súbdito y el rey te mostrará misericordia.*

Wrenno, enigmáticamente, respondió:

> *Si hubieras visto lo que yo acabo de ver, tendrías tanta prisa por morir como yo ahora.*

El primer día de julio fue ejecutado en Tyburn el sacerdote Tomás Maxfield. Hijo de padres recusantes, había nacido en la cárcel de

Stafford, capital de su condado a mitad de camino entre Birmingham y Mánchester. Estudió en Douai desde 1602, pero por su mala salud tuvo que volver a Inglaterra en 1610, regresando de nuevo a Douai en 1614 para ordenarse sacerdote.

Estatua en honor de los beatos Margaret Ball y Francis Taylor junto a la catedral de Dublín (foto Joe Passe en Flickr)

Al poco de llegar a Londres en 1615 lo encarcelaron en Gatehouse. En la madrugada del 15 de junio de 1616 fue detenido cuando escapaba colgándose de una cuerda. El 26 de junio lo condenaron en Old Bailey invocando la ley de 1584. El embajador español no logró evitar la ejecución, así que, durante el trayecto a Tyburn, Maxfield fue acompañado por una guardia de honor de españoles y el propio patíbulo estaba engalanado.

El último mártir beatificado de este año fue el sacerdote Tomás Tunstall, ejecutado el 13 de julio en la puerta norte (Magdalen Gate) de Norwich. De familia noble de Lancaster afincada en Yorkshire, ingresó en Douai en 1607, saliendo tres años después como sacerdote. Detenido inmediatamente en Inglaterra, tras cuatro o cinco años escapó del castillo de Wisbech, pero se lesionó las manos y al ir a curarse lo detuvieron y fue enviado a Norwich, donde lo condenaron.

Dos años después, registramos un mártir que fue ejecutado en Newcastle de Tyne el 30 de abril de 1618: William Southerne, que fue alumno de los Colegios de Douai y Valladolid, pero del que solo se sabe que fue acusado por ser sacerdote y rechazó hacer el Juramento de Lealtad.

El último mártir beatificado de los que padecieron durante el reinado de Jacobo I es el alcalde de Dublín, Francis Taylor, muerto el 30 de enero de 1621. Natural de Swords, 14 km al norte del centro de Dublín, su mujer era nieta de otro alcalde, Bartolomé Ball, y por tanto también de la beata Margarita Ball. En 1613, fue elegido diputado por Dublín, pero se repitió la elección para que ganara un protestante, mientras que Taylor dio con sus huesos en las mazmorras del castillo de Dublín desde 1615 hasta su muerte, tras siete años negándose a recuperar su libertad a cambio de renegar de la fe. Frente a la Catedral de Santa María de Dublín hay desde 2001 una estatua de los dos beatos mártires, Margarita Ball y Francis Taylor, obra de Conall McCabe.

Al final del reinado de Jacobo I surgió un caso peculiar, el de George Calvert, Lord Baltimore, que desde los 12 años había visto a su familia obligada a ir a las ceremonias de la Iglesia de Inglaterra. Estudió en Oxford y era secretario privado precisamente de Robert Cecil, secretario tanto de Isabel como de Jacobo. Él mismo llegó a ser embajador en Francia y finalmente secretario de Estado del rey Jacobo I.

Calvert se aproximó al catolicismo en sus viajes por Europa o al ver dañada su imagen tras pretender casar al Príncipe de Gales, Carlos, con la infanta María Ana de España, hija de Felipe III. Las negociaciones se prolongaron entre 1614 y 1623 y su fracaso mostró que el pueblo inglés no estaba dispuesto a pasar las páginas de la historia de la Gran Armada, a pesar de haber vencido siempre a sus enemigos.

En 1624 Calvert renunció a la secretaría de Estado y al año siguiente se declaró públicamente como católico. Pero el rey estaba agradecido y le dio un título nobiliario irlandés, el de primer barón de Baltimore, y él propuso colonizar el nuevo mundo en un ambiente de tolerancia, donde la gente pudiera ser inglesa y católica. Separó Maryland de Virginia, adelantándose a lo que Roger Williams haría en Rhode Island y al concepto de tolerancia de Locke, que en sus *Cartas sobre la tolerancia* (1689) excluía del derecho a ejercitar sus ideas religiosas a los católicos y ateos por igual.

CARLOS I
Y LA GUERRA CIVIL

El nuevo rey estaba casado, como su padre, con una católica, y permitió más presencia de católicos en la corte, no por convencimiento ideológico, sino por afán de imitar el lujo de la corte francesa. Esta imitación de los gustos continentales, sin embargo, le alejó de su pueblo.

Casó con la infanta francesa Enriqueta María, hermana del rey más católico de Francia, Luis XIII. Ella llegó incluso a peregrinar a Tyburn para honrar la memoria de los allí martirizados. De ella dice Mann (p. 119) que lo mismo que Eduardo VI se veía como un rey Josías destruyendo la idolatría, ella se veía como una nueva reina Ester restaurando la práctica religiosa de su pueblo.

Carlos I se permitió perseguir el protestantismo extremo representado por los puritanos también en la Escocia presbiteriana, aliándose con el partido de la Alta Iglesia (anglicana), representado por el arzobispo William Laud. De esa forma, provocó la emigración de 20.000 puritanos a las colonias del Nuevo Mundo, aunque al ver que aquellas se llenaban de disidentes, en 1637 exigió mostrar conformidad con la Iglesia de Inglaterra para emigrar.

Los puritanos llevaron a Massachusetts su anticatolicismo, mientras en Maryland, nombrada así en honor de Enriqueta María, George Calvert (Lord Baltimore) recibió permiso para llevar jesuitas a la Bahía de Chesapeake. Tras su muerte en 1632, prosiguió el proyecto su hijo Cecil, que era converso al catolicismo como su padre.

En Maryland no se exigían pruebas de religión para ser funcionario y los jesuitas debían implicarse en la predicación a los indígenas. En 1649, la Asamblea colonial aprobó la Ley de Tolerancia de Maryland, que permitía vivir allí incluso a los puritanos, mejor tratados allí en consecuencia que en Virginia, donde era obligatorio asistir a las ceremonias anglicanas. Pero los puritanos pagaron a Calvert con una revuelta, prohibiendo tanto el anglicanismo como el catolicismo entre 1650 y 1658, y quemando todas las iglesias católicas de Maryland.

De vuelta a Inglaterra, en el tercer año de reinado de Carlos I se registran en Lancaster dos nuevos martirios, únicos reconocidos como tales por la Iglesia católica hasta 1641. Las víctimas fueron el sacerdote jesuita Edmundo Arrowsmith y el laico Richard Herst, ejecutados consecutivamente el 28 y 29 de agosto.

El padre de Arrowsmith, Robert, era un granjero que había luchado en los Países Bajos en el regimiento de sir William Stanley, de la familia de los condes de Derby, que entregó en enero de 1587 a los españoles la plaza de Deventer —algo más de 90 km al este de Ámsterdam—, pasándose al bando contrario como forma de protesta por el maltrato sufrido por los católicos en Inglaterra. Stanley y la mayoría de sus 1400 soldados continuaron al servicio de España (él hasta su muerte en 1630).

Uno de los abuelos de Edmund había muerto en prisión como recusante. Él mismo tuvo que quedarse con sus hermanos al cuidado de unos vecinos, en una ocasión en que encarcelaron a sus padres. A los 20 años, en 1605, se marchó al Colegio de Douai. Tras una interrupción por problemas de salud, pudo regresar en 1607 y ordenarse en 1612, pasando a Inglaterra al año siguiente. Pasados nueve años, fue interrogado por el obispo anglicano de Chester, pero lo liberaron gracias a una amnistía del rey Jacobo I cuando planeaba casar al príncipe Carlos con una española.

En 1624 Arrowsmith se hizo jesuita y cuatro años después fue traicionado y preso. Antes de su ejecución, pudo confesarle John Southworth, que sería mártir en 1654.

En cuanto a Richard Herst, era un granjero acomodado al que detuvieron como recusante por orden del obispo de Chester. En su detención, hubo una pelea con los sirvientes de Herst, en la que se rompió una pierna uno de los atacantes, apellidado Dewhurst. Aunque este declaró antes de morir que su herida se debió a un accidente, Herst fue acusado de asesinato, en un esfuerzo por amedrentar a los recusantes.

Los amigos de Herst enviaron al rey Carlos I una petición, apoyada por la reina consorte Enriqueta María. El jurado quiso declararlo inocente, pero el juez exigió en nombre del gobierno un veredicto de culpabilidad. Una vez condenado, Herst fue obligado a oír un sermón anglicano, pero se tapó los oídos. En el patíbulo, le ofrecieron salvar la vida haciendo el Juramento de Lealtad, pero encontró pasajes a los que objetar y se negó.

En 1629 Carlos I comenzó una década de gobierno personal, sin el Parlamento, ya que en este los puritanos habían querido introducir leyes condenatorias del arminianismo (que reconocía la libre voluntad). En ese contexto, su coronación en Edimburgo en 1633 fue una exhibición de pomposos ritos anglicanos que resultaron tan extraños como la imposición, en 1637, de un Libro de Oración Común anticalvinista. En ese mismo año estalló la revuelta escocesa con un documento, el Pacto Nacional, que anunciaba sin pizca de modestia que el verdadero cristianismo se practicaba solo en Escocia bajo la autoridad de la Iglesia presbiteriana (llamada Kirk).

La guerra en Escocia obligó a Carlos a terminar el gobierno personal y pedir dinero al Parlamento, donde los puritanos expresaron en 1640 sus exigencias radicales, llamadas de «raíz y rama», porque buscaban eliminar todos los elementos que consideraban impuros o no bíblicos, incluidos los obispos.

Contrariamente a lo que pudiera sospecharse, en octubre de 1641 se levantaron los católicos en Irlanda... para apoyar al rey frente al Parlamento. La Confederación de Kilkenny unía tanto a los gaélicos como a los católicos de procedencia inglesa, también frente a posibles nuevas «plantaciones» de protestantes venidos de fuera. Pero no se trataba de una guerra santa, y aunque hubo matanzas de protestantes en el Ulster, según Mann (p. 122) estas fueron «tremendamente exageradas» por los puritanos ingleses.

La Cámara de los Comunes acusó a los jesuitas del levantamiento católico en Irlanda y ante la perspectiva de la supresión de los obispos, Carlos I se marchó de Londres y organizó un ejército para atacar la capital, declarando la guerra al Parlamento en agosto de 1642. Pero entretanto dos sacerdotes reconocidos como mártires pagaron con su vida el recrudecimiento de la persecución: William Ward, ejecutado en Tyburn el 26 de julio, y Ambrosio Barlow, ejecutado en Lancaster el 10 de septiembre.

Ward (cuyo apellido real era Webster) pasaba de los 40 cuando llegó a Douai en 1604. Cuatro años después se ordenó sacerdote y embarcó para Inglaterra, pero los vientos le hicieron desembarcar en Escocia, donde estuvo preso tres años. Una vez libre, trabajó 30 años en Inglaterra, 20 de ellos en prisión, especializándose en confesar, con tal exigencia en la dirección espiritual que, según Challoner, la gente lo prefería a otros confesores que parecían más complacientes (p. 88):

> *Tenía fama de ser un padre espiritual rígido, y aunque muchas personas importantes acudían a él con ese fin, él no cedía ante su grandeza, sino que era más severo con ellas que con las personas más humildes; y aunque su lenguaje directo y rotundo no siempre les agradaba, su espíritu era tan bueno que dejaba impresión en sus almas.*

Ward estaba en Londres el 7 de abril de 1641, cuando el Parlamento dictó la pena de muerte para los sacerdotes católicos, pero no quiso marcharse y el 15 de julio lo detuvieron en casa de su sobrino. El 23 lo condenaron a muerte y lo ejecutaron en la fiesta de Santa Ana, a la que tenía gran devoción.

Nacido como Eduardo cerca de Manchester, el abuelo paterno de Barlow murió en prisión y su padre perdió dos tercios de sus tierras porque no se sometió a la religión oficial. En cuanto pudo, él se fue al Colegio de San Gregorio de Douai y en 1610 al Colegio Inglés de Valladolid. Volvió an Douai para profesar como benedictino en 1616 con el nombre de Ambrosio y ordenarse sacerdote en 1617. Trabajó con gran celo en Lancashire hasta que, al terminar la misa de Pascua de 1641, un eclesiástico anglicano con una partida de gente armada lo detuvo.

Lo juzgaron cuatro meses después, con órdenes del gobierno de imponerle la pena máxima para escarmiento de los católicos de la región. Solo tras oír su condena a muerte, admitió el padre Ambrosio ser sacerdote.

A partir de 1641, se solaparon dos guerras civiles: la llamada Guerra de los Concilios en Irlanda (1641-1653) y la Guerra Civil Inglesa, que formalmente estalló en 1642, fruto de las tensiones crecientes desde 1640 entre el rey Carlos I —absolutista y de supuestas inclinaciones pro-católicas— y el Parlamento puritano.

La rebelión irlandesa comenzó el 23 de octubre de 1641, cuando terratenientes irlandeses católicos descontentos con la confiscación de tierras y la imposición de políticas discriminatorias por parte del gobierno inglés, intentaron tomar el control de instalaciones militares y ciudades del Ulster.

La rebelión en Irlanda influyó en Inglaterra, en cuyo Parlamento muchos temían una invasión católica y desconfiaban del rey —cuya esposa francesa era católica— y de su posible apoyo a los rebeldes irlandeses. La necesidad de enviar tropas a Irlanda exacerbó las tensiones entre el rey y el Parlamento.

Aunque la cuestión irlandesa agravara ese conflicto, en su origen resulta decisiva la resistencia escocesa frente al absolutismo real; al menos esa parece ser la visión dominante en publicaciones populares del estilo de la cronología de Beeton, donde se subraya (p. 67) que antes de disolver el Parlamento el 5 de mayo de 1640, el rey había prometido a los Comunes determinadas concesiones «si le ayudaban contra los escoceses» y viceversa, que al día siguiente «los escoceses incitaron a los ingleses a actuar contra el rey», cuyo ejército recién formado por 20.000 hombres fue derrotado el 27 de agosto por los escoceses, que tomaron Newcastle de Tyne.

Tras el armisticio entre ingleses y escoceses, firmado el 26 de octubre, el tono anticlerical del Parlamento aumentó en conformidad con la presión de la «calle», al presentarse, por ejemplo, el 11 de diciembre de 1640, una petición firmada por 15.000 personas para «extirpar el episcopado». A lo largo de 1641 el Parlamento recopiló todas las reclamaciones contra el rey, presentándolas en la Gran Remonstrancia que aprobó el 22 de noviembre.

Esta situación se agravó en 1642 después de que el rey tratara, sin éxito, de detener en enero a cinco miembros del Parlamento. Este respondió aprobando el 26 de febrero los «catorce artículos» contra el arzobispo Laud de Canterbury, quien finalmente fue enviado a la Torre el 1 de marzo. El 5 de marzo, el Parlamento se arrogó el derecho a controlar las milicias locales, mediante la Ordenanza de Milicia, que fue aprobada sin consentimiento del rey.

La lucha contra los representantes del rey tendría otro punto álgido el 22 de ese mes, al comenzar el juicio contra Lord Wentworth, uno de los principales apoyos del autoritarismo real, que desde 1633 era Lord Diputado de Irlanda, al que el rey había hecho conde de Strafford y barón de Raby en enero de 1640. Este juicio se vio apoyado por una masa armada que asaltó la abadía de Westminster insultando al rey. El 10 de mayo el Parlamento, al mismo tiempo que se declaraba permanente, condenó a Strafford. El rey firmó la condena bajo temor a una insurrección, y Strafford fue ejecutado dos días después.

En este contexto de medidas antiautoritarias y contra el alto clero de la Iglesia oficial, Beeton anota (p. 68) que el 10 de marzo el Parlamento prohibió que los obispos pudieran ser miembros del Parlamento o de cualquier comisión, y añade la aprobación de «leyes contra los Papistas». Se refiere así de refilón a la Orden de Expulsión de Papistas, fechada el 8 de marzo, que daría pie a algunos martirios, incluso, como veremos, ordenados por el rey tras salir de

Londres en dirección al norte, sin estar ya presionado, por tanto, por el Parlamento.

Ya sin presión parlamentaria, cuando en junio de 1642 el Parlamento le envió las 19 proposiciones para limitar el poder real, Carlos I las rechazó. En julio el Parlamento ordenó al conde de Essex organizar un ejército, y el 22 de agosto estalló formalmente la guerra, al levantar Carlos I su estandarte en Nottingham llamando a la lucha contra el Parlamento.

En mayo de 1642 los rebeldes irlandeses habían establecido su propio Parlamento en Kilkenny, representando a la llamada Confederación Católica Irlandesa, con un gobierno que trató sin éxito de negociar con el rey y el Parlamento ingleses. Puestos a elegir un bando en la Guerra Civil inglesa, eligieron el de Carlos I, de modo que, dice Mann (p. 122), «los nobles católicos lucharon por un rey que nunca les había prestado grandes favores, simplemente porque era el enemigo de sus enemigos, los puritanos».

La gravedad del momento para los católicos es patente al ver los casos de los ocho mártires reconocidos del año 1642.

El 21 de enero de 1642 fueron ejecutados en Tyburn los sacerdotes Bartolomé Roe (padre Albano, como benedictino) y Tomás Reynolds. El primero inició su conversión al tratar de persuadir para hacerse protestante a un preso católico, cuyos argumentos no pudo contradecir. Fue leyendo y confesándose con sacerdotes católicos, hasta marchar en 1607 al Colegio Inglés de Douai, del que en 1610 lo expulsaron por indisciplina. Protestó y su popularidad le facilitó ser admitido en 1612 en un monasterio benedictino y ordenado sacerdote en 1615.

Tras una primera deportación, regresó a Inglaterra en 1618 y estuvo preso cinco años hasta que el embajador español conde de Gondomar consiguió sacarlo para que lo desterraran. Regresó a los dos años y estuvo otros 17 encarcelado en la prisión de la calle Fleet, donde le dejaban salir con tal de que regresara a dormir. A falta de iglesias, ejercía su afán de almas en las cervecerías, hablando con la gente e incluso jugando a las cartas, lo que le permitía su congregación porque no se apostaba dinero, sino oraciones.

Ya dueños de la calle, en 1641 los puritanos lo encerraron en condiciones rigurosas en Newgate para juzgarlo en 1642 y condenarlo como sacerdote invocando todavía la ley de 1584 (fue antes del decreto del 8 de marzo de 1642). Su acusador en el juicio fue un católico renegado al que había ayudado. Roe rechazó que lo juzgara un tribunal «ignorante», y cuando el juez habló con él en privado dijo:

> *Mi Salvador sufrió mucho más que todo esto por mí y estoy dispuesto a sufrir el peor de los tormentos por Él.*

En la prisión, algunos sacerdotes le persuadieron para que se dejara juzgar. El jurado lo declaró culpable, lo cual él agradeció, pero el juez suspendió la sentencia hasta el 21 de enero.

En el cadalso, Roe predicó con alegría a los presentes sobre el sentido de la muerte. Dio muestras de singular humor, al preguntar al alguacil si salvaría la vida haciéndose protestante. El alguacil dijo que sí. Tras ese reconocimiento de que la verdadera razón de la condena era su fe religiosa y no un crimen de alta traición, el sacerdote dijo a la multitud presente:

> *Veamos entonces cuál es el crimen por el cual voy a morir, y si mi religión no es mi única traición.*

Con sutil ironía, Roe subrayaba lo injusto y absurdo que era llamar traición a la fidelidad a la fe. Siempre con ese peculiar humor, dijo a uno de sus antiguos guardias de prisión:

> *Amigo mío, me he dado cuenta de que eres profeta, pues con frecuencia me decías que deberían ahorcarme.*

La impresión causada por Roe y su compañero Reynolds fue tal que, por una parte, se dice que sus discursos se enviaron al Parlamento, y por otra parte la gente congregada se abalanzó al final sobre su cadáver para mojar paños en su sangre y guardarla como reliquia.

Roe es el único mártir católico de esta época en la serie de siete figuras de moderna confección expuestas en la catedral anglicana de St Albans, la antigua ciudad romana de Verulamium, 35 km al norte de Londres. Se le representa con la palma del martirio y con una baraja de cartas francesa en la mano izquierda.

Su compañero de martirio, ejecutado antes que él, fue Tomás Reynolds (su apellido real era Green), que estuvo en Reims antes de llegar en 1590 al Colegio de Valladolid como uno de sus primeros estudiantes. Terminó sin embargo siendo ordenado en el de San Gregorio de Sevilla en 1592.

De regreso a Inglaterra, trabajó hasta su detención en 1606 en la ola de represión consiguiente al Complot de la Pólvora. En esa ocasión lo desterraron, pero regresó, trabajando otros veinte años hasta ser detenido en 1628. Aunque le condenaron a muerte, le conmutaron la pena gracias a la reina Enriqueta María. En prisión pudo ser director espiritual de muchas personas que le visitaban, y en 1635 salió tras pagar una fianza.

Cuando el rey huyó de Londres en enero de 1642 y el Parlamento puritano recrudeció las medidas persecutorias, fue de nuevo condenado a muerte. Por sus 80 años y su timidez natural, pasó sus últimos días recogido en oración y pidiendo a otros sacerdotes encarcelados que rezaran para que tuviera la fortaleza necesaria. En la mañana de su ejecución, le llenó una serenidad tal que, además de celebrar misa antes de salir de la prisión, se dirigió durante casi media hora a la multitud congregada en Tyburn.

Señaló que en 40 años trabajando como sacerdote en Inglaterra nunca había pronunciado una palabra traidora, y que su única intención fue «conducir las almas descarriadas al redil de la Iglesia católica». Añadió que no pretendía criticar al Parlamento, a quien Dios bendeciría y enseñaría qué hacer por el bien del reino; incluyó en sus oraciones al rey, la reina y todo el país, pidió perdón a todos y lo otorgó a quienes actuaran contra él, en particular al matarle; finalmente agradeció su paciencia al alguacil, rezando para que Dios lo recompensara convirtiéndolo en un santo en el cielo.

El alguacil se encomendó a las oraciones de Reynolds y dijo no haber visto nunca morir a alguien así. Tras abrazarse, Reynolds y Roe rezaron el Salmo Miserere. Para evitarles sufrimientos, el alguacil comprobó que murieran en la horca antes de descuartizarlos.

Otros dos sacerdotes mártires murieron en York el mismo día (13 de abril): Edmund Catheric y John Lockwood. El primero fue ordenado en Douai y regresó a su tierra hacia 1635. Tras siete años, fue detenido y por una indiscreción al hablar con el juez reconoció ser sacerdote.

Su sentencia de muerte fue suspendida por el rey Carlos I hasta que trasladó su corte a York en marzo de 1642. Ejecutarla entonces quizá pudo ser visto como forma de garantizar mayor adhesión a su causa, dejando claro que aún consideraba traidores a los católicos.

La cabeza de Catherick se colocó en el puente Micklegate y el cuerpo se enterró aparte, pero no desaparecieron: el cuerpo fue llevado al monasterio de Downside y la cabeza, encontrada en el castillo de Hazlewood, fue examinada por el historiador católico John Lingard en 1845.

Por su parte, John Lockwood marchó a Reims en 1579 en compañía de su hermano Francis, y contra la voluntad de su padre. Francis se ordenó en 1587, pero John continuó estudios en el Colegio Inglés de Roma, donde se ordenó en 1597, pasando a Inglaterra, donde trabajó camuflado como jardinero. Tras una primera deportación en 1610, volvió y trabajó otros 32 años. Cuando le arrestaron en 1642 tenía 87 años.

El siguiente mártir —pendiente de beatificación, por estar en la causa de Richard Creagh— es el carmelita descalzo George Halley (Ángel de San José), ejecutado el 15 de agosto de 1642 en Syddan, condado de Meath, 75 km al noroeste de Dublín. Según Rohrbach (p. 281) era inglés, nacido en 1620, y enviado a Drogheda para prepararse al sacerdocio y volver a la misión inglesa. Tras la toma de la ciudad el 1 de agosto de 1642 por el comandante inglés sir Arthur Aston, Halley fue arrastrado a la muerte mientras cantaba la letanía de la Virgen; lo ataron a un árbol y lo fusilaron.

De vuelta a Inglaterra, el siguiente mártir fue Hugh Green, ejecutado el 19 de agosto en Dorchester, que usó los alias Ferdinand Brooks y Brown. Nacido en Londres de padres anglicanos, estudió en Cambridge. Convertido al catolicismo, ingresó en el Colegio de Douai en 1610, se ordenó dos años después y fue capellán de Ann Stanley, viuda de John Arundell, en el castillo de Chideock (donde vimos que fueron capturados cuatro mártires en 1594).

Tras servir 30 años en esa casa, Green decidió obedecer la orden de expulsión del 8 de marzo de 1642, pero cuando quiso embarcar en Lyme Regis (8 km al oeste de Chideock), pasaban dos días del plazo de un mes que se daba para abandonar el país. Fue apresado y condenado a muerte en Dorchester.

Su paciencia en prisión hizo que algunas mujeres sentenciadas a morir con él le mandaran mensajes para que las absolviera antes de la ejecución. Ellas se confesaron en presencia del público y recibieron la absolución. El inexperto verdugo tardó media hora en encontrar el corazón de Green para exponerlo. Una vez terminada la ejecución, la gente jugó al fútbol con su cabeza.

En 1986, la escultora Elisabeth Frink erigió en el patíbulo de Gallows Hill, situado al sur del área verde llamada Salisbury, un memorial a los mártires de Dorset, como homenaje a las «innumerables» personas víctimas de la persecución religiosa en la Inglaterra de los siglos XVI, XVII, especialmente de siete católicos (según el folleto municipal, ya que la placa *in situ* menciona hasta 14): Pilchard (1587), Pyke (carpintero recibido en la fe por Pilchard, ejecutado en 1591 por el cargo de haber hablado a favor de la religión católica mientras estaba en prisión; no ha sido beatificado), John Cornelius (1594), Gosgrave, Carey y Salmon (1594) y Green. En el suelo, un medallón reza: «Por Cristo y por la conciencia».

El 12 de octubre de 1642 fue ejecutado en Tyburn el sacerdote franciscano Tomás Bullaker, cuyo padre, doctor y profesor, dirigía un grupo de recusantes, lo mismo que su abuelo, William Bullaker, autor de la primera gramática inglesa. De joven, Tomás fue a St Omer a estudiar o hacer algún retiro. Desde allí, marchó a fines de 1621 a

Valladolid, donde usó el apellido Taylor. Al año siguiente, lo excomulgaron de la Iglesia de Inglaterra en ausencia, en Chichester.

Aconsejado por el jesuita Alexander Baker (que misionó dos veces en la India y murió en Londres en 1638), ingresó en el monasterio franciscano de El Abrojo (Laguna de Duero, Valladolid), donde fue ordenado sacerdote en 1628. Pidió ser misionero en América, pero lo mandaron a Inglaterra, donde nada más desembarcar el capitán del barco lo denunció y fue apresado. Al no encontrar evidencias contra él, lo soltaron y pudo trabajar durante 10 años, siendo secretario del franciscano Christopher Davenport (capellán real) y guardián de conventos hasta que en 1641 el provincial franciscano le autorizó a ir a Londres para ayudar a los católicos pobres.

El 11 de septiembre de 1642, Bullaker fue capturado mientras celebraba misa por el espía James Wadsworth, que desde los seis años había vivido con su madre en España. Estuvo cuatro años en el colegio de los jesuitas en St Omer y, viajando en 1622 a España, su barco fue asaltado por piratas y estuvo un año preso en Marruecos. Fue traductor del conde de Carlisle cuando llegó a Madrid con el príncipe Carlos para negociar su matrimonio. Felipe IV lo envió a Flandes con una dotación económica, para trabajar en el ejército español. En lugar de ello, Wadsworth desembarcó en 1625 en Inglaterra, ofreciéndose al arzobispo de Canterbury como topo entre los católicos.

Bullaker fue llevado a la prisión de Newsgate, condenado como traidor por «sacerdote seminarista» y descuartizado.

El último mártir de 1642 fue el sacerdote jesuita Tomás Holland, ejecutado en Tyburn el 12 de diciembre. También pasó por el Colegio de St Omer y desde agosto de 1621 por el de Valladolid. Durante la visita del príncipe Carlos en 1623 fue a Madrid para recitar una oración en latín en la que los seminaristas ingleses de Valladolid aseguraban al príncipe su lealtad. Al año siguiente, ingresó como novicio jesuita en Flandes y se ordenó sacerdote. En 1635 fue enviado a Inglaterra y trabajó en Londres, viajando solo de noche para evitar a los cazacuras.

El 4 de octubre de 1642 fue arrestado en las calles de Londres al regresar de atender a un enfermo. Juzgado en Old Bailey el 7 de diciembre, no encontraron pruebas de que fuera sacerdote, pero como no aceptó jurar que no lo fuera, lo condenaron, a pesar de las protestas de dos miembros del tribunal, incluido Isaac Penington, diputado, alcalde de Londres ese año y posteriormente miembro del gobierno de Oliver Cromwell. A su regreso a prisión, pudo confesar a otros presos y celebrar misa. En la ejecución, le dejaron hablar al pueblo y rezar, así como expirar en la horca para no ser despedazado vivo.

El primero de los tres mártires reconocidos por la Iglesia católica de 1643 fue el sacerdote dominico irlandés Peter Higgins, ejecutado en Dublín el 23 de marzo. Fue ordenado en España en 1627. Previamente, había sido novicio en la casa que los dominicos tenían en la calle Cook, en un barrio que era una especie de gueto católico en Dublín.

Al regresar Higgins a Irlanda después de 1630, lo pusieron al frente del priorato de nueva fundación en Naas, 30 km al suroeste de Dublín, a la sombra o con la connivencia del Lord Diputado Wentworth, el que desde 1640 fue conde de Strafford y al que condenó el Parlamento. El 21 de enero de 1643, un ejército comandado por James Butler, marqués de Ormond, marchó de Dublín a Naas, por haber oído que allí había rebeldes en armas. Cuando llegó, no los había.

Higgins se entregó a Ormond, que lo llevó preso a Dublín, cuyo gobernador, Coote, había sido autorizado por el Tribunal Supremo a ejecutar sumariamente a sacerdotes católicos. Sin mediar juicio, en la madrugada del 23 de marzo, Higgins fue ahorcado, sin que pudieran ayudarle varios protestantes cuyas vidas había salvado. Desde el patíbulo manifestó su fidelidad al rey, a la fe católica y a su profesión religiosa. El cuerpo fue despedazado.

El segundo mártir fue otro religioso, el sacerdote franciscano Henry Heath (Pablo de Santa Magdalena), natural de Peterborough (120 km al norte de Londres), se graduó en 1621 como bachiller en artes en Cambridge. Al año siguiente, se hizo católico por influencia del sacerdote George Musket, sobre el que desde 1628 pesaría una sentencia de muerte, pero que entremedias fue propuesto en 1635 a la Santa Sede como posible obispo católico para Inglaterra, y terminó siendo elegido presidente del Colegio de Douai mientras aún estaba preso, y luego fue deportado y murió en ese cargo.

Heat estuvo en el Colegio Inglés de Douai, pero pronto pasó al convento franciscano de la misma ciudad. Volvió a Inglaterra en 1643, mendigando para llegar de Dover a Londres. Al llegar, durmió bajo una puerta y el dueño de la casa lo denunció temiendo que fuera un ladrón. Por las sospechas que despertó algún papel que llevaba, lo interrogó el alcalde de la ciudad y, tras confesar que era sacerdote, acabó en Newgate. Un comité parlamentario lo examinó y fue condenado. De camino a Tyburn, confesó a uno de los criminales que iba a ser ejecutado con él. Tuvieron la deferencia de dejarle expirar en la horca.

El tercer y último mártir de 1643 también era franciscano: Arthur Bell, enviado por su tío y educador con 24 años a St Omer, completó estudios en el Colegio de San Albano de Valladolid. Profesó como franciscano en Segovia en 1618. Tras ordenarse fue profesor en Douai, teniendo como alumno al recién citado Heat. En 1632, lo mandaron a Escocia para restaurar la orden franciscana, sin éxito. En 1643 marchó a Inglaterra, donde las tropas parlamentarias lo detuvieron bajo sospecha de espionaje en Stevenage, 44 km al norte de Londres. Al descubrir por sus papeles que era sacerdote, lo encerraron en Newgate y en su juicio intervino como testigo de la acusación James Wadsworth. Al oír la sentencia de muerte cantó el Te Deum y agradeció al jurado que le permitiera morir por Cristo. Lo despedazaron en Tyburn el 11 de diciembre.

Los puritanos, en medio de la guerra, hicieron especial objeto de destrucción de las catedrales como «monumentos de superstición e idolatría» por orden emitida el 26 de agosto de 1643 por la Cámara de los Comunes. En septiembre de 1643, los parlamentarios se juramentaron para reformar la religión de Inglaterra y de Irlanda, además de «preservar» la de Escocia, mediante «la extirpación del Papado, de los obispados», etc. Con particular saña se persiguió toda celebración de la Navidad.

El 12 de marzo de 1644, el Parlamento juzgó por traición al arzobispo de Canterbury, Laud, que sería ejecutado en la Torre de Londres el 10 de enero de 1645. Entremedias, a mediados de junio de 1644, la reina Enriqueta María huyó a Francia. Entre las víctimas de la persecución ese año, la Iglesia católica ha reconocido como mártires a dos que fueron ejecutados el 7 de septiembre en Tyburn.

Ralph Corbie nació en Dublín, pero siendo niño regresó con sus padres a Durham, de donde procedían. Marchó a estudiar a St Omer, Sevilla y Valladolid, donde se ordenó, se hizo jesuita hacia 1626 y desde donde regresó en 1631 a Durham, trabajando durante 12 años. Las tropas parlamentarias lo apresaron vestido para celebrar misa en julio de 1644 en Hamsterley, 20 km al suroeste de Durham y lo mandaron a la prisión londinense de Newsgate junto con el sacerdote secular John Duckett.

Este era de Yorkshire y familiar del editor de libros James Duckett, mártir en 1602. Con 17 años estaba en Douai y fue ordenado en 1639. Regresó a Newcastle de Tyne en Navidad de 1643, por lo que solo trabajó medio año hasta que en julio de 1644 le detuvieron soldados parlamentarios cuando iba a bautizar niños. Reconoció ser sacerdote y lo mandaron preso a Londres.

A la llegada de Corbie y Duckett se reunieron en Newsgate numerosos católicos, a los que impresionaron por su alegría y santidad. Los condenaron el 4 de septiembre. Al ser Corbie jesuita, tras gestiones de su orden, se le ofreció un indulto. Él se lo cedió a Duckett, que era más joven, pero a su vez el sacerdote secular dijo que él no iba a dejar solo al religioso, así que ambos fueron juntos al patíbulo.

El 14 de junio de 1645, en la batalla de Naseby, los realistas fueron derrotados por el Ejército de Nuevo Modelo del Parlamento. Carlos I se entregó a los escoceses por el acuerdo de Newcastle en 1646. El 3 de enero de 1647 fue entregado a las fuerzas parlamentarias en el mismo castillo.

De 1645 hay un mártir canonizado: Henry Morse, que estudió en Cambridge y Gray's Inn (Londres). Tras la muerte de su padre, en 1614, se fue con su hermano, que estudiaba para sacerdote en Douai, en cuyo Colegio Inglés Henry se convirtió. Regresó a Inglaterra y lo encarcelaron cuatro años por negarse a hacer el Juramento de Lealtad. Fue desterrado con un centenar de sacerdotes en la amnistía con que Jacobo I quiso preparar la boda del príncipe Carlos. De Douai fue enviado a Roma, donde se ordenó y emprendió el regreso a Inglaterra en 1624. Allí fue asignado a los jesuitas de Newcastle de Tyne, ingresó en la Compañía de Jesús y tras tres años de prisión fue deportado, sirviendo como capellán de soldados ingleses e irlandeses en el ejército español de los Países Bajos.

Regresó a Inglaterra en 1633, asistiendo de nuevo a enfermos de peste, pero en Londres. Tras otro año preso, lo soltaron por gestiones de la reina Enriqueta María. Ante la orden de expulsión de 1641, se exilió y de nuevo fue capellán de los mercenarios ingleses del coronel Henry Gage al servicio de España

Morse volvió en 1643 y tras año y medio lo apresaron en el norte, enviándolo a Londres, donde lo condenaron y ejecutaron en Tyburn el 1 de febrero de 1645, con cierta solemnidad, ya que el catre o zarzo en que lo transportaban iba tirado por cuatro caballos; la ejecución la presenciaron los embajadores francés y portugués, se le concedió expirar en la horca y, cuando descuartizaron el cadáver, los sirvientes de los embajadores extranjeros mojaron sus pañuelos en su sangre.

De 1646 hay cuatro mártires beatificados. El primero es Philip Powell, ejecutado en Tyburn el 30 de junio. Galés y educado por el también galés místico benedictino Augustine Baker, a los 16 años marchó a estudiar derecho a Londres. Años después ingresó en la comunidad benedictina de Douai, en 1618 se ordenó y regresó a Inglaterra en 1622, siendo capellán de una familia en el suroeste (Somerset). Durante la Guerra Civil, fue capellán de los soldados católicos del general Goring en Cornualles. Al disolverse esas unidades, embarcó para el sur de Gales, pero el barco fue capturado en febrero de 1646 y él denunciado como sacerdote. Las malas condiciones de la prisión londinenses le causaron pleuritis. Al oír el 9 de junio su sentencia de muerte en el Palacio de Westminster, pidió que le dieran un chupito, brindando:

¡Oh, quién soy yo para que Dios me honre tanto y quiera que muera por Él!

Los otros tres mártires, sacerdotes, fueron ejecutados el 7 de agosto en el castillo de Lancaster: Edward Bamber, Tomás Whittaker y John Woodcock. El primero estudió en St Omer y en el Colegio de San Gregorio de Sevilla. Ordenado en 1626, al regresar a Inglaterra se arrodilló para dar gracias a Dios, lo que fue visto por el gobernador de Dover, que lo hizo arrestar y deportar. Regresó por su región natal de Lancashire, y aunque fue pronto arrestado, consiguió escaparse y trabajar 16 años en libertad. Tras su tercer arresto, pasó tres años encerrado en el castillo de Lancaster, incluyendo una breve fuga, hasta el juicio junto a los otros dos sacerdotes, en el que dos apóstatas testificaron haber recibido sacramentos de él, lo que le valió la sentencia de muerte. Durante la ejecución, arrojó un puñado de monedas a los asistentes.

Igualmente de Lancashire era Tomás Whittaker, que después de estudiar en la escuela de su propio padre, continuó estudiando en Valladolid y después de ordenarse en 1638, trabajó durante cinco años en su tierra. Tras una primera captura de la que escapó, pasó tres años encerrado en el castillo antes del juicio. En el patíbulo dijo al alguacil, que insistía en perdonarle si se hacía anglicano:

Haga lo que quiera conmigo, pero un indulto o incluso un perdón bajo esas condiciones, lo rechazo rotundamente.

También de Lancashire era Woodcock, que al convertirse a los 20 años tuvo que irse a vivir con su abuelo materno, ya que su padre se lo tomó a mal. Estudió en St Omer y en el Colegio Inglés de Roma. En 1631 ingresó en el convento de franciscanos de Douai, de la mano de Henry Heath, y al saber que este fue mártir en 1643, pidió volver a Inglaterra, si bien lo arrestaron la misma noche en que llegó a Newcastle de Tyne. Pasó dos años encerrado en el castillo; el 6 de agosto de 1646 en el juicio reconoció ser sacerdote, y al día siguiente, en la ejecución, se rompió la primera soga con que le ahorcaron y, cuando cortaron la segunda, aún estaba vivo, por lo que lo destriparon vivo.

La toma de Cashel, la antigua capital de Munster, el 13 de septiembre de 1647, tiene especial relevancia por los martirios que en ella se documentan, aunque es solo un botón de muestra del sufrimiento y los crímenes cometidos durante esa guerra. Conyngham, escribiendo en 1868 (p. 138), aseguraba que entre 1642 y 1652 «tres obispos y más de 300 sacerdotes fueron ejecutados por su fe». De una población de 1,5 millones en 1641, de los cuales casi el 85 % eran católicos, se pasó a medio millón de habitantes en 1659:

> *En el espacio de 18 años, casi un millón de personas murieron o fueron obligadas a exiliarse. En comparación con la población de ambos períodos, esto fue aún peor que el exterminio por hambruna de nuestros días.*

Cinco sacerdotes, un religioso y dos laicas asesinados en el saqueo de Cashel están incluidos en la causa de canonización del obispo Richard Creagh. Theobald Stapleton, de familia mixta anglo-irlandesa, destaca por ser uno de los creadores de la moderna ortografía del idioma irlandés, al publicar en Bruselas en 1639 un catecismo. En 1612 estableció el Colegio Irlandés en Sevilla, se ordenó en Madrid en 1616 y dio clases en el Colegio Irlandés de la capital española. Durante el saqueo de Cashel se refugió en la catedral, dentro del castillo. Fue capturado por las tropas parlamentarias de Murrough O'Brien, conde de Inchiquin, que lo ejecutaron sumariamente con otros seis sacerdotes. Antes de morir, parece ser que arrojó agua bendita a sus asesinos.

Tomás Morrissey es el otro sacerdote diocesano de Cashel en este grupo, que completan el sacerdote dominico Richard Barry, el sacerdote franciscano Richard Butler, el religioso franciscano James Saul, el sacerdote jesuita William Boyton y dos laicas: Elizabeth Kearney y Margaret (de apellido desconocido).

La Guerra Civil dividió a los ingleses en los dos grandes grupos políticos que siguen existiendo hoy. La marcha sobre Edimburgo en

1648 de los pactantes escoceses que habían firmado con los parlamentarios ingleses la Liga y Pacto Solemne en 1643, sería el origen del término Whig, pues se le llamó la Marcha de los Whiggamores, acuñando la palabra gaélica escocesa para conductores de ganado o caballos, pero con el sentido despectivo de ladrones.

Mientras Whig designa a los liberales —hoy laboristas—, el nombre Tory —que designará a los conservadores— surgió un año después, durante la campaña de nueve meses de Cromwell en Irlanda en 1649/50, cuando bandas de guerrilleros realistas fueron perseguidas ferozmente y se les llamaba *toir* (que en gaélico significa perseguir), también con el sentido de ladrón.

La ejecución del rey el 30 de enero de 1649 lo convirtió en mártir del anglicanismo. Pero la página más sangrienta iba a escribirla Cromwell en Irlanda ese mismo año con su Nuevo Ejército Modelo, una actuación que en palabras de Winston Churchill «oscureció sensiblemente la ruta de la humanidad», particularmente con las matanzas de no combatientes en Drogheda y Wexford, que Cromwell presentaba como «justo juicio de Dios».

Las matanzas surtían su efecto terrorista, forzando a otras poblaciones a rendirse, y en las capitulaciones Cromwell siempre aclaraba que quedaba prohibido celebrar misa. Aparte de perder un millón de habitantes, dos tercios del territorio irlandés cambió de manos (pasando a los protestantes) y nuevas leyes limitaron drásticamente la participación de los católicos en la vida social o política.

Del año 1649 hay cinco sacerdotes asesinados durante el saqueo de Drogheda por Cromwell el 11 de septiembre, cuyas muertes están incluidas en la causa de canonización del obispo Richard Creagh: el jesuita John Bathe y su hermano sacerdote diocesano Tomás; el sacerdote agustino Peter Taafe y los sacerdotes dominicos Dominic Dillon y Richard Oveton.

Cromwell mencionó al agustino en una carta fechada el 17 de septiembre, refiriendo que un millar de católicos que se habían refugiado en la iglesia de San Pedro fueron «pasados por la espada» y que todos los frailes, salvo dos, fueron «golpeados en la cabeza indiscriminadamente» (sinónimo de matar). Uno de esos dos era el prior agustino, Taaffe, «a quien los soldados capturaron al día siguiente y acabaron con él».

En 1650, Carlos II invadió Escocia pero fue derrotado en Dunbar el 3 de septiembre y tuvo que regresar al Continente. Cromwell mandó caminar a los 3000 soldados escoceses presos hasta la Catedral de Durham, donde los encerraron y aproximadamente 1700 murieron por las duras condiciones de la cautividad. Por ello son llamados mártires de Durham.

En 1651 hubo un sacerdote jesuita mártir en Tyburn y un obispo en Irlanda. El jesuita era Peter Wright, que en su juventud se enroló en el ejército inglés en los Países Bajos, pero tras apenas un mes desertó, descontento con la vida militar y, visitando a los jesuitas en Lieja, pidió ser reconciliado con la Iglesia católica. Tras dos años estudiando en el Colegio de los jesuitas en Gante, entró en 1629 como novicio y se ordenó sacerdote en 1639, en Lieja. Terminó como capellán del regimiento inglés del coronel Henry Gage al servicio de España, y con él regresó a Inglaterra en primavera de 1644 para auxiliar al rey Carlos I.

Tras dar los últimos sacramentos a Gage (que murió en enero de 1645), Wright fue capellán del marqués de Winchester, John Paulet, con el que fue a Londres, pero allí una banda de cazacuras lo capturó el 2 de febrero de 1650 cuando iba a celebrar misa. Lo juzgaron en Old Bailey a mediados de mayo, siendo testigo de su acusación Tomás Gage, hermano del difunto coronel y sacerdote dominico renegado. Eso bastó para condenarle a muerte invocando la Ley de 1584.

Lo ejecutaron el lunes de Pentecostés, 19 de mayo, ante más de 12.000 espectadores, incluidos algunos jesuitas disfrazados que quisieron darle la absolución. Como muestra de deferencia, los alguaciles permitieron que muriera ahorcado y, una vez destripado, se entregó su cuerpo a sus amigos, que lo enterraron en el Colegio jesuita de Lieja.

El obispo y religioso dominico Terence Albert O'Brien fue ejecutado el 30 de octubre en Limerick, su tierra natal, en la que se había hecho dominico en 1621, marchando a estudiar a Toledo y regresando ocho años después como prior del convento de la ciudad. En

1643 era provincial de la orden en Irlanda, y en 1647 fue consagrado obispo por el nuncio papal en Irlanda, Juan Bautista Rinuccini.

En 1648, O'Brien firmó una declaración en contra de la tregua que los confederados irlandeses firmaron con el conde de Inchiquin, porque no garantizaba la libertad de culto y por las atrocidades que había cometido, lo mismo que en 1650 otra declaración contra el Duque de Ormonde, James Butler, jefe de los realistas, opinando que por su falta de resistencia frente a Cromwell no era digno comandante para soldados católicos. En agosto de ese año, con otros obispos, ofreció al duque Carlos IV de Lorena que estableciera un Protectorado sobre Irlanda.

Durante el cerco de Limerick en 1651, O'Brien animó a resistir, lo que airó tanto a los parlamentaristas asediantes a las órdenes del yerno de Cromwell, Henry Ireton, como a los realistas de Ormonde, de modo que tras la rendición el 27 de octubre nadie ofreció protección al obispo. Ireton organizó un consejo de guerra sumarísimo que sentenció a muerte al general Nicolás Purcell, al padre Wolf y al obispo O'Brien. Este fue ahorcado y decapitado el 30 de octubre en el lugar llamado Gallows Green, en la margen izquierda del río Shanon, al poco de pasar la Isla del Rey, en el cruce de las calles O'Connell y Sarsfield.

De nuevo en Irlanda, el 1 de marzo de 1652, después del saqueo de Longford, las tropas de Cromwell sacaron durante la oración de la mañana del convento dominico a los hermanos Laurence y Bernard O'Ferrall, ahorcándolos poco después. Están dentro de la causa de canonización del obispo Richard Creagh.

De 1653 hay un único mártir beatificado y otros tres que están en la causa del obispo Creagh. El beato es el sacerdote franciscano John Kearny, nacido en 1619 en Cashel, donde su madre, Elizabeth Creagh, fue una de las personas asesinadas por los soldados de Inchiquin en la catedral en 1647. Él ingresó en el convento de Kilkenny, estudió en Lovaina y se ordenó en Bruselas en 1642. Regresó en 1644, pero su barco fue detenido y él mismo torturado y sentenciado a muerte en Londres. Escapó y vía Calais llegó a Irlanda, donde fue maestro y predicador. Cromwell puso precio a su cabeza. Lo arrestaron en 1653 y lo condenaron en Clonmel por ejercer su ministerio, ahorcándolo el 11 de marzo. El cuerpo fue quemado.

Los tres mártires en proceso son el sacerdote Conor MacCarthy, asesinado el 5 de junio de 1653 en Killarney; el sacerdote provincial de los franciscanos, Francis O'Sullivan, asesinado el 23 de junio en la Isla Scariff (en la bahía de Kenmare, 15 km al noroeste del castillo de Dunboy) y el sacerdote dominico Thaddeus Moriarty, asesinado el 15 de octubre también en Killarney.

En el siguiente año, 1654, hay dos mártires beatificados, uno murió en Irlanda y el otro en Londres. El primero era el sacerdote agustino William Tirry. De familia normanda, su abuelo había sido alcalde de Cork. Sabía latín y griego, gaélico clásico e irlandés común de Munster. Para hacerse sacerdote, se marchó con 18 años a estudiar al Colegio Irlandés de Valladolid y el de los Grandes Agustinos de París. Ordenado en 1634, regresó a Irlanda en 1641, siendo provincial agustino desde 1646.

El 6 de enero de 1653, el Parlamento republicano-cromwelliano de Inglaterra promulgó la Ley para el Asentamiento de Irlanda, que declaraba que todo sacerdote católico que permaneciera en Gran Bretaña o Irlanda era culpable de alta traición, por lo que Tirry tuvo que esconderse como los demás.

Durante tres años vivió en Fethard (16 km al sureste de Cashel) como tutor del hijo de una prima suya viuda, Amy Everard, impartiendo los sacramentos a quienes se lo pedían. Lo detuvieron el 25 de marzo de 1654, vestido para celebrar misa, y le confiscaron manuscritos, todo por la denuncia de tres chivatos que cobraron una recompensa de cinco libras.

Fue condenado por un consejo de guerra, con la nueva ley que no permitía tener abogado defensor. Tirry alegó que reconocía como legítimo el gobierno de la Mancomunidad de Inglaterra, Escocia e Irlanda, pero que no podía cumplir la orden de marcharse, porque el Papa y sus superiores agustinos le pidieron que se quedara. Lo ahorcaron el 2 de mayo en Clonmel.

Tirry bendijo a los presentes, y aunque un ministro puritano trataba de acallarlo, predicó que «solo hay una Iglesia verdadera, cuya cabeza es el Papa: hay que obedecer al Papa y a la Iglesia». Luego perdonó públicamente a los tres que le entregaron y reveló que le habían prometido vida y favores si renunciaba a su religión.

El mártir ejecutado en Tyburn el 28 de junio era el sacerdote diocesano John Southworth, nacido en una familia de Lancashire que prefirió pagar pesadas multas antes que renunciar a su fe católica. Estudió en Douai y regresó a Inglaterra como sacerdote en 1619. En 1624 le pidieron que fuera a Bruselas como capellán de las monjas benedictinas inglesas, pero regresó un año después, siendo detenido en 1627 en el Castillo de Lancaster junto con Edmund Arrowsmith, al que ejecutaron al año siguiente. A él lo llevaron a The Clink en Londres, donde lo condenaron a muerte, pero en 1630 la reina Enriqueta consiguió que él y otros 70 presos fueran entregados al embajador de Francia y deportados.

Relicario con el cuerpo de San Juan Southworth en
la catedral de Westminster, Londres (foto Lawrence Lew, O. P.)

En 1636 regresó a Londres y atendió a las víctimas de la peste junto con san Henry Morse (mártir en 1645). Estuvo preso tres años.

Tres veces que lo detuvieron, fue puesto en libertad por orden de la reina, y la cuarta vez se escapó, trabajando en la clandestinidad otros 14 años. Capturado y juzgado en Old Bailey, se reconoció culpable de ejercitar el sacerdocio.

El embajador español repatrió el cadáver a Douai. Durante la Revolución francesa, lo ocultaron y fue redescubierto en 1927 y enviado a la capilla de San Jorge y de los Mártires Ingleses en la Catedral de Westminster. Su nombre está dentro de una llama en la parte derecha del techo junto al mosaico que representa el patíbulo de Tyburn.

Capilla de los mártires en la catedral de Westminster

Los últimos mártires del período republicano tenidos en consideración son tres sacerdotes ejecutados en Wexford (Irlanda) el 14 de abril de 1655, que no han sido beatificados pero están en la causa de Creagh. Donal Breen y James Murphy eran sacerdotes diocesanos y Luke Bergin era abad cisterciense. Como vimos, ya en 1581 hubo cuatro mártires en Wexford.

Breen era apodado «Daniel el español» porque estudió en Compostela y vestía como los curas españoles. Era el decano del clero de Ferns (20 km al norte de Wexford), al que también pertenecía Murphy. Bergin recibió el hábito en Irlanda en 1623, pasando a residir en Drogheda y después estudió en Douai. Al volver, fue nombrado abad de Santa María de Rosea Valle (en Monasterevin, 70 km al suroeste de Dublín). El historiador cisterciense Lynch precisa que lo mataron «por la única razón de ser sacerdote».

Durante el Interregno, Cromwell tomó una medida tolerante, como fue devolver en 1657 a Calvert el control de Maryland, para restablecer allí la tolerancia. Tras la muerte de Cromwell en 1658 el Parlamento comprendió que su hijo Ricardo no tenía programa y lo depuso. Había terminado un experimento en el que se calcula que murieron 800.000 personas, la mayoría en Irlanda.

Con Carlos II regresó el rey, pero no el absolutismo: ahora el control del Parlamento era inevitable. Sin embargo, se añadieron formalismos en sentido contrario: nuevos juramentos que obligaban no solo a la lealtad, sino a «no resistirse» al rey y a sus órdenes en el Estado y la Iglesia. Los 39 artículos se interpretaron en sentido rigurosamente anglicano: «la Iglesia era realista y el Parlamento anglicano» resume Mann (p. 129).

CARLOS II, EL COMPLOT DE OATES Y LA REVOLUCIÓN

Una de las medidas que frenó el ímpetu de los puritanos durante el reinado de Carlos II fue la aprobación de la Ley de Uniformidad, que entró en vigor el 24 de agosto de 1662 y exigía que todos los ministros de la Iglesia de Inglaterra aceptaran el Libro de Oración Común y otros documentos litúrgicos. Además, debía realizar una declaración de conformidad con las doctrinas y prácticas de la Iglesia establecidas por la ley.

Muchos puritanos y no conformistas no lo aceptaron. En consecuencia, algunos fueron expulsados y otros decidieron marcharse voluntariamente, creando grupos disidentes. En cambio, la Restauración benefició al experimento de tolerancia en Maryland, donde el nieto del fundador, llamado Carlos Calvert, fue gobernador hasta la muerte de su padre, Cecil, en 1675.

Esto no significa que los católicos y en particular los sacerdotes dejaran de correr riesgos, como pudo experimentar el dominico Patrick Primrose, uno de los tres conversos universitarios escoceses que trataron de restablecer la Orden de Predicadores en ese país —los otros eran William Bannatyne y John Walker—, intento que según Mullett (1998, p. 105) fracasó más por los traslados de los dominicos escoceses al continente o a Inglaterra que por la persecución. Por el contrario, los jesuitas establecidos al oeste de Aberdeen consiguieron que en 1800 la población en torno a su misión fuera mayoritariamente católica.

Primrose se licenció en la Universidad de Edimburgo en 1631 y tenía título de abogado desde 1635. En 1649 estaba en Italia, donde los dominicos le nombraron en 1651 su vicario general en Escocia, título que antes nunca existió. A su vez, la Congregación para la Propagación de la Fe le otorgó en 1650 facultades para actuar en Escocia, Inglaterra e Irlanda. Trabajó desde el sur de Edimburgo a la costa norte.

Desde que Carlos II casó en 1662 con la portuguesa Bárbara de Braganza, Primrose fue capellán de la reina consorte. Ello no objetó para que en invierno de 1670 lo tuvieran dos meses preso en los calabozos municipales de Banff (en la costa del Mar del Norte, 220 km al norte de Edimburgo), bajo sospecha de haber celebrado misa. Al saber que era sirviente de la reina, quisieron desterrarlo con amenaza de muerte si volvía, pero murió de enfermedad, causada o complicada por la prisión, en torno al 5 de febrero de 1671. Su tumba fue destruida alegando que era un proscrito.

Aunque Carlos II se convertiría al catolicismo en su lecho de muerte en 1685, sus intentos por aliviar la persecución no tuvieron efecto: en 1672 hizo una Declaración de Indulgencia que suspendía las leyes penales no solo contra los católicos, sino contra los demás «no conformistas»; tuvo que ser retirada al año siguiente por presión del Parlamento.

Su hermano menor y duque de York, Jacobo, se hizo católico y tras morir en 1671 su esposa Anne Hyde (que también se convirtió), se casó con una católica, María de Módena, en 1673. En revancha, ese año el Parlamento aprobó la Ley de Prueba, que excluía a católicos y no anglicanos de cargos públicos y oficiales dentro del gobierno y el ejército, exigiendo un juramento de lealtad, recibir la comunión según los ritos de la Iglesia de Inglaterra y repudiar la doctrina católica de la Transubstanciación.

El prejuicio contra la lealtad de los católicos se vio alimentado por las invenciones de Titus Oates sobre una conspiración católica para matar a Carlos II y poner en el trono al católico Jacobo. Oates procedía de Norwich y su padre, Samuel, graduado del Corpus Christi College de Cambridge, alternaba entre la Iglesia de Inglaterra y los bautistas, grupo puritano que creía en el libre albedrío y proponía bautizar solo a los adultos por inmersión total.

Titus Oates estudió en dos Colegios de Cambridge entre 1667 y 1669, sin llegar a obtener un título y ganándose una reputación negativa por su homosexualidad, fanatismo e hipocresía. En 1670 fue ordenado sacerdote de la Iglesia de Inglaterra. Acusó de sodomía a un maestro, pero se demostró que la acusación era falsa y Oates fue acusado de perjurio. Escapó huyendo a Londres. En 1675 fue capellán del barco *HMS Adventure*, con el que fue a Tánger. Le acusaron de sodomía, que era delito capital, pero obtuvo el perdón por su condición de clérigo.

Despedido de la Marina y arrestado en Londres en 1676, regresó a Hastings para ser juzgado por los cargos de perjurio pendientes, pero escapó nuevamente y regresó a Londres. Se unió al séquito de Henry Howard, séptimo duque de Norfolk, como capellán anglicano. Aunque Oates era admirado por su predicación, pronto perdió este puesto.

En 1677, Oates fue recibido en la Iglesia católica, al mismo tiempo que escribía panfletos anticatólicos con Israel Tonge. Residió con los jesuitas de St Omer en Francia y del Real Colegio de San Albano en Valladolid, pero lo echaron por su desconocimiento del latín, su falta de preparación y sus ataques a la monarquía británica.

En junio de 1678 también lo expulsaron del colegio de Saint Omer. A su regreso a Londres, reconectó con Israel Tonge, afirmó que había fingido ser católico para conocer los secretos de los jesuitas y que, antes de regresar, se había enterado de que en Londres los jesuitas planeaban un complot.

Oates y Tonge acusaron a la Iglesia católica en Inglaterra de aprobar el asesinato de Carlos II, que los jesuitas estarían planeando. En agosto de 1678, el químico Christopher Kirkby y Tonge advirtieron al rey Carlos de este supuesto complot, al que Carlos no le dio mayor importancia, pero encargó a uno de sus ministros, Tomás Osborne, conde de Danby que investigara.

Ante el Consejo Privado del Rey, Oates acusó de planear el asesinato del rey, entre otros, a Edward Colman, secretario de María de Módena, duquesa de York. Se descubrió que Colman había mantenido correspondencia con un jesuita francés, el padre Ferrier, confesor de Luis XIV, lo que fue suficiente para condenarlo.

Colman se graduó en el Colegio de la Trinidad de Cambridge y se convirtió de un puritanismo estricto al catolicismo, probablemente por medio del jesuita Emmanuel Lobb. Estaba casado y en 1661 entró al servicio de Carlos II. Es posible que influyera en la conversión del futuro rey Jacobo II, que al casarse en 1673 lo nombró secretario de su esposa María de Módena, a pesar de las advertencias de muchos, entre ellos el propio rey Carlos II, de que no era hombre en quien se pudiera confiar, pues derrochaba encanto pero carecía de sentido común y realismo político. La Ley de Prueba lo hizo ese mismo año inhábil para cargos políticos, y lo empujó a cabildear en pro de la disolución del Parlamento y el cambio de la ley. A causa de estas intrigas el Parlamento aprobó una segunda Ley de Prueba más estricta.

Colman fue a Bruselas a pedir apoyo del nuncio papal para obtener mayor tolerancia, visitó París sin permiso y a través del oficial William Thorckmorton contactó con el jesuita Ferrier y otros eclesiásticos. Luis XIV, sin embargo, no consideraba valioso ni siquiera ganarse el favor de Carlos II, por considerar que carecía de influencia, si bien Colman consiguió que tres embajadores franceses sucesivos le pagaran 3500 libras por informaciones sobre el Parlamento. En 1676, lo despidieron por supuesto espionaje naval.

Oates ni siquiera conocía a Colman, pero la documentación obtenida lo delataba suficientemente. Antes que él, para calmar el deseo de sangre del público, se condenó a un joven banquero católico, William Staley, que estando borracho había amenazado con matar al rey y fue ejecutado el 26 de noviembre de 1678. Aunque Colman dijo que las cartas sospechosas de traición las escribió antes de 1675, Oates afirmó que en mayo de 1678 aún hacía planes conspiratorios con los jesuitas. Sin pruebas de conspiración para asesinar o rebelarse, bastaron las cartas para condenarlo y ejecutarlo en Tyburn el 3 de diciembre. Fue beatificado en 1929 como mártir.

A Oates se le asignó un escuadrón de soldados y comenzó a capturar jesuitas. Tras afirmar que la reina conspiraba con el médico del rey para envenenarlo, Carlos II en persona interrogó a Oates y lo sorprendió en una serie de mentiras. En particular, Oates dijo haberse entrevistado con el Regente de España, al que el rey conocía. Ordenó arrestar a Oates, pero tuvo que soltarlo y concederle una pensión anual para evitar una crisis constitucional.

Otros 17 mártires reconocidos por la Iglesia católica fueron ejecutados en 1679, en su mayoría a consecuencia del complot inventado por Oates. La primera víctima jesuita fue el sacerdote William Ireland, ejecutado en Tyburn el 24 de enero. Estudió en St Omer y Lieja; ingresó en la Compañía en 1655 y era sacerdote desde 1667. Diez años después fue enviado a Inglaterra y el 28 de septiembre de 1678 lo arrestaron los esbirros de Oates, llevándolo ante el Consejo Privado, junto con John Grove, laico y residente legal de la casa donde vivían los jesuitas y el embajador español en Londres.

Se les acusó de haber planeado la muerte del rey junto con Tomás Pickering, hermano benedictino que servía en la capilla de Bárbara de Braganza (y cuyo padre había muerto luchando por Carlos I en la Guerra Civil). En la cárcel, Ireland compuso un diario señalando todos los lugares donde había estado en los días en que le acusaban de conspirar, pero el tribunal prefirió dar crédito a una sirvienta que dijo haberle visto un día en otro lugar determinado. El rey, que en varias ocasiones había manifestado creer que eran inocentes, ordenó que dejaran expirar en la horca a Ireland y Grove. Este declaró en Tyburn:

> *Somos inocentes, perdemos nuestras vidas injustamente, pedimos a Dios que perdone a los que han causado esto.*

En el juicio, la única evidencia acusatoria contra Pickering fue la palabra de Oates. Puesto que la reina había manifestado públicamente creer en su inocencia, el rey retrasó su ejecución, hasta que la

Cámara de los Comunes la reclamó. Se le ejecutó en Tyburn el 9 de mayo junto con Ambrose Mac-Fall, George Terpitsas (estos no beatificados) y el benedictino George Gervase.

Las siguientes cinco víctimas, ejecutadas en Tyburn el 20 de junio, fueron los jesuitas John Gavan, Anthony Turner, Thomas Whitbread, John Fenwick y William Barrow. El rey, consciente de su inocencia, prohibió que fueran destripados y descuartizados (a pesar de lo cual los retratos martiriales suelen representarlos con un cuchillo clavado en el pecho), y ordenó que después de ahorcados, se les diera un entierro digno. Los presentes escucharon en silencio las alegaciones de cada condenado reclamando su inocencia, lo que sugiere que la opinión popular respecto al complot inventado por Oates estaba cambiando.

La siguiente víctima fue el abogado Richard Langhorne, consejero de los jesuitas. Ya había sido detenido en la ola de histeria anticatólica que siguió al gran incendio de Londres de 1666. Como todos los acusados de traición, tuvo que defenderse a sí mismo. Lo hizo resaltando la deplorable conducta de los acusadores (Oates y Bedloe), lo que no impresionó a los jueces, que ya la conocían. Aportó el testimonio de estudiantes ingleses de St Omer para probar que Oates estaba allí cuando decía haber estado en Londres, pero la furia anticatólica no dejó oír esos testimonios. Algunos de esos mismos testigos volverían para el juicio de Oates por perjurio en 1685 y la plebe los escucharía en silencio. Langhorne dio una última muestra de entereza en su ejecución el 14 de julio.

Cinco días después fue ejecutado en Chester el sacerdote diocesano John William Plessington. Había estudiado en San Albano de Valladolid, St Omer, y se ordenó en Segovia en 1662, volviendo al año siguiente a Inglaterra. Arrestado y condenado en medio de la furia por el complot de Oates, en su discurso en el cadalso resaltó que era absurdo considerar traición ser ordenado sacerdote bajo la autoridad del Papa, «porque los primeros obispos protestantes tuvieron su ordenación de aquellos de la Iglesia de Roma, o no la tuvieron en absoluto».

El 22 de julio fueron ejecutados en Cardiff el jesuita Philip Evans y el sacerdote diocesano John Lloyd. Evans estudió en el Colegio jesuita de St Omer, se hizo jesuita en 1665 y tras ordenarse en Lieja regresó a Gales en 1675, trabajando sin problema hasta que, en noviembre de 1678 y a consecuencia del complot de Oates, los jueces ofrecieron por arrestarlo una recompensa de 200 libras, que equivaldrían a más de 45.000 euros en 2024.

Lloyd estudió en el Colegio de Valladolid desde 1649 y regresó como sacerdote a Gales en 1654. Durante 24 años trabajó hasta que lo arrestaron el 20 de noviembre de 1678. En el juicio, el 5 de mayo de 1679, ninguno fue relacionado con el caso Oates y los condenaron por ejercer el sacerdocio, conforme a la ley de 1584. Las condiciones de cárcel eran tan flexibles que les dejaban salir para pasear, pero finalmente los ejecutaron en lo que aún hoy se llama cruce de la muerte en Cardiff, entre las calles Crwys y Richmond. Evans en su último discurso se despidió con un hasta pronto de Lloyd, y este a su vez solo dijo: «Nunca en mi vida fui un buen orador».

En agosto murieron las últimas cinco víctimas de ese año: el sacerdote Nicolás Postgate, ejecutado en York el día 7, había estudiado en Douai, donde se ordenó en 1628, volviendo a Inglaterra en 1630, para trabajar durante casi medio siglo hasta ser detenido, condenado en base a la ley de 1584 y ejecutado.

El franciscano irlandés Charles Mahoney fue al continente a ordenarse sacerdote y estuvo en 1676 en el Colegio de San Isidoro de Roma (de su orden). Al regresar, su barco naufragó y desembarcó en Gales, donde fue detenido en 1678. Fue juzgado al año siguiente y ejecutado el 12 de agosto en Ruthin, 55 km al sureste de Liverpool. En su postrer discurso, dijo morir por la fe, pero injustamente, pues aunque confesó ser sacerdote «nunca ejercí mi función en Inglaterra antes de ser apresado, pero que Dios os perdone y yo rezaré siempre por vosotros, especialmente por quienes me trataron tan bien en la desgracia; pido a Dios que bendiga a vuestro rey, y que lo defienda de sus enemigos, y que lo convierta a la santa fe católica, amén».

San John Kemble, nacido en una familia recusante con cuatro sacerdotes (uno de los cuales, el jesuita David Lewis, sería mártir cinco días después que él), se ordenó en Douai en 1625, regresando ese mismo año a su región, donde había desde principios de siglo incluso un colegio jesuita (bajo el patrocinio de san Francisco Javier) en Cwm, 35 km al oeste de Gloucester y justo en la frontera con Gales (y que tras reclamar su supresión la Cámara de los Comunes en 1676, fue asaltado en el marco del complot de Oates dos años después).

Kemble sirvió como sacerdote itinerante durante 53 años hasta que fue arrestado por un hombre cuya propia mujer e hijos eran sus parroquianos. Cuando le avisaron para que huyera, se negó, comentando:

> *Según el curso de la naturaleza, apenas me quedan unos años de vida. Será una ventaja sufrir por mi religión, así que no me voy a esconder.*

A sus 80 años, lo llevaron a Londres atado sobre un caballo, porque no podía montar. No pudiendo probarle relación con el falso complot, lo condenaron por ser sacerdote y volvió andando para su ejecución en Hereford. Antes de morir, celebró una fiesta, de donde viene el dicho local «la pipa de Kemble y la copa de Kemble» para designar un evento festivo. En su despedida dijo:

> *La incapacidad de las autoridades de Londres para conectarme con el complot hace evidente que muero solo por profesar la religión católica, que fue la que hizo a este reino cristiano.*

Incluso tuvo que animar al verdugo:

> *Honesto Antonio, mi amigo Antonio, no tengas miedo; cumple con tu deber. Te perdono de todo corazón. Me harás un gran favor y no una descortesía.*

Su muerte —se le permitió expirar en la horca— fue lamentada por católicos y protestantes. Una hija y la mujer de quien lo capturó afirmaron haberse curado poco después por su intercesión de un cáncer y una sordera. Sus restos se conservan en la ciudad y los católicos hacen una peregrinación anual a su tumba.

El mismo día ejecutaron en Worchester al sacerdote franciscano John Wall (Joaquín de Santa Ana), que tenía un hermano sacerdote benedictino —William— igualmente condenado, pero que sobrevivió. Ingresó en el Colegio Inglés de Roma en 1641 y allí fue ordenado. Regresó en 1648 aunque volvió a Douai entre 1651 y 1656 para hacerse franciscano. Trabajó de vuelta durante 22 años hasta que lo detuvieron en diciembre de 1678.

No quiso hacer el juramento de supremacía, así que lo encarcelaron y en abril lo condenaron por ser sacerdote. Después lo enviaron a Londres y Oates lo interrogó cuatro veces para tratar de inmplicarle. Al ser imposible, le ofrecieron perdonarle la vida; al negarse, lo devolvieron a Worchester para su ejecución. La mayoría de los presentes protestaba gritándole al alguacil:

> *¿Así va a terminar el papismo? ¡Esta es la forma de hacernos a todos papistas!*

San David Lewis, el mencionado primo de san John Kemble, era el menor de los nueve hijos de un reverendo y maestro de escuela anglicano y de su mujer católica. Visitando París a los 16 años se convirtió y marchó al Colegio Inglés de Roma, ordenándose en 1642 y haciéndose después jesuita. Tras unos años como director espiritual en el Colegio Inglés de Roma, trabajó durante 30 en su tierra, donde le llamaban en galés *Tad y Tlodion* («padre de los pobres»).

Traicionado por un matrimonio apóstata al que ofrecieron 50 libras por delatarlo, Oates lo interrogó en Londres; también le ofrecieron salvarse si aportaba datos sobre el complot o se avenía a cambiar de religión («conformarse»). Lo devolvieron para ejecutarlo en Usk (Gales) solo por ser sacerdote. En su discurso final dijo:

> *No pude descubrir la conspiración, ya que no conocía a nadie, y no quise conformarme, porque iba en contra de mi conciencia. No hablo como asesino, ladrón o malhechor por el estilo, sino como cristiano, y por lo tanto no me avergüenzo.*

Tras casi tres años y numerosas ejecuciones de inocentes, la opinión comenzó a volverse contra Oates. Los tres últimos mártires víctimas de sus mentiras fueron el sacerdote Tomás Thwing, ejecutado en York el 23 de octubre de 1680; el vizconde de Stafford, William Howard, ejecutado el 29 de diciembre, y ya en 1681, Oliver Plunkett, que después de 25 años de exilio en Roma había regresado en 1670 como arzobispo de Armagh (Irlanda), y fue ejecutado en Tyburn el 1 de julio.

Thwing era familiar del mártir del mismo apellido Edward (1600); estudió en St Omer y el Colegio Inglés de Douai, regresando como sacerdote en 1665. Desde 1677 fue capellán del Instituto de la Beata Virgen María (IBVM), la orden fundada por María Ward (1585-1645), que sería declarada venerable por Benedicto XVI en 2009. Allí lo arrestaron a fines de 1679, acusado de participar en una subtrama del complot inventado por Oates, llamada «complot de Barnbow», en la que todos los acusados menos él fueron declarados inocentes: se trató, pues, de una conspiración en la que solo participó una persona. El rey retrasó su ejecución hasta que la reclamó el Parlamento.

William Howard era nieto del mártir del mismo apellido Philip, conde de Arundel, muerto en la Torre de Londres en 1595, e hijo del diplomático, turista y coleccionista de arte Tomás Howard, también conde de Arundel, que se había convertido al anglicanismo en 1616. Se casó ante un sacerdote católico porque su mujer lo era, y de ella heredó la baronía de Stafford. Tuvieron tres hijos y seis hijas con las que se marcharon a Amberes, donde vivían sus padres.

El Parlamento le dejó regresar varias veces, pero en 1649 lo declaró recusante y realista y lo expropió. Incluso en 1656 estuvo preso en los Países Bajos a causa de las deudas de su padre. Regresó con la Restauración en 1660 y le devolvieron sus propiedades.

Acusado en el complot de Oates, lo juzgó el 30 de noviembre la Cámara de los Lores. Oates dijo haber visto un documento en el que el Papa «nombraba conspirador a Stafford» y un soldado profesional dijo que el vizconde le ofreció en París dinero a cambio de matar a

Carlos II. No tener abogado jugó en su contra, ya que era confuso en su exposición, y aún más lo fue su carácter pendenciero, de modo que siete de los ocho lores de su familia votaron a favor de su culpabilidad.

El 7 de diciembre fue condenado por 55 votos a 31. El rey conmutó la pena de los traidores por la decapitación en Tower Hill y declaró haber firmado la sentencia de muerte entre lágrimas. Las palabras de Howard dirigidas a su hija monja en Lovaina movieron a la opinión pública contra Oates:

> *Mi buena hija, ruego a Dios que te bendiga. ...Tu pobre y anciano padre tiene el consuelo de ser totalmente inocente.*

Relicario con restos de los santos Cuthbert Mayne, Oliver Plunkett y los beatos Henry Heath, Tomás Bullaker, Tomás Whitebread y John Woodcock. Se venera desde 2010 en la Iglesia de la Santa Cruz (dominicos) de Leicester (foto Lawrence Lew, O. P.)

Aún más llamativo fue el caso de san Oliver Plunkett. De ascendencia normanda, marchó a Roma en 1647, donde fue ordenado sacerdote en 1654 y tuvo que quedarse al ganar Cromwell la guerra a la Confederación, a la que pertenecían varios de sus familiares. Regresó como arzobispo en 1670 y estableció un colegio universitario en Drogheda en el que al menos 40 de sus 150 alumnos eran protestantes. Confirmó a 48.000 católicos en cuatro años y combatió la bebida entre el clero, asegurando que «si eliminamos ese defecto de un sacerdote irlandés, será un santo».

El colegio fue cerrado y demolido a causa de la Ley de la Prueba de 1673. Desde entonces viajaba disfrazado y el gobierno de Dublín no le molestaba, hasta el complot de Oates, cuando arrestaron al arzobispo católico (y jesuita) de Dublín, Peter Talbot. El Conde de Essex, que aspiraba a ser de nuevo Lord Teniente de Irlanda sustituyendo al que toleraba a Plunkett, acusó a este de preparar una invasión con ayuda de Francia. Sin embargo, parece que no quería la muerte del obispo, ya que pidió clemencia cuando lo condenaron.

Mosaico de san Oliver Plunkett en la catedral de Westminster, Londres, obra de Boris Anrep (1924). Foto Lawrence Lew, O.P

Arrestado en diciembre de 1679, en las mazmorras del Castillo de Dublín dio la absolución al arzobispo Talbot, que murió tras dos años preso. En la condena de Plunkett en junio de 1681 —a la que él respondió diciendo: *Deo Gratias,* gracias a Dios— se afirma que es «por promover la fe romana», y el presidente del Tribunal Supremo explicó su opinión de que esa era la causa:

> *El fondo de su traición es el establecimiento de su religión falsa.*

Ante la petición de clemencia de Luis XIV, Carlos II dijo al embajador francés que sabía que Plunkett era inocente, pero que no se atrevía a correr ese riesgo.

Santuario con las reliquias del cuerpo y del proceso judicial de san Oliver Plunkett en la Abadía de Downside, Somerset (foto Lawrence Lew, O. P.)

Tras esta ejecución, el Tribunal Supremo de Inglaterra y Gales comenzó a declarar inocentes al resto de acusados y se produjo una reacción violenta contra Oates y sus partidarios Whig. El 31 de agosto de 1681, Oates fue obligado a abandonar sus apartamentos en Whitehall, sentenciado a una multa de 100.000 libras esterlinas y encarcelado.

Cuando el duque de York accedió al trono en 1685 como Jacobo II, Oates fue juzgado de nuevo, declarado culpable y sentenciado por perjurio, despojado de su vestimenta clerical, encarcelado de por vida y «azotado por las calles de Londres cinco días al año por el resto de su vida».

Oates pasó los siguientes tres años en prisión. En 1689, tras la ascensión al trono de Guillermo de Orange y María, fue indultado y se le concedió una pensión de 260 libras esterlinas al año. Murió en el olvido en 1705.

JACOBO II Y LA REVOLUCIÓN

Jacobo II, que gobernó desde 1685 hasta 1688, se convirtió al catolicismo y trató de reconocer a los católicos más derechos y libertades. Con la Declaración de Indulgencia de 1687, suspendió las leyes penales contra los católicos y los disidentes protestantes.

Además, nombró a varios católicos para cargos de importancia. Por ejemplo, sir Edward Hales fue nombrado Lord Teniente del Condado de Kent y Gobernador del Castillo de Dover. Richard Talbot, Conde de Tyrconnell, fue nombrado en 1687 Lord Diputado de Irlanda, donde implementó políticas favorables a los católicos. En América, Tomás Dongan fue nombrado gobernador de Nueva York.

En Oxford, Jacobo II trató de nombrar a varios católicos en 1687 dentro de Colegio de la Magdalena al morir su presidente. Propuso a Anthony Farmer como sucesor del difunto, pero fue rechazado por los miembros, que eligieron a un protestante, John Hough, enfrentándose directamente con el rey. Este nombró a Samuel Parker, obispo anglicano que se había convertido al catolicismo, y también fue rechazado por los miembros. El rey llevó el caso a los tribunales, pero fracasó, ya que él mismo fue destituido por la Revolución Gloriosa de 1688 y John Hough fue repuesto como presidente.

La percepción de que Jacobo II estaba tratando de restaurar el catolicismo fue uno de los factores clave para que los nobles protestantes invitaran a Guillermo de Orange a aspirar a la corona. En su momento, los acontecimientos de 1688-89 se llamaron simplemente Revolución, por parte de sus partidarios, e invasión por los partidarios de Jacobo II. Otros simplemente lo llamaron «el cambio», y algunos partidarios del que sería Guillermo III llamaron a este cambio «restauración de las libertades inglesas» o «protección de las leyes y libertades protestantes».

En el siglo XIX, el historiador Thomas Babington Macaulay popularizó la expresión «Revolución Gloriosa» para este cambio de régimen, en la *Historia de Inglaterra* en cinco volúmenes desde el comienzo del reinado de Jacobo II, publicada entre 1848 y 1861. Si los españoles que llamaron Gloriosa a la Revolución que en 1868 derrocó a Isabel II copiaron la expresión de la historiografía inglesa, no parece haberse estudiado.

El miedo al catolicismo inglés de por sí no habría podido impulsar esta Revolución, que reflejó al mismo tiempo el miedo a que el absolutismo de Luis XIV pudiera ser imitado por Jacobo II en sus intentos por limitar el poder del Parlamento. Precisamente en la Cámara de los Lores se formaría el grupo que en junio de 1688 escribió una carta invitando a Guillermo de Orange, rey de los Países Bajos, a invadir Inglaterra, con Henry Compton, obispo anglicano de Londres, y Edward Russell, almirante de la Flota, a la cabeza.

Guillermo desembarcó con 14.000 soldados en noviembre de 1688 y Jacobo II optó por huir a Irlanda, dejando el trono desierto. Guillermo III, calvinista, y su esposa María II, hija de Jacobo II, que era anglicana, fueron coronados como monarcas conjuntos el 11 de abril de 1689, aceptando la Declaración de Derechos, que afirmaba la soberanía del Parlamento y limitaba los poderes de los monarcas.

La aprobación de la Ley de Tolerancia en 1689 estableció libertades religiosas para los protestantes no conformistas, como los puritanos (en su mayoría congregacionalistas), presbiterianos y bautistas, pero siguió negándoselas a los católicos, ahora bajo sospecha de colaborar con Francia. Los ministros disidentes solo tenían que registrarse para poder celebrar, pero los miembros de sus congregaciones no podían ocupar cargos públicos ni parlamentarios si no declaraban su conformidad con las doctrinas de la Iglesia de Inglaterra.

María II murió en 1694 y Guillermo III de Orange en 1702, siendo sucedido por Ana de Gran Bretaña, hija de Jacobo II. Por tanto, durante el reinado de los primeros tuvo lugar el último martirio de un obispo en Irlanda (aunque no ha sido incluido en ninguna causa de beatificación), Patrick Russell, ejecutado el 14 de febrero de 1692.

Educado en el Colegio Irlandés de Lisboa, Russell fue sacerdote desde 1654. Trabajó en una parroquia de Dublín, siendo desde 1675 vicario general y como tal asumiendo el gobierno de la diócesis tras el arresto de Peter Talbot en 1678 y finalmente siendo nombrado arzobispo por Inocencio XI en 1683. Al suspender Jacobo II las leyes penales, realizó tres sínodos diocesanos hasta 1689 y consiguió que el rey asignara 200 libras anuales para los obispos de Irlanda. Ese año, cuando Jacobo II llegó a Dublín huyendo de la Revolución, celebró varias misas en su presencia.

El 1 de julio de 1690 las tropas de Guillermo III vencieron a las de Jacobo II en la Batalla de Boyne, a las afueras de Drogheda. Jacobo II huyó a Francia y Guillermo III continuó la conquista de Irlanda hasta sitiar en agosto de 1691 en Limerick a las tropas jacobitas, que se rindieron el 3 de octubre. Tras la rendición se firmó el Tratado de Limerick que prometía respetar a los católicos, pero las promesas no se cumplieron y miles de personas murieron o fueron deportadas en la represión.

Russell, que había acompañado a Jacobo II en su huida a Francia, regresó secretamente en 1692, fue apresado y encerrado en una celda subterránea del Castillo de Dublín, donde murió mientras estaba siendo juzgado.

MÁRTIRES EN LA FLORIDA ESPAÑOLA

La muerte de Guillermo III el 8 de marzo de 1702 dio paso al reinado de Ana I, que en 1707, con la Ley de la Unión de los reinos de Inglaterra (con Irlanda) y Escocia, pasó a llamarse Ana de Gran Bretaña. Su reinado se desarrolló por completo en el marco de la Guerra de Sucesión Española, que en la América inglesa-británica se llamó Guerra de la Reina Ana (1702-1713). En ella los ingleses lucharon a un tiempo contra franceses y españoles, ya que todos los territorios ultramarinos hispánicos se mantuvieron leales al bando borbónico.

La guerra incluyó un episodio martirial en la Misión franciscana de San Luis de Talimali o de Apalache, creada en 1633 en el noroeste de Florida, a cuatro kilómetros del actual edificio del Capitolio de dicho Estado en Tallahassee y 330 km al oeste de San Agustín, la ciudad entonces capital de la Florida.

El asentamiento donde se fundó la misión se llamaba Anhaica y era capital de la provincia de Apalache. Entre sus 1500 habitantes destacaba Antonio Cuipa Feliciano, segundo jefe después del cacique. Además de apalache, sabía español y algo de latín, leía y escribía.

Antonio tenía buena formación católica, solía ayudar a la instrucción en la fe de los niños, preparaba lo necesario para las celebraciones litúrgicas y dirigía los ejercicios de devoción. Era carpintero y además de casas construía flautas. Su mujer se llamaba Josefa y tenían dos hijos, Clara y Francisco.

Las tropas del coronel James Moore, compuestas por 50 soldados ingleses o colonos de Virginia y 1500 guerreros creek, destruyeron más de 40 localidades y misiones españolas en Georgia y el norte de Florida, pero no pudieron tomar el Castillo de San Marcos, población con 1500 habitantes y defendido por 200 soldados, 30 km al suroeste de Santa Fe y en el lado este del Río Grande, donde había comenzado a evangelizar en 1674 el padre Tinoco.

Cuando el 25 de enero de 1704 Moore y su tropa atacaron el pueblo de La Concepción de Ayubale, en el actual condado de Jefferson, destruyeron la misión, incendiaron la iglesia y se hicieron fuertes en la casa del Consejo.

Toda la población de la Misión de San Pablo de Patale, cuyo misionero era el padre Juan Parga, se movilizó, así como la gente de las misiones cercanas, para defenderlo. Los 500 habitantes de Oconi, en cambio, decidieron huir a los bosques de la región de Potano.

Al anochecer llegaron a la misión de Patale (actual condado de León) los hombres de San Luis y otros lugares, en su mayoría armados con arcos y flechas. Se libró una batalla y en dos ocasiones las tropas de Moore tuvieron que retroceder. Pero a los apalachinos se les agotaron las municiones y perdieron la batalla. Durante ella, el padre Parga fue herido mortalmente y cayó de su caballo. El hermano Marcos Delgado fue a socorrerle y resultó muerto.

A muchos de los prisioneros, los ataron a estacas, los quemaron vivos y los descabellaron. A muchas mujeres les cortaron los pechos. A Antonio Cuipa le ataron a una cruz y le atormentaron poniendo fuego lento a sus pies durante todo el día. Con fe y fortaleza extraordinarias, decía a sus verdugos que moría consolado y que como cristiano, después de la muerte iría a gozar de Dios y ellos irían a los infiernos. Que la Santísima Virgen María estaba junto a él, le estaba mirando y eso era lo que le ayudaba, daba aliento y fortaleza para tolerar el martirio que le hacían. Les decía que su cuerpo moriría, pero su alma no. Murió al anochecer del día 26 de enero.

Luis Domingo Cui (pantera) era un indígena cristiano también de la Misión de San Luis al que cortaron trozos de su cuerpo para meterle varas de fuego por las heridas, mientras él les predicaba hasta que murió desangrado y agotado por el dolor.

De forma parecida fueron atormentados soldados del fuerte de San Luis como Pedro Marmolejo, al que quemaron al pie de una cruz, y Baltasar Francisco, natural de Los Silos (Tenerife), a quien le sacaron la lengua y los ojos, le cortaron las orejas, le descabellaron y le pusieron una corona en la cabeza mientras él pedía a la Santísima Virgen que le ayudase, añadiendo que con gusto sufría esos tormentos por amor a Dios y para entrar en su gloria.

El propio James Moore escribió a la reina de Inglaterra narrando el martirio de los indios apalache, diciendo que algunos animaban a otros diciéndoles que, debido al martirio, aparecerían ante Dios: «Vamos a gozar de Dios como cristianos». En toda la incursión, se calcula que Moore mató a mil indios cristianos, además de a seis religiosos franciscanos, y se llevó como esclavos a millares de indígenas. Todavía a principios de septiembre de 1705, una banda de 200 creeks, con armas de fuego, atacaron Ivitachuco mientras su cacique, don Patricio, estaba en San Agustín.

El 12 de octubre de 2015, en la fiesta de la Hispanidad, el obispo de Pensacola-Tallahssee inició la causa de canonización de Antonio Cuipa, en la que están incluidos 60 indígenas, 17 sacerdotes y religiosos y siete laicos españoles, de un total de 54 eventos martiriales, ocurridos entre 1549 (la muerte de tres misioneros dominicos) hasta 1761 (jesuitas). Ya en 1743, Felipe V consiguió que se estableciera un día de fiesta de los mártires de Florida, que como se ve no ha caído totalmente en el olvido.

Siempre dentro del reinado de Ana, el acuerdo de 1707 que unía Escocia (presbiteriana) con Inglaterra (anglicana) implicaba que el rey cambiaba de religión por el hecho de cruzar la frontera, y convertía al Reino Unido en «uno de los primeros países que abandonó todo intento de crear una religión única y dominante», según la interpretación de David Starkey en una entrevista de *The New Culture Forum* (minuto 22).

La muerte de la reina Ana en 1714 implicó el fin de la dinastía Estuardo y el comienzo de una nueva, la de Hannover, con Jorge

I, monarca distante desde cualquier punto de vista, pero a quien tocó reinar por la imposición de la Ley de Establecimiento de 1701 según la cual el rey tenía que ser cualquier cosa menos católico. Aunque Jorge I era descendiente de los Estuardo (nieto de Jacobo I de Inglaterra y VI de Escocia), puesto que el resto de los descendientes eran católicos, se consideró la dinastía como nueva para mantener en alto las espadas de la enemistad y peligro del regreso de los tres pretendientes Estuardos católicos: el «viejo pretendiente» Jacobo Francisco Eduardo Estuardo (1688-1766), «el joven pretendiente» Carlos Eduardo Estuardo (1720-1788) y su hermano menor, Enrique Estuardo (1725-1807).

El joven pretendiente, también apodado Bonnie Prince Charlie, lideraría en 1745 un intento fallido de recuperar el trono. El levantamiento jacobita empezó con su desembarco en Moidart en julio con un pequeño grupo de seguidores y ayuda logística francesa imprescindible, incluyendo armas y suministros. Pronto fue apoyado por los clanes de las Tierras Altas y logró una victoria sobre las tropas gubernamentales el 21 de septiembre en Prestonpans, unos kilómetros al este de Edimburgo. En su avance por Inglaterra, los jacobitas llegaron en diciembre a Derby (a casi 500 km de Edimburgo, pero aún 274 km al norte de Londres), pero se retiraron ante la falta de apoyo y la presencia de un ejército gubernamental.

Los jacobitas fueron alcanzados y derrotados el 16 de abril de 1746 en Culloden (a orillas del fiordo de Moray, junto a Inverness y 170 km al norte de Glasgow), refugiándose Carlos Eduardo en Francia para no volver.

Entre las víctimas de la represión contra los jacobitas, hay un sacerdote jesuita al que algunos consideran el último mártir de estas persecuciones, aunque no está en proceso de canonización. Se trata del jesuita Alexander Cameron, que ejerció el ministerio sacerdotal en las Tierras Altas desde cuatro años antes de la rebelión. Se ofreció como capellán de ejército sublevado, en el que su hermano Donald era coronel.

Tras la derrota, con cientos de prisioneros, el padre Cameron fue encerrado en las bodegas del barco HMS Furnace, a la espera de ser vendidos como esclavos en las plantaciones de América. Pero él murió de enfermedad el 19 de octubre de 1746 y fue enterrado en una tumba sin nombre en el mismo cementerio que la famosa indígena americana Pocahontas. Su compañero jesuita Crookshank, resumiría el período de prisión escribiendo que Cameron «soportó toda clase de insultos y crueldades con paciencia inquebrantable y fortaleza cristiana», según transcribe Joseph Pearce.

Habría de pasar casi un siglo para que, durante el reinado de Jorge IV y con el duque de Wellington —Arthur Wellesley— como primer ministro, se aprobara en 1829 la Ley de Alivio Católico (*Catholic Relief Act*), también conocida como Ley de Emancipación Católica, que eliminó la prohibición de ocupar cargos públicos y de acceder a la educación superior.

No fue iniciativa del gobierno, sin que se debió a la campaña de emancipación emprendida por la Asociación Católica de Irlanda, liderada por el abogado Daniel O'Connell, que obtuvo en 1828 un escaño por el condado de Clare, en la costa occidental de Munster (al sur de Galway) y no podía tomar posesión sin jurar lealtad a la Iglesia anglicana, a lo que se negó. Ante el riesgo de desobediencia civil en Irlanda, el gobierno cedió. Tanto Wellington como su secretario de Interior, Robert Peel, históricamente opuestos a la emancipación católica, la admitieron para evitar males mayores.

Con todo, esta ley fue insuficiente, ya que el Parlamento exigió cumplir con la Ley de Prueba y O'Connell se negó. Se presentó a las elecciones de nuevo, y volvió a ganar su escaño y pudo ocuparlo.

Los católicos seguían sin poder estudiar en Oxford o Cambridge, ya que para recibir un título allí era necesario aceptar los Treinta y Nueve Artículos, hasta 1854 cuando se eliminó esa exigencia. En Irlanda, los católicos siguieron obligados a pagar un diezmo a la Iglesia de Inglaterra hasta 1869, cuando se separó la Iglesia de Irlanda del Estado.

NEWMAN, LOS MÁRTIRES Y LA HAMBRUNA DE IRLANDA

El 25 de julio de 1831, es decir, 11 años antes de convertirse, John Henry Newman predicó su sermón sobre el Martirio (PPS2-4). En él se refería a los mártires de la edad antigua y solo al final afirmaba que el testimonio de los mártires modernos es incluso más excelente, aunque más difícil de comprender, ya que sus asuntos de conciencia religiosa están mezclados con los asuntos políticos:

> *He hablado solo de los primeros mártires, porque esta fiesta me lleva a hacerlo; y además, porque, aunque ha habido mártires entre nosotros desde entonces, desde el momento en que los reyes se han convertido en padres de familia para la Iglesia, la historia de los confesores y los mártires está tan implicada con los asuntos estatales, que su conducta no es tan fácil de separar por nosotros del mundo que los rodea, ni se nos permite conocerlos tan claramente: aunque esta dificultad de discernirlos debería revestir su memoria con especial interés cuando los discernimos, y su conexión con asuntos civiles, lejos de disminuir el alto nivel espiritual de excelencia de hijos tan verdaderos de la Iglesia, en algunos aspectos incluso la aumenta.*

Parece, por tanto, que ni antes ni después de convertirse publicó Newman, que sería el primer santo no mártir de la Inglaterra moderna, una opinión detallada sobre los mártires de su propia época.

En opinión de Mann (p. 151), tanto la emancipación como las conversiones de personajes famosos como Newman, no solo no mejoraron, «sino que de hecho aumentaron el prejuicio inglés contra los católicos». Y lo pagaron los irlandeses, porque al sufrir la Hambruna de la Patata entre 1846 y 1849 no se produjo a tiempo la reacción solidaria que hubiera podido paliarla:

> *Sin embargo, ni el gobierno tory de sir Robert Peel ni el gobierno whig de Lord John Russell que le sucedió, se tomaron muy en serio la hambruna. Culparon a los propios irlandeses, conside-*

rándolos vagos y borrachos. Cuando llegó la hora de ayudar a paliar la catástrofe, un millón de personas había muerto y otro millón había emigrado a Estados Unidos, Australia, Canadá e Inglaterra. Al igual que en Estados Unidos, en Inglaterra el prejuicio contra estos católicos irlandeses dio lugar a carteles que decían «No se admiten irlandeses».

Incluso cuando en 1850 la Santa Sede restableció la Jerarquía católica ordinaria en Inglaterra, la reacción política fue adversa: Russell habló de «agresión papal» y el Parlamento promulgó la Ley de Títulos Eclesiásticos de 1851, por la cual era ilegal que los obispos de la Iglesia romana tomaran posesión de sus sedes. Para evitar quedar proscritos, la Santa Sede tuvo que crear nuevas diócesis, de modo que, por ejemplo, no ha vuelto a haber un arzobispo católico de Canterbury, sino que el obispo de mayor rango en la Jerarquía católica es el de la sede de nueva creación de Westminster.

La Iglesia de Inglaterra no devolvió ninguna de las catedrales ni propiedades que se quedó al expropiárselas Enrique VIII a la Iglesia católica. Pero algunas abadías fueron compradas, como por ejemplo Downside, en Somerset, donde se trasladó en 1814 la abadía benedictina fundada en 1606 en Douai por monjes benedictinos exiliados de Inglaterra; Ampleforth (27 km al norte de York), donde se trasladaron en 1802 los benedictinos que fundaron en 1608 la abadía de Dieulouard (Lorena); Stanbrook (menos de 5 km al oeste de Ampleforth), donde se trasladaron las benedictinas que fundaron su abadía en Cambrai en 1625 (huyeron de la Revolución francesa en 1795, inicialmente a Worcestershire y luego a North Yorkshire); o Quarr, en la Isla de Wight, comprada en 1907 por benedictinos franceses recién exiliados por las leyes anticlericales de su país.

En 1871, la Ley de 1851 fue derogada por la Ley de Revocación de la Ley de Títulos Eclesiásticos, permitiendo a la Jerarquía católica utilizar libremente los títulos de las diócesis sin restricciones legales. De hecho, la Iglesia católica mantuvo obispos solapados con los anglicanos en muchas sedes irlandesas, como las archidiócesis de Dublín (la mayor interrupción fue entre 1534 y 1555), Armagh,

Cork, Ross. Además, fuera de Inglaterra, restableció los arzobispados escoceses de Glasgow y de St Andrews-Edimburgo (donde hay sendos arzobispos anglicanos).

También en América se crearon diócesis católicas solapadas con las episcopalianas, como es el caso de Nueva York. Otras comparten el mismo territorio, aunque con nombre distinto, por ejemplo, la diócesis de Boston, que tiene el mismo territorio que la episcopaliana de Massachusetts.

CONCLUSIONES

La Iglesia en Inglaterra no parecía encontrarse a principios del s. XVI en una situación de corrupción tal que exigiera cambios tan radicales como los que pretendió la Reforma luterana. A pesar de la propaganda desplegada después para eliminar toda resistencia —en particular con las Leyes de Supresión de los Monasterios entre 1536 y 1539—, inicialmente el único punto que se quiso cambiar fue la autoridad papal, que se suprimía para evitar que pudiera entrar en conflicto con la del Rey, cuya primacía ya se había afirmado en el Estatuto de *Praemunire* de 1392: por tanto, la ley fundamental de la Reforma inglesa es la Ley de Supremacía de 3 de noviembre de 1534.

¿Cómo se entiende entonces que, quien en 1521 había publicado un libro titulado *Defensa de los Siete Sacramentos* —donde además defendía la autoridad del Papa hasta extremos que a Tomás Moro le parecían exagerados e incompatibles con el Estatuto de *Praemunire*—, publicara en julio de 1536 Diez Artículos en los que asumía la doctrina luterana sobre la Justificación exclusivamente por la fe y suprimía cuatro sacramentos, dejando solo como válidos el Bautismo, la Eucaristía y la Confesión?

Ese es un asunto clave, por el que pasan como sobre ascuas quienes pretenden que Enrique VIII era un rey en el fondo católico, pero que tuvo un problema con el Papa; y que la Iglesia anglicana también ha conservado un núcleo doctrinal e incluso litúrgico muy parecido al de la Iglesia católica. No: la Reforma inglesa tuvo los mismos propósitos y efectos que la luterana, incluso podría decirse que más radicales, y si no llegó a culminarlos inmediatamente o esos efectos no quedaron a la vista fue por la resistencia popular, cristalizada en un movimiento que se dio en llamar Peregrinación de Gracia, cuyo carácter martirial, por cierto, es claro aunque no haya sido reconocido.

Naturalmente que Enrique VIII tuvo un problema con el Papa, y naturalmente que tenía fe en la Transubstanciación. Sobre todo tenía fe en sí mismo y confiaba en poder resolver su problema con el Papa aferrándose a un derecho que creía compatible con la fe (la supremacía contemplada en el *Praemunire*). No hay pruebas de que, a pesar de lo escrito en 1521, le quedara después de 1534 ninguna duda de que la autoridad del Papa no es un elemento esencial de la fe católica, y ni siquiera accesorio, por lo que podría ser eliminado. Pero si dos años después estaba dispuesto a suprimir cuatro sacramentos y las circunstancias le obligaron a rectificar, ¿acaso hay algo que sepamos que fuera esencial en la fe para Enrique VIII? Nada más allá que su libérrima voluntad.

En este sentido, Enrique VIII fue más radical y más moderno que Lutero. No se trataba de negar que la Iglesia tuviera autoridad para interpretar la Escritura (*sola Scriptura*) y que el encuentro con Cristo fuera un asunto exclusivamente personal (*sola Fides*).

Enrique VIII no pretendía defender la conciencia individual frente a un poder espiritual que se presentaba como intermediario entre Dios y el hombre, y que por tanto para Lutero siempre será abusivo. Lo que pretendía era proteger su derecho a decidir, situando esa supremacía (que para él, pero solo para él era individual) por encima de cualquier otra realidad.

Para proteger sus decisiones soberanas (empezando por la de declarar nulo su matrimonio con Catalina de Aragón), Enrique VIII llegó a negar la mera existencia de un poder espiritual, por supuesto externo, pero también el de la conciencia individual, que pudiera objetar frente a las órdenes del poder constituido. No hay un mundo espiritual y otro material, solo hay una vida, solo hay un poder, el político, el mundano, frente a cuyas órdenes no cabe alegación.

Lo sucedido en Inglaterra y los países en que ella influyó a partir de 1534 no es fruto de la capacidad de influir en la historia de una sola persona, por muy tiránica que esta pretendiera ser. Al hablar en el artículo 36 de la Encíclica *Solicitudo rei socialis* de las estructuras de pecado, san Juan Pablo II se refiere a una «suma de factores negativos, que actúan contrariamente a una verdadera conciencia del bien común universal y de la exigencia de favorecerlo», hasta el punto de que lo obstaculizan en la vida de las personas e instituciones.

Lo característico de esas estructuras que presenciamos en las sociedades presididas «por ideologías rígidas» y «diferentes formas de imperialismo» es por una parte su origen, que «se fundan en el pecado personal y , por consiguiente, están unidas siempre a actos concretos de las personas», y en este sentido no difieren de otros pecados aparentemente intrascendentes; pero en ellos se añade el aspecto escandaloso: que resulta «difícil su eliminación», porque «estas mismas estructuras se refuerzan, se difunden y son fuente de otros pecados, condicionando la conducta de los hombres».

Enrique VIII tiene su responsabilidad pero no hacía sino aplicar la ideología que se estampó en el Estatuto de *Praemunire* de 1392: la supremacía del rey sobre la Iglesia en Inglaterra. La misma ideología de tantos líderes políticos y religiosos que habían manipulado la historia para hacer creíble la fantasía de que la Iglesia en Inglaterra había surgido sin dependencia de nadie venido de fuera de la isla y debía gobernarse y existir ajena a cualquier influencia foránea.

Incluso en el norte de la isla encontramos a los líderes presbiterianos escoceses afirmando sin pestañear que la única forma verdadera de vivir el cristianismo es la suya. Los pueblos de Gran Bretaña no dejaban de ser hijos de una época en la que los poderes políticos —galicanos en Francia, pero también los alemanes, que de la presunta liberación luterana sacarían un lema tan tiránico como el de *cuius regio, eius religio*— tenían a gala manipular las conciencias.

En este drama, resulta paradójico que los únicos que se aferraban a la realidad de que el cristianismo exige comunión con toda la

Iglesia en el tiempo y el espacio, es decir, los irlandeses, fueran siempre derrotados.

La sinuosa relación entre la Reforma inglesa y el protestantismo en general, quizá pueda arrojar cierta luz sobre la cuestión del poder en la Iglesia. De los tres poderes o misiones que se considera que Cristo dio a la Iglesia —enseñar, santificar, gobernar— se ha considerado tradicionalmente que el que vertebra una relación peculiar entre las dos partes esenciales que constituyen la Iglesia —clero o Jerarquía y pueblo laico o resto de los fieles— es el de santificar.

Cualquier cristiano puede explicar la fe, cualquier cristiano puede gestionar el gobierno material e incluso dar consejos espirituales correctos, pero solamente el clero puede confeccionar el sacramento esencial para unir al alma con Cristo, la Eucaristía, y aquellos vinculados con él: la Penitencia, que permite recibir la Eucaristía; el Orden Sacerdotal, que hace capaz de fabricar la Eucaristía.

El Bautismo puede ser impartido por cualquiera, incluso por un no cristiano, como prueba de que Dios no cierra las puertas de la salvación a nadie, y solo pone como condición para llegar a él que admitamos la mediación de otros hombres, que nos reconozcamos seres sociales.

El Matrimonio es impartido por el hombre y la mujer que se casan, como prueba de que Dios deja la santificación del mundo a la responsabilidad de los fieles, que no están subordinados a la jerarquía de la Iglesia, ahí representada, necesariamente, pero no con capacidad decisoria, sino como testigo, por un sacerdote o diácono.

Por último, la Confirmación y la Unción de Enfermos —que sí debe impartir un sacerdote— son igualmente canales de la gracia y por tanto sacramentos, pero no necesarios para la salvación de cada persona. En todo caso, forman parte de la misión de santificar que el clero ejerce sobre el conjunto de los fieles.

Esta visión fue radicalmente cambiada por Lutero, para quien ningún sacramento es estrictamente necesario para la salvación, la misión principal del clero es la de animar la fe —que sí es lo único necesario— y ello no mediante obras rituales, sino mediante la predicación. Por eso, para el protestantismo en general, desparecen los sacerdotes en cuanto fabricantes de un objeto cultual, como es la Eucaristía— y aparecen los pastores, que deben ayudar en la comprensión de la Sagrada Escritura —hay una cierta misión de enseñar—, pero sin poder para mandar al individuo que se relaciona directa y exclusivamente con Dios: tampoco hay misión de gobernar propiamente.

Enrique VIII entró en conflicto con la misión de gobernar del Papa, porque la Iglesia católica, aunque considere la santificación como tarea principal del clero, no deja de afirmar que el armazón de la enseñanza y del gobierno de la Iglesia también debe estar de algún modo sometido al control del clero. Para negar el poder del Papa basándose en su tradición política (*Praemunire*) y en beneficio de sus intereses personales, al monarca inglés le vino bien aliarse con los protestantes, y muy tempranamente aceptó manipular la misión santificadora de la Iglesia.

La ruptura de la unidad de la Iglesia creando la ficción de que existe una Iglesia de Inglaterra independiente es suficiente para asegurar que al final no quedará de ella piedra sobre piedra, por mucho que se quieran guardar las apariencias. Pero es que Enrique VIII, que además se arrogó el poder de establecer la doctrina, no dejó ninguno de los tres poderes por destruir.

No obstante, en cierto sentido podría decirse que estos tres poderes quedaron formalmente destruidos en tres etapas que se pueden asignar respectivamente a tres monarcas de la dinastía Tudor: Enrique VIII, que ante todo negó el poder de gobernar al Papa mediante la Ley de Supremacía de 1534; Eduardo VI, que negó el poder de santificar destruyendo el episcopado y en consecuencia el sacerdocio con una fórmula de consagración episcopal incompatible con la fe en 1550; e Isabel I que negó el poder de enseñar (aunque más propiamente, de nuevo el de gobernar) al asentir con las leyes de Supremacía y Uniformidad de 1558 a que el Parlamento legislara sobre cuestiones religiosas sin consultar con los obispos y despedir a continuación a todos menos uno porque se negaron a firmar la nueva Ley de Supremacía.

La cuestión planteada en el siglo XVI —cómo evitar que los Papas se inmiscuyan en los asuntos políticos, pero también lo contrario— sigue sin resolverse, a pesar de que Jesucristo dio las pautas generales sobre el asunto al decir que el poder en la Iglesia no debe ser como el de los reyes humanos que abusan de sus súbditos; y, por otra parte, que hay que dar al César lo que es del César.

El Concilio de Trento cerró filas en torno al Papa y solo en el Vaticano I se trató de poner coto al poder ilimitado del Romano Pontífice, definiendo cuándo es infalible (y por tanto aclarando que sus actos ordinariamente no revisten esa cualidad).

El Concilio Vaticano II estudió el papel que tienen en la Iglesia los obispos. Precisó que los sacerdotes actúan en la persona de Cristo y que todos los laicos están llamados a la santidad. La gran cuestión que sigue planteada es la de que los laicos asuman plenamente su responsabilidad en la santificación de la sociedad, y los clérigos sepan animarles sin por ello robarles protagonismo.

El protagonismo de la misión laical, según el libro póstumo de Benedicto XVI *Qué es el Cristianismo* (p. 118), sería malentendido por aquellos sacerdotes —entre ellos él mismo— que, arrastrados por una visión protestante, tomaron como principal misión del sacerdote la de pastorear predicando la Palabra de Dios, dando lugar a una «permanente crisis del sacerdocio en la Iglesia»:

> *Yo mismo, en una conferencia sobre el sacerdocio de la Iglesia celebrada inmediatamente después del concilio, creí que debía presentar al presbítero del Nuevo Testamento como alguien que medita en la palabra y no como un artesano del culto. La meditación de la Palabra de Dios, de hecho, es una tarea grande y fundamental del sacerdote de Dios en la nueva alianza. Pero esta Palabra se ha hecho carne y meditarla significa siempre también alimentarse de la carne que, como pan del cielo, nos es dada en la Santísima Eucaristía. La meditación de la Palabra en la Iglesia de la Nueva Alianza es también un abandono siempre nuevo a la carne de Jesucristo, y este abandono es al mismo*

tiempo una exposición a la transformación de nosotros mismos a través de la cruz.

Aparentemente, es posible en esta visión tradicional que los laicos gobiernen el mundo y enseñen de forma libre y responsable, mientras la misión principal del clero es la de fortalecerles con los sacramentos. Sin embargo, en el mundo actual siguen siendo grandes los recelos tanto del clero hacia los laicos que quieren asumir sus responsabilidades —temiendo que pretendan gobernar y enseñar saltándose las reglas esenciales, como ha sucedido con el Camino Sinodal alemán—; como de los laicos hacia el clero, temiendo sus abusos de poder.

Quizá como respuesta a esta situación —y aquí más que en otros puntos esto es mi opinión, no sé hasta qué punto sólida, pero desde luego discutible— es posible que el papa Francisco prefiera una Iglesia donde la misión esencial del clero sería gobernar, pero no sobre las conciencias, sino precisamente para evitar que el gobierno —incluso de la Iglesia— afecte a la conciencia, para así garantizar que no haya abusos.

Si se quiere garantizar que no haya abusos, tampoco debe haber derechos de unas personas sobre otras. La reducción al mínimo imprescindible de la estructura de poder sería, en esta teoría, lo único que garantizaría el fin de los abusos y el reinado de los carismas en la Iglesia: siempre y cuando se entienda que los carismas son líquidos, es decir, que no generan obligaciones en conciencia, porque si hubiera obligaciones, debería haber una estructura de poder que exigiera su cumplimiento.

Según esta visión, en la Iglesia todo poder debería quedar resumido en el del Papa, pero solo con el fin de supervisar que nadie abuse de sus iguales. Idealmente, en esta Iglesia todas las instituciones —salvo el Papado— quedarían reducidas a un estatuto de asociación con exigencias revisables, cuando no volátiles, de modo que tampoco el liderazgo pudiera perpetuarse.

Frente a las luchas de poder, la solución propuesta parece ser la de un poder único y la eliminación en la práctica del Derecho Canónico, para que nada pueda interponerse —ni derechos reclamados, ni deberes impuestos— en el ejercicio de ese poder supuestamente mínimo.

Como teoría, suena bien. Como también sonaría bien a muchos la tesis de Enrique VIII de que él asumía el poder en la Iglesia para terminar con los abusos.

Quizá el testimonio de los mártires y acudir a su intercesión pueda ayudar a ver una solución que no consista en negar toda misión de consejo espiritual, sino aceptar que la Iglesia cuenta con los medios para resolver cualquier abuso y que hay que volver a esos medios —los sacramentos, en los que los sacerdotes son imprescindibles, y la formación cristiana, en la que cualquiera puede ayudar a profundizar— una y otra vez sin pretender que una fórmula mágica nos aporte un recurso nunca antes imaginado.

En un discurso a la curia romana el 22 de diciembre de 2005, Benedicto XVI recordaba al Papa fallecido ese año, Juan Pablo II, destacando cómo en su libro *Memoria e identidad*, había reflexionado sobre el sentido del sufrimiento:

> *El límite del poder del mal, la fuerza que, en última instancia, lo vence es —como él nos dice— el sufrimiento de Dios, el sufrimiento del Hijo de Dios en la cruz: «El sufrimiento de Dios crucificado no es solo una forma de dolor entre otros (...). Cristo, padeciendo por todos nosotros, ha dado al sufrimiento un nuevo sentido, lo ha introducido en una nueva dimensión, en otro orden: en el orden del amor. (...) La pasión de Cristo en la cruz ha dado un sentido totalmente nuevo al sufrimiento y lo ha transformado desde dentro. (...) Es el sufrimiento que destruye y consume el mal con el fuego del amor (...). Todo sufrimiento humano, todo dolor, toda enfermedad, encierra en sí una promesa de liberación (...). El mal (...) existe en el mundo también para despertar en nosotros el amor, que es la entrega de sí mismo (...) a los que se ven afectados por el sufrimiento. (...) Cristo es el Redentor del mundo: (...) "Sus cicatrices nos curaron" (Is 53, 5)» (pp. 207-208).*

Todo esto no es simplemente teología docta, sino expresión de una fe vivida y madurada en el sufrimiento. Ciertamente, debemos hacer todo lo posible para aliviar el sufrimiento e impedir la injusticia que causa el sufrimiento de los inocentes. Sin embargo, también debemos hacer todo lo posible para que los hombres puedan descubrir el sentido del sufrimiento, para ser así capaces de aceptar nuestro propio sufrimiento y unirlo al sufrimiento de Cristo. De este modo, ese sufrimiento se funde con el amor redentor y, en consecuencia, se transforma en una fuerza contra el mal en el mundo.

Se entiende así que la Iglesia haya valorado el sacrificio de los mártires, ya desde san Esteban, como la más cercana colaboración con Jesucristo.

MARTIRIO, INTOLERANCIA Y OBEDIENCIA CÍVICA

Los sucesos político-religiosos a partir del siglo XVI en Inglaterra plantean también preguntas incómodas, dudas o acusaciones directas, como la de que algunos de estos a los que la Iglesia católica llama mártires, incluso Tomás Moro, antes de sufrir persecución, persiguieron a personas que discrepaban de ellos en cuanto a la fe.

El que los católicos ejercieran violencia por medio de la Inquisición cuando estaban en el poder parece una piedra de tropiezo de tal calibre que un autor como Brian Moynahan comienza la novela *El libro de fuego*, sobre el «sangriento nacimiento de la Biblia en inglés», con un prefacio titulado «la quema de herejes» que retrotrae el relato un siglo, hasta 1428, cuando los restos de Juan Wiclef (1324-1384) fueron desenterrados del cementerio parroquial de Lutterworth, 20 km al sur de Leicester, para quemarlos, ya que 14 años antes (y 30 después de su muerte) el Concilio de Constanza lo había condenado como hereje.

Si los católicos no consideraban válida la resistencia de los herejes a la autoridad, ¿cómo justificar su propia resistencia? ¿Porque su doctrina era la de un poder religioso independiente del político? ¿Esto era garantía de pureza ideológica, o implicaba cierto riesgo de traición al gobierno de la propia nación?

¿Quienes mataron a los mártires eran opresores de conciencia o luchadores contra privilegios injustificados, que parecen excusas para incumplir obligaciones del bien común?

La sospecha frente a los mártires católicos, en realidad, vale para cualquiera que pretenda someter su conciencia a un poder sobrenatural y todopoderoso. Por eso el papa Benedicto XVI dedicó una amplia reflexión a esta sospecha contra los supuestos efectos perniciosos de la religiosidad, en el apartado cuatro («Monoteísmo y tolerancia») del segundo capítulo («elementos fundamentales de la religión cristiana») de su libro póstumo *Qué es el cristianismo.*

Concluye Benedicto XVI que hay formas de oponerse a la verdad (incluida la verdad del cristianismo) que se disfrazan de tolerancia, por ejemplo la del mundo occidental que «se considera como un gran poder de tolerancia», pero ejerce una «radical manipulación del hombre» al «distorsionar los sexos por medio de la ideología de género», con lo que «se contrapone de modo particular al cristianismo».

Lo que Ratzinger llama «pretensión dictatorial de tener siempre la razón» exige abandonar la antropología y estilo de vida cristianos, por considerarlos prerracionales. «La intolerancia de esta aparente modernidad» es cada vez más autoritaria, aunque «aún no se ha transformado en persecución abierta», pero pretende, «mediante la legislación correspondiente, la extinción de lo que es esencialmente cristiano».

Precisa Benedicto XVI que el «celo» de Matatías —líder de una rebelión contra las autoridades griegas que perseguían la religión judía—, violento, «no es la forma en que se expresa el celo cristiano. El celo auténtico toma su forma esencial de la cruz de Cristo», es decir, está dispuesto a dejarse matar, pero no ejerce violencia.

Afirma Benedicto XVI que «una sociedad que se pone frente a la verdad es totalitaria y por ello profundamente intolerante». Frente a ella, «como auténtico contrapeso a toda forma de intolerancia, está Jesucristo crucificado», a quien imitan los mártires: «el cristianismo ha conquistado sus victorias solo gracias a los perseguidos, y nunca cuando se ha puesto de parte de los perseguidores».

En cuanto a las diferencias entre los protestantes que murieron perseguidos por católicos y los mártires católicos, pregunté su opinión a Gavin Ashenden, excapellán de la Reina Isabel II y obispo anglicano, que se convirtió al catolicismo en 2019, y me contestó lo siguiente el 30 de noviembre de 2023:

> *Etimológicamente, el término mártir se puede utilizar tanto para protestantes como para católicos. Si se adopta una antropología humanista relativista en la que la conciencia es el valor más alto, entonces no hay posibilidad de elegir entre los dos sistemas de valores.*
>
> *Pero yo diría que el protestantismo no logró justificar sus afirmaciones de que estaba volviendo a las raíces del cristianismo y, en cambio, demostró ser un callejón sin salida cismático.*
>
> *No es la conciencia el árbitro supremo de la verdad o del valor.*
>
> *Desde el punto de vista católico, el martirio está restringido a aquellos que mueren por la auténtica fe cristiana, que desciende directamente de los apóstoles y la Iglesia primitiva.*
>
> *Los protestantes murieron para derrocar la fe cristiana histórica. Desde un punto de vista católico, eso les priva del título de mártir, en mi opinión.*

BEATIFICACIONES Y CANONIZACIONES

En 1874 había comenzado un proceso que incluía 353 personas, a las que posteriormente se añadieron en Roma otras seis, totalizando 359. 285 han sido beatificadas, y de estas, 44 posteriormente canonizadas.

Beatificación de 1886: En 1886 fueron beatificados 54 de los 63 mártires cuyas reliquias ya podían ser honradas desde que lo autorizó Gregorio XIII (1572-1585). Dos de ellos fueron canonizados en 1935 y 11 en 1970. Descontando estos 13, quedan 41 beatos de 1886. Sus nombres, como los del resto de personas tratadas en los procesos que aquí menciono, pueden verse en la web https://martiresuk.centroeu.com

Beatificación de 1895: Los nueve restantes del grupo cuyo culto autorizó Gregorio XIII fueron beatificados el 13 de mayo de 1895.

Beatificación de 1920: Un mártir (el obispo primado de Irlanda, Oliver Plunkett, ejecutado en 1681) fue beatificado en 1920 y canonizado en 1975.

Beatificación de 1929: 136 mártires fueron beatificados el 15 de diciembre de 1929: de ellos 29 serían canonizados en 1970. Tres de los beatificados eran irlandeses. Los 107 restantes permanecen como beatos.

Beatificación de 1987: 85 mártires (entre ellos el irlandés Charles Mahoney) fueron beatificados el 22 de noviembre de 1987. A estos mártires hay que sumar 30 que fueron declarados venerables pero aún no beatificados. Entre estos 30 uno fue ejecutado en Dublín (John Travers) y por eso aparece también entre los mártires de Irlanda. 44 de la lista inicial fueron «pospuestos» (descartados temporalmente): 36 de ellos no habían sido ejecutados, sino que murieron en prisión.

En Inglaterra, se celebra el 4 de mayo la fiesta de los mártires que fueron víctimas de la Reforma inglesa. En Gales siguen celebrando aparte sus seis santos mártires el 25 de octubre (y el 4 de mayo los celebran de nuevo con sus 34 compañeros ingleses).

Canonizaciones de 1935 y 1970: El 19 de mayo de 1935 fueron canonizados Juan Fisher y Tomás Moro.

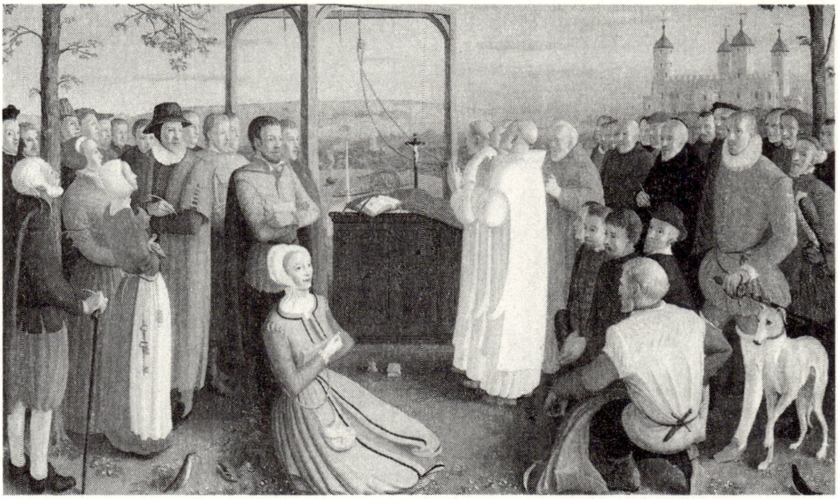

Cuadro utilizado en la canonización de 1970

El 25 de octubre de 1970 fueron canonizados en Roma los 40 mártires de la lista enviada desde el Reino Unido en diciembre de

1960, con un solo milagro para todos ellos por especial dispensa de Pablo VI, del mismo modo que Tomás Moro y Juan Fisher habían sido canonizados con dispensa de milagros. Eran seis galeses y 34 ingleses.

Canonizaciones de 1975 y 1976: El 12 de octubre de 1975 fue canonizado Oliver Plunkett, arzobispo de Armagh (Irlanda).

El 17 de octubre de 1976 fue canonizado John Ogilvie, sacerdote jesuita de Moray (Escocia), muerto en 1615.

Beatificaciones de irlandeses en 1992: Aparte de los tres (o cuatro) irlandeses beatificados en 1929, dos fueron beatificados en 1987 y 17 lo fueron el 27 de septiembre de 1992 por san Juan Pablo II. Su fiesta se celebra el 20 de junio.

La causa de Richard Creagh, Arzobispo de Armagh, y otros 41 martirizados entre 1572 y 1655 fue enviada a Roma en 1998. La causa diocesana se había iniciado en Dublín el 15 de febrero de 1904, clausurándose el 25 de diciembre. El proceso apostólico se realizó entre 1917 y 1930 y el 12 de febrero de 2000 se promulgó el decreto de validez de la investigación diocesana. Patrick Russell, arzobispo de Dublín muerto en prisión en 1692 parece haber sido excluido de esta causa por error.

Charles McNeill publicó en 1913, en el volumen 8 de la *Catholic Encyclopedia*, una lista más amplia de confesores irlandeses.

Escoceses

Son escoceses por nacimiento o muerte: John Black, George Douglas, William Gibson y san John Ogilvie.

BIBLIOGRAFÍA

Abel, Thomas: *Invicta Veritas. An Answer, That by No Manner of Law, it May be Lawful for the Most Noble King of England, King Henry the VIII to be Divorced from the Queen's Grace, His Lawful and Very Wife.* Edición en inglés moderno de Robert Crawford, Pebble in your Shoe Publishing, Chamberlain, Dakota del Sur, 2021, 81 páginas. En: https://books.google.es/books?id=5IOFEAAAQBAJ

Ainley, Michele Marcella: *De Processu Martyriali* (Blog sobre mártires de Irlanda, en: https://www.deprocessumartyriali.com/).

Arias, David: *Los Mártires de Estados Unidos.* Lulu Press, 2013, Morrisville (Carolina del Norte), 288 páginas.

Armstrong, Dave: *Protestantism: Historic Persecution & Intolerance* (En: https://www.patheos.com/blogs/davearmstrong/2006/11/protestantism-index-page.html).

Asquith, Clare: *Shadowplay: The Hidden Beliefs and Coded Politics of William Shakespeare.* Public Affairs, Nueva York, 2005, 368 páginas.

BA. (Ro.): *Lyfe of Syr Thomas More.* E.V. Hitchcock and P.E. Hallett, 1950, 370 páginas.

Bailey, Alfred: *The Succession to the English Crown. A Historical Sketch.* Macmillan, Londres, 1879, 298 páginas.

Beda el Venerable, san: *Historia eclesiastica gentis Anglorum.* Año 731.

Bede, Camm (ed.): *Lives of the English Martyrs declared Blessed by Pope Leo XIII in 1886 and 1895.* Longmans, Green and Co., Londres, 1914, 740 páginas (https://archive.org/details/livesofenglishma02cammiala/page/n3/mode/2up).

Beeton, Samuel Orchart: *Beeton's Date-book: A British Chronology from the Earliest Records to the Present Period.* J. Ogden and Co., Londres, 1872, 238 páginas.

Benedicto XVI (Joseph Ratzinger): *Che cos'è il Cristianesimo. Quasi un testamento spirituale.* Mondadori, 2003, 192 páginas.

Blandford, Richard Colin: *Hugh Latimer, the King's Reformer, 1530-1539.* University of Divinity, Melbourne, 2010, 336 páginas (en: https://jstor.org/stable/community.34589884).

Borman, Tracy: *The Private Lives of the Tudors: Uncovering the Secrets of Britain's Greatest Dynasty.* Hoder&Stoughton, Londres, 2016, 464 páginas.

Bossy, John: *The English Catholic Community, 1570-1850.* Oxford University Press, Oxford, 1976, 446 páginas.

Bray, Gerald Lewis: *Documents of the English Reformation 1526-1701.* James Clarke & Co, Cambridge, 1994, 675 páginas.

British Museum: *Thomas Becket murder and the making of a saint.* Exhibición celebrada del 20 de mayo al 22 de agosto de 2021 (https://www.britishmuseum.org/exhibitions/Thomas-becket-murder-and-making-saint).

Bryce, James (director): *Blood, Sex & Royalty,* docuserie (3 capítulos), Netflix, 2022.

Candido, Joseph: «Fashioning Henry VIII: What Shakespeare Saw in *When You See Me, You Know Me.*» *Cahiers* Élisabéthains 23 (1983), pp. 47-59.

Carley, James P.: *Glastonbury Abbey and the Arthurian Tradition.* Boydell & Brewer, 2001, 646 páginas.

Carlyle, R.M. y A.J.: *Hugh Latimer.* Wipf and Stock Publishers, Eugene, Oregón, 2018, 177 páginas.

Carrafiello, Michael L.: *Robert Parsons and English Catholicism, 1580-1610.* Susquehanna University Press-Associated University Presses, Selinsgrove-Londres, 1998, 186 páginas.

Cavendish, George: *Cardinal Wolsey, his rise and life.* Londres, Chapman & Hall, 1855, 100 páginas.

Challoner, Richard: *Memoirs of missionary priests, and other Catholics of both sexes, that have suffered death in England on religious accounts from the year 1577 to 1684.* Manchester, Mark Wardle, 1803, 522 páginas (En: https://archive.org/details/memoirsofmission01chaliala). Edición de 1839: https://catalog.hathitrust.org/Record/008585852

Chester, Allan G.: *Hugh Latimer, Apostle to the English.* University of Pennsylvania Press, 1954, 272 páginas.

Selected sermons of Hugh Latimer. University Press of Virginia, Charlottesville, 1968, XXXVI+210 páginas.

Chesterton, G.K.: *Breve historia de Inglaterra.* Acantilado, 2005 (Barcelona).

Conyngham, D.P.: *Lives of the Irish Martyres. Reprint of the original, first published in 1873.* Outlook Verlag, 2023, Fráncfort, 263 páginas.

Craven, Maxwell: Magnus Maximus: *The Neglected Roman Emperor and his British Legacy.* Amberley Publishing, 2023, 352 páginas.

Croft, Pauline: *King James.* Palgrave MacMillan, Nueva York, 2003, 214 páginas.

Daniell, David: *William Tyndale. A Biography.* Yale University Press, New Haven-Londres, 1994, 458 páginas.

Davies, Michael: *The martyrdom of John Fisher, bishop, during the reign of King Henry VIII.* Neumann Press, Long Prairie, Minnesota, 1998, 137 páginas.

Dillon, Anne: *The Construction of Martyrdom in the English Catholic Community, 1535-1603.* Ashgate, 2002, 474 páginas.

Dodd, Charles (seudónimo de Tootell, Hugh): *The Church History of England, from the Year 1500 to the Year 1688*, vol. 2, Bruselas, 1739, 528 páginas más índice (en: https://books.google.es/books?id=3QeblqY0RZgC).

Church History of England. From the Commencement of the XVI Century to the Revolution in 1688. Vol. 4 con notas de M.A. Tierney. C. Dolman, Londres, 1841, 180 páginas más 291 de apéndices (en: https://books.google.es/books?id=uAVMAAAAYAAJ).

Dodds, Madeleine Hope y Ruth: *The Pilgrimage of Grace, 1536-1537 and the Exeter Conspiracy, 1538.* Volumen I, Routledge, 2019, 402 páginas (ed. original de 1915). Volumen II, Routledge, 2019, 391 páginas.

Dodwell, Martin: *Anne Line. Shakespeare's Tragic Muse.* Book Guild, 2013, 199 páginas.

Duffy, Eamon: *The Stripping of the Altars: Traditional Religion in England, 1400-1580.* Yale University Press, 1992, 654 páginas (edición de 2022 en Viborg, Dinamarca).

Saints, Sacrilege and Sedition: Religion and Conflict in the Tudor Reformations. Bloomsbury, Londres, 2012, 320 páginas.

Dunstaplia, Radulphus de: «Vita B. Albani», pp. 12-14 en Hardy, Thomas Duffus: *Descriptive Catalogue of Materials Relating to the History of Great Britain and Ireland,* Vol. I, Parte I, Londres, 1862, 616 páginas.

Dures, Alan y Young, Francis: *English Catholicism 1558-1642.* 2.ª edición, Routledge, 2021, 164 páginas.

Edwards, Francis: *The Enigma of Gunpowder Plot, 1605. The Third Solution.* Four Courts Press, Dublín, 2008, 510 páginas.

Edwards, John, *Mary I: England's Catholic Queen.* Yale University Press, New Haven y Londres, 2011, 387 páginas.

Edwards, R. Dudley. «Venerable John Travers and the Rebellion of Silken Thomas.» *Studies: An Irish Quarterly Review,* vol. 23, n.º. 92, 1934, pp. 687–99 (en: http://www.jstor.org/stable/30095181).

Foley, Henry: *Records of the English Province of the Society of Jesus: Historic Facts Illustrative of the Labours and Sufferings of Its Members in the Sixteenth and Seventeenth Centuries.* Volumen 3. Burns and Oates, Londres, 1878, 845 páginas (en: https://books.google.es/books?id=Ls17YHq4PW4C).

Foxe, John: *Foxe's book of martyrs: a complete and authentic account of the lives, sufferings, and triumphant deaths of the primitive and Protestant martyrs in all parts of the world, with notes, comments and illustrations.* Edición de 1856, Londres, Knight and Son, XXXVIII más 1.083 páginas (en: https://archive.org/details/foxesbookofmarty00fo/page/1082/mode/2up).

Green, Paul D.: «Suicide, Martyrdom, and Thomas More.» *Studies in the Renaissance* 19 (1972): 135–55 (en: https://doi.org/10.2307/2857090).

Gunn, S.J.: «The Duke of Suffolk's March on Paris in 1523». *The English Historical Review,* Vol. 101, N.º 400 (Jul., 1986), pp. 596-634. Oxford University Press (en: https://www.jstor.org/stable/571478).

Gwyn, Peter J.: *The King's Cardinal: The Rise and Fall of Thomas Wolsey.* Pimlico, Londres, 2002, 688 páginas (1.ª ed. 1990, Barrie & Jenkins Ltd).

Hamilton, Adam: *The Angel of Syon: The Life and Martyrdom of Blessed Richard Reynolds, Martyred at Tyburn, May 4, 1535.* HardPress, 2012, 166 páginas.

Hatt, Cecilia A. (ed.): *English Works of John Fisher, Bishop of Rochester (1469-1535). Sermons and Other Writings, 1520-1535.* Oxford University Press, 2002, 465 páginas.

Hendricks, Lawrence: *The London Charterhouse. Its Monks and Its Martyrs, with a Short Account of the English Carthusians After the Dissolution.* K. Paul, Trench & Co., Londres, 1889, 390 páginas (en https://books.google.es/books?id=2s0kAAAAMAAJ).

Highley, Christopher: *Catholics Writing the Nation in Early Modern Britain and Ireland.* OUP, Oxford, 2008, 248 páginas.

Houghton, William D.: *Houghton Ancestors. A 1,000 Year Historical Adventure.* Lulu.com, Estados Unidos, 2010 (2.ª ed.), 316 páginas.

Hungerford Pollen, John S.J.: *Acts of English Martyrs Hitherto Unpublished.*

Burns and Oates, Londres, 1891, 400 páginas (en: https://books.google.es/books?id=tHEMAAAAIAAJ).

Hutchinson, Robert: *Thomas Cromwell. The Rise And Fall Of Henry VIII's Most Notorious Minister.* Weidenfeld & Nicolson, Londres, 2012, 368 páginas.

Joyce, Patric Weston: *A Smaller Social History of Ancient Ireland.* Longmans, Green & Co., Dublín, 1908 (2.ª Ed.), 574 páginas (en: https://books.google.es/books?id=pKBBAAAAYAAJ).

Kamps, Ivo: «Possible Pasts: Historiography and Legitimation in Henry VIII». *College English,* Vol. 58, No. 2 (Feb., 1996), pp. 192-215 (en: https://www.jstor.org/stable/378464).

Kesselring, K. J.: *The Northern Rebellion of 1569: Faith, Politics, and Protest in Elizabethan England.* Palgrave Macmillan, Nueva York, 2007, 232 páginas.

Lagorio, Valerie M.: «The Evolving Legend of St Joseph of Glastonbury» *Speculum,* 1971, p. 209-231.

Lake, Peter: «Anti-Popery: the structure of a prejudice». En Cust, Richard y Hughes, Ann (editores): *Conflict in Early Stuart England. Studies in Religion and Politics 1603-1642,* Harlow, 1989, 282 páginas, p. 72-106.

Lennon, Colm: *An Irish Prisoner of Conscience of the Tudor Era. Archbishop Richard Creagh of Armagh,* 1523-1586. FourCourts Press, Dublín, 2000, 166 páginas.

Lipscomb, Suzannah: *1536: The Year that Changed Henry VIII.* Lion Books, Oxford, 2009, 240 páginas.

Lynch, John: *De praesulibus Hiberniae.* Dublín, 1672.

Maas, Korey: *The Reformation and Robert Barnes: History, Theology and Polemic in Early Modern England.* Boydell & Brewer, Woodbridge-Rochester, 2010, 250 páginas.

MacCulloch, Diarmaid: *Reformation: Europe's House Divided 1490-1700.* Allen Lane, 2003, 832 páginas.

«A Bonanza for Lawyers». Comentario al libro *Facing the Revocation: Huguenot Families, Fait, and the King's Will,* de Carolyn Chapell Lougee; en *London Review Of Books,* Vol. 39, n.º 18, 21 de septiembre de 2017.

Mann, Stephanie A.: *Supremacy and Survival: How Catholics Endured the English Reformation.* Scepter Publishers, Nueva York, 2009, 212 páginas.

MacKay, Lauren: *Among the Wolves of Court: The Untold Story of Thomas and George Boleyn.* I. B. Tauris, Londres-Nueva York, 2018, 312 páginas.

Marius, Richard: *Thomas More. A Biography.* Alfred A. Knopf, Nueva York, 1984, 562 páginas.

Mayer, Thomas F.: «A Diet for Henry VIII: The Failure of Reginald Pole's 1537 Legation», en *Journal of British Studies,* Vol. 26, n.º 3 (julio 1987) páginas 305-331 (en: https://www.jstor.org/stable/175627).

Reginald Pole. Prince and Prophet. Cambridge University Press, 2000, 268 páginas.

Morris, John, S.J.: *The Troubles of Our Catholic Forefathers Related by Themselves.* Burns and Oates, Londres, 1875, 512 páginas (en: https://books.google.es/books?id=WMZLAAAAYAAJ).

Morriss, Frank: *Two Chapels. Newman and the case for modern martyrdom.* St. George Press, Grand Marais (Michigan), 2000, 94 páginas.

Moynahan, Brian: *Book Of Fire: William Tyndale, Thomas More and the Bloody Birth of the English Bible.* Hachette, Londres, 2002, 448 páginas.

Mullett, Michael A.: *Catholics in Britain and Ireland, 1558–1829.* St. Martin's Press, Nueva York, 1998, 248 páginas

The Catholic Reformation. Routledge Revivals, Taylor & Francis, 2023, 274 páginas.

Nolan, Hayley: *Anne Boleyn: 500 Years of Lies.* Brilliance Publishing, Inc., 2019, 331 páginas.

Nowak, Matthew J.: *New England's God: Anticatholicism and Colonial New England,* John Carroll University, Cleveland, 2015, 130 páginas (en: https://collected.jcu.edu/mastersessays/17/).

O'Reilly, Myles: *Memorials of those who suffered for the Catholic Faith in Ireland in the 16th, 17th and 18th Centuries.* Burn, Oates & Co., Londres, 1868, 408 páginas (en: https://books.google.es/books?id=icYAAAAcAAJ).

Pearce, Joseph: «Flower of Scotland» *Crisis Magazine,* artículo fechado el 18 de mayo de 2024 (en: https://crisismagazine.com/opinion/flower-of-scotland).

Peyró, Ignacio: *Pompa y circunstancia. Diccionario sentimental de la cultura inglesa.* Fórcola, 2014, 1.068 páginas.

Pinillos Iglesias, María Nieves: *Hilando oro. Vida de Luisa de Carvajal.* Laberinto, Madrid, 2000, 239 páginas más árbol genealógico.

Pritchard, Arnold: *Catholic Loyalism in Elizabethan England.* UNC Press Books, Carolina del Norte, 2017, 256 páginas.

Puller, W.: «The Bull Apostolicae Curae and the Edwardine Ordinal». En *The Church Eclectic,* noviembre de 1896, p. 706-720 (transcripción de *The Guardian*).

Rex, Richard (2011). «Thomas More and the heretics: Statesman or fanatic?» En G. Logan (Ed.), *The Cambridge Companion to Thomas More* (pp. 93-115). Cambridge U. P., 2011 (en: https://doi.org/10.1017/CCOL9780521888622.006).

Rohrbach, Peter-Thomas: *Journey to Carith: The Sources and Story of the Discalced Carmelites.* ICS Publications, Washington D.C., 1966, 381 páginas.

Roper, William, Singer, Samuel Weller (ed.): *The Life of Sir Thomas More.* C. Whittingham, Londres, 1822, 195 páginas. El original se publicó en París en 1626 con el antetítulo de *El espejo de la virtud en la grandeza mundana.*

Rostenberg, Leona: *The Minority Press and The English Crown. A Study in Repression 1558-1625.* B. de Graaf, Nieuwkoop, 1971, 276 páginas.

Royer-Hemet, Catherine (ed.): *Canterbury. A Medieval City.* Cambridge Scholars Publishing, Newcastle upon Tyne, 2010, 230 páginas.

Scott, Lorin: *The Vilification of Mary Tudor: Religion, Politics, and Propaganda in Sixteenth-Century England*, Texas Tech University, 2014, 161 páginas (en: https://ttu-ir.tdl.org/bitstream/handle/2346/58503/SCOTT-THESIS-2014.pdf).

Shagan, Ethan H.: *The Rule of Moderation. Violence, Religion and the Politics of Restraint in Early Modern England.* Cambridge University Press, 2011, 381 páginas.

Sington, David (dir): *Henry VIII: Mind of a Tyrant.* Documental para Channel 4. Red House Dox Limited, 2009.

Stapleton, *Thomas: The life and Illustrious Martyrdom of Sir Thomas More. Translated by Philip E. Hallett.* CTMS, University of Dallas, 2020, 113 páginas (en: https://Thomasmorestudies.org/wp-content/uploads/2020/09/Stapleton-Biography-4-27-2020-1.pdf).

Starkey, David: *Henry VIII: Mind of a Tyrant.* Documental dirigido por David Sington para Channel 4. Red House Dox Limited, 2009.

Sugden, Marian, y Frankl, Ernest: *Yorkshire Moors and Dales.* Pevensey Press, Cambridge, 1987, 108 páginas.

Tanner, Joseph Robson: *Tudor Constitutional Documents A.D. 1485-1603 with an historical commentary.* Cambridge University Press, 1930, 636 páginas (en: https://books.google.es/books?id=Q9o8AAAAIAAJ).

Thomas, Charles: *Christianity in Roman Britain to AD 500.* University of California Press, Berkeley y Los Ángeles, 1981, 408 páginas.

Tremlett, Giles: *Catalina de Aragón: Reina de Inglaterra.* Planeta, 2012, 520 páginas.

Tyndale, William: *The Works of Tyndale continued* (incluye *The Practice of Prelates*), vol. II de *The Works of the English and Scottish Reformers* editado por Thomas Russell, Ebenezer Palmer, Londres, 1828, 595 páginas.

The Works of Tyndale (continued). Incluye la respuesta al Diálogo de Moro. Vol II. de *The Works of the English Reformers: William Tyndale and John Frith,* editado por Thomas Russell, Ebenezer Palmer, Londres, 1831, 552 páginas.

Yepes, *Diego de: Historia particular de la persecución de Inglaterra y de los martirios más insignes que en ella ha habido desde el año del Señor 1570.* Madrid, Luis Sánchez, 1599, 913 páginas (en: https://bivaldi.gva.es/es/consulta/registro.cmd?id=3187).

Walsh, James, S.J. (editor): *The Catholic Martyrs of England and Wales.* Catholic Truth Society, 1979, 53 páginas.

Walsham, Alexandra: *Catholic Reformation in Protestant Britain.* Routledge, Oxon-Nueva York, 2016, 508 páginas.

Waugh, Evelyn: *Edmund Campion: Jesuit and Martyr.* Penguin Modern Classic, 2012, 256 páginas.

Weir, Alison: *The Six Wives of Henry VIII*, Vintage Books, Londres, 2007, 656 páginas (1.ª ed. 1991).

Whelan, Helen: *Snow on the Hedges. A life of Cuthbert Mayne.* Fowler Wright Books Ltd., Leominster, 1984, 207 páginas.

Wyatt, George: *Extracts from the life of the virtuous, Christian and renowned Queen Anne Boleigne.* Londres, Richard and Arthur Taylor, 1817, 29 páginas.

ÍNDICE ONOMÁSTICO

Abbot, beato Henry 215, 246, 247
Abbot, George 215, 245, 247
Abel, beato Tomás 87, 88, 89
Adams, beato John 172
Agincourt, batalla 13, 26
Águila, general Juan del 225
Alcaraz, doctor 17
Allen, cardenal William 113, 122, 123, 140, 141, 168, 178, 181, 204, 215
Amias, beato John 187, 188
Ana I de Gran Bretaña (Estuardo) 293, 295
Ana de Cléveris 81, 86
Ana de Dinamarca 231
Anderton, beato Robert 170
Andleby, beato William 215
Anthony Browne 71, 195
Apostolicae Cura, bula 100
Archer, James S.J. 225
Arminianismo 228, 254
Arrowsmith, san Edmund S.J. 253, 254, 274
Arturo, Príncipe 15, 17, 19, 28, 91
Arundel, castillo 76, 108, 134, 184, 208, 211, 212, 213, 286
Arundell, Dorothy y Gertrudis 202, 203, 262
Arundell, John 202, 203, 262
Ashenden 311
Ashley, beato Ralph S.J. 236, 237, 238
Ashton, Robert 198
Aske, Robert 76, 77
Asociación Católica de Irlanda 297
Aston, Arthur 261
Atkinson, James 215, 223, 240
Atkinsons, beato Tomás 247
Atkyns, Richard 161
Aufield, beato Tomás 167, 168, 182
Augsburgo, confesión de 74, 142
Augsburgo, paz de 74, 142
Ayton, tratado de 16
Babington, complot 174, 180, 195, 208, 291
Babington Macaulay, Thomas 291
Badoer, Andrea 22
Bagshaw, Christopher 219
Bailey, Alfred, 79, 181, 184, 217, 218, 221, 250, 263, 271, 275
Baker, Alexander, 263, 267
Baldwin, William S.J. 240, 241
Bales, beato Christopher 190

Ball (Bermingham), beata Margarita, 160, 249, 250
Bamber, beato Edward 268
Bannatyne, William 277
Barkworth, beato Mark 221
Barlow, san Ambrosio 36, 111, 255, 256
Barlow, William, 36, 111, 255, 256
Barnbow, complot de 286
Barnes, Robert 36, 38, 43, 74, 90
Barrow, beato William S.J. 282
Barry, Richard, dominico 269
Barton, Elizabeth (doncella de Kent) 52, 53
Bathe, John y Tomás 270
Bayley, Lawrence 232
Beaufort, Margarita 14
Becket, santo Tomás 22, 41, 86, 96, 186
Beesley, beato George 193, 194
Beeton, S.O. 256, 257
Bellamy, Anne 208
Bell, beato Arthur 148, 157, 158, 159, 265
Bell, beato James 148, 157, 158, 159, 265
Belloc, Hilaire 96
Bell, Tomás 148, 157, 158, 159, 265
Belson, beato Tomás 188, 189
Bere, beato Richard 79
Bergin, Luke 275, 276
Berlarmino, san Roberto S.J., 202
Bickerdike, beato Robert 171
Bigod, rebelión de 78
Bilney, Tomás 36, 38
Bishop, William 238, 239
Blackfriars, convento 32, 181
Black, John 114, 314
Blackwell, Robert 219, 238
Blake, beato Alexander 190, 194
Blount, Charles (Lord Mountjoy) 16, 207, 226
Blount, William 16, 207, 226
Bodey, beato John 150, 151
Bolena, Ana 27, 28, 29, 30, 32, 34, 39, 46, 48, 49, 50, 51, 54, 65, 70, 71, 72, 73, 77, 82, 83, 85, 86, 92, 93, 99, 105, 111
Bolena, Jorge 27, 28, 29, 30, 32, 34, 39, 46, 48, 49, 50, 51, 54, 65, 70, 71, 72, 73, 77, 82, 83, 85, 86, 92, 93, 99, 105, 111
Bolena, María 27, 28, 29, 30, 32, 34, 39, 46, 48, 49, 50, 51, 54, 65, 70, 71, 72, 73, 77, 82, 83, 85, 86, 92, 93, 99, 105, 111
Borman, Tracy, 17, 18, 30
Bosgrave, beato Tomás 142, 203
Bosgrave, James 142, 203
Bossy, J. 96
Boste, san John 171, 203, 204, 205, 214, 216
Bosworth, batalla de 14
Bowes, beato Marmaduke 168
Boyne, batalla de 292
Boyton, William S.J. 269
Braganza, Bárbara de 278, 281
Brandon, Charles 26, 34, 104
Bray, Gerald L. 49, 56
Breen, Donal 275, 276
Briant, san Alexander S.J. 132, 134, 144
Bridewel, prisión 189
Britton, beato John 215
Broderie, Antoine de la 242
Bromley, George 162
Browne, Anthony, vizconde de Montagu 71, 195, 232
Browne, sir Anthony 71, 195, 232
Bryce, James 29
Bucer, Martin 100
Bullaker, beato Tomás 262, 263, 287
Bullaker, William 262, 263, 287
Bullinger, Heinrich 101
Bulloch, Peter 222, 223
Burden, beato Edward 187, 217
Burke, sir John 129, 238
Butler, James 264, 269, 272

Butler, Richard, franciscano 264, 269, 272
Buxton, beato Christopher 185
Byrd, William 112
Cadwallador, beato Roger 238, 241
Calvert, Carlos 250, 251, 252, 253, 276, 277
Calvert, Cecil 250, 251, 252, 253, 276, 277
Calvert, George, Lord Baltimore 250, 251, 252, 253, 276, 277
Cámara de los Comunes 255, 282, 284
Cambrai, guerra de la liga de 21, 299
Cameron, Alexander S.J. 296, 297
Campeggio, Lorenzo cardenal 22, 33
Campion, san Edmundo 122, 123, 124, 132, 133, 134, 136, 139, 140, 141, 142, 143, 145, 185, 186, 187, 208, 209, 211, 235, 240
Canterbury, arzobispo de 22, 32, 35, 36, 41, 44, 45, 48, 51, 55, 56, 59, 68, 85, 94, 99, 106, 111, 133, 171, 184, 185, 186, 190, 193, 199, 203, 212, 221, 240, 245, 257, 263, 266, 299
Cardenal, conspiración del 21, 22, 30, 33, 34, 36, 38, 52, 69, 72, 77, 92, 94, 103, 106, 109, 122, 129, 156, 178, 202, 230, 241
Carey, beato John, 203, 262
Carlos II 7, 271, 276, 277, 278, 279, 280, 281, 287, 289
Carlos IV de Lorena 272
Carrafiello, Michael L. 165
Carranza, Bartolomé de 106
Carter, beato William 151
Cartwright, Tomás 113
Cartuja de Axholme 60
Cartuja de Beauvale 60
Cartuja de Londres 60-62, 65-67, 79, 107
Carvajal Mendoza, Luisa de 243
Castillon, batalla de 13
Catalina de Aragón 15, 17, 18, 72, 75, 84, 87, 91, 302
Catheric, beato Edmund 261
Caumont, Jean de 222
Cavanagh, beato Patrick 130
Cavendish, George 27, 33
Cawood, Gabriel 222
Cecil, John 121, 125, 205, 234, 236, 243, 250, 253, 277
Cecil, Robert 121, 125, 205, 234, 236, 243, 251, 253, 277
Cecil, William (Lord Burghley) 121, 125, 205, 234, 236, 242, 251, 253, 277
Chadwick, Owen 234
Challoner, Richard 136, 150, 151, 181, 183, 186, 187, 189, 190, 191, 193, 198, 206, 221, 255
Champney, Anthony 192
Chaplain, William 151
Chapuy, Eustace 33, 34, 45, 48, 55, 71, 72, 73
Cheevers, beato Edward 130
Chester, Allan 35, 37, 38, 162, 172, 180, 200, 253, 254, 282
Chesterton, Gilbert K. 96, 99
Chichester, Arthur 89, 110, 111, 182, 243, 263
Chorley 248
Christopherson, obispo John 110
Churchill, Winston 270
Cien Años, guerra de los 13, 131
Claxton, beato James 182
Clemente VIII, papa, 216, 219
Clemente VII, papa 31, 33, 54
Cléveris, Ana de 81, 86, 87
Cléveris, Guillermo V de 81, 86, 87
Clitherow (Middleton), santa Margarita 169, 170, 183
Cognac, liga de 25, 31
Coke, Edward 234
Collins, beato Dominic 224, 225, 226
Colman, beato Edward 280
Complot de la Pólvora 7, 120, 228,

232, 233, 234, 237, 238, 242, 260
Compton, Henry 291
Confederación de Kikenny 258
Consejo de Irlanda 14
Consejo Privado 15, 34, 90, 94, 125, 128, 140, 146, 174, 180, 185, 188, 193, 195, 197, 204, 209, 221, 280, 281
Cook Faringdon, beato Hugh 84
Corbie, beato Ralph 266
Cottam, beato Tomás, 138, 143, 144, 145, 146, 147, 153
Courtenay, Henry, marqués de Exeter, 92, 107, 108
Coverdale, Miles, 35, 83, 101, 111
Cranmer, Tomás 35, 44, 48, 49, 50, 51, 52, 53, 55, 68, 71, 83, 86, 93, 94, 95, 99, 100, 101, 104, 106, 107, 108, 109, 111, 188
Creagh, arzobispo Richard, 127, 129, 153, 173, 174, 238, 261, 269, 270, 272, 275, 314
Creagh, Elizabeth 128, 129, 153, 173, 174, 238, 261, 269, 270, 272, 275, 314
Croft, Pauline 107, 108, 234
Crome, Edward 36
Cromwell, Oliver 44, 49, 55, 58, 63, 64, 68, 70, 72, 80, 81, 82, 84, 85, 86, 87, 89, 90, 92, 95, 264, 270, 271, 272, 276, 287
Cromwell, Tomás 44, 49, 55, 58, 63, 64, 68, 70, 72, 80, 81, 82, 84, 85, 86, 87, 89, 90, 92, 95, 264, 270, 271, 272, 276, 287
Crow, beato Alexander 174
Cui, Luis Domingo 294
Cuipa, Antonio, 293, 294, 295
Culpeper, Tomás 93
Cusack, Christopher 245
Dacre, Leonard 23, 115, 185
Dalby, beato Robert 187, 188
Daniel, Edmund S.J. 121, 276, 297
Davenport, Christopher 263
Davies, beato William 52, 53, 55, 199, 200
Davies, Michael 52, 53, 55, 199, 200
Davis, Richard 168, 180
Davy, beato John 79
Dean, beato William 182, 184
Declaración de Derechos 291
Declaración de Indulgencia (1672) 278, 290
Declaración de Indulgencia (1687) 278, 290
Deuteronomio 28, 29, 88
Devereux, Robert, conde de Essex 233
Dibdale, beato Robert 172, 173
Dicconson, beato Francis 191, 194
Dicconson, beato Roger 191, 194
Dickens, A.G. 95, 96
Dillon, Dominic, dominico 270
Dodd, Charles (seudónimo de Hug Tootell) 232, 243
Doncella de Kent (Barton) 53, 54, 88
Donegal, abadía 230, 243
Dongan, Tomás 290
Dos Rosas, guerra de las, 13, 219
Douai, Colegio benedictino de San Gregorio 113, 122, 123, 124, 125, 126, 127, 131, 132, 134, 135, 136, 137, 138, 140, 143, 145, 148, 150, 151, 153, 167, 169, 172, 179, 193, 199, 208, 215, 218, 220, 223, 232, 237, 239, 240, 241, 242, 245, 249, 250, 253, 255, 256, 258, 261, 262, 265, 266, 267, 268, 274, 275, 276, 283, 285, 286, 299
Douai, Colegio Inglés de 113, 122, 123, 124, 125, 126, 127, 131, 132, 134, 135, 136, 137, 138, 140, 143, 145, 148, 150, 151, 153, 167, 169, 172, 179, 193, 199, 208, 215, 218, 220, 223, 232, 237, 239, 240, 241, 242, 245, 249, 250, 253, 255, 256,

258, 261, 262, 265, 266, 267, 268, 274, 275, 276, 283, 285, 286, 299
Douai, Colegio Irlandés 113, 122, 123, 124, 125, 126, 127, 131, 132, 134, 135, 136, 137, 138, 140, 143, 145, 148, 150, 151, 153, 167, 169, 172, 179, 193, 199, 208, 215, 218, 220, 223, 232, 237, 239, 240, 241, 242, 245, 249, 250, 253, 255, 256, 258, 261, 262, 265, 266, 267, 268, 274, 275, 276, 283, 285, 286, 299
Douai, Colegio jesuita de Anchin 113, 122, 123, 124, 125, 126, 127, 131, 132, 134, 135, 136, 137, 138, 140, 143, 145, 148, 150, 151, 153, 167, 169, 172, 179, 193, 199, 208, 215, 218, 220, 223, 232, 237, 239, 240, 241, 242, 245, 249, 250, 253, 255, 256, 258, 261, 262, 265, 266, 267, 268, 274, 275, 276, 283, 285, 286, 299
Douglas, beato George 116, 177, 314
Douglas, James 116, 177, 314
Downside, abadía, 240, 242, 243, 261, 289, 299
Drake, Francis, 178, 239
Drury, beato Robert 128, 129, 238, 239
Drury, William 128, 129, 238, 239
Duckett, beato James 222, 223, 266
Duckett, beato John 222, 223, 266
Duckett, John (cartujo) 222, 223, 266
Dudley, Edmund, 15, 16, 103, 108, 166, 167, 180
Dudley, Guilford, 15, 16, 103, 108, 166, 167, 180
Dudley, John, er duque de Northumberland 15, 16, 103, 108, 166, 167, 180
Dudley, Robert, 15, 16, 103, 108, 166, 180
Duffy, Eamon, 25, 32, 47, 95, 96
Duke, beato Edmund 191
Dymoke, Robert 148
Eduardo IV 90
Eduardo Plantagenet 14
Edwards, beato Gerard 81, 185, 233, 234
Edwards, Francis 81, 185, 233
Elgar, Edward 100
Eliot, George (alias Judas) 136
Elton, G.R., 33, 95, 96
Empson, Richard, 15, 16
Enrique II 14
Enrique IV 107
Enrique VII 13, 14, 15, 16, 18, 19, 38, 90, 91
Enrique VIII 5, 7, 11, 13, 14, 15, 18, 20, 21, 22, 23, 24, 25, 26, 27, 28, 29, 30, 31, 32, 33, 35, 36, 38, 44, 45, 46, 47, 48, 49, 50, 51, 52, 54, 56, 57, 67, 68, 69, 70, 71, 72, 73, 74, 75, 77, 78, 79, 80, 82, 85, 86, 87, 88, 90, 91, 92, 94, 95, 98, 99, 103, 104, 107, 115, 117, 118, 140, 181, 195, 208, 219, 226, 299, 301, 302, 303, 305, 308
Enriqueta María de Francia (Borbón) 252, 254, 260, 266, 267, 272
Erasmo de Rotterdam 16, 21
Errington, beato George 214
Estuardo (familia): ver Stuart 114, 115, 164, 165, 174, 175, 177, 178, 180, 211, 231, 295, 296
Estuardo, María 114, 115, 164, 165, 174, 175, 177, 178, 180, 211, 231
Eustace, Christopher, Maurice y Tomás 33, 132, 197
Evans, san Philip S.J. 282, 283
Eynon, beato John 84
Farmer, Anthony 290
Fawkes, Guy 232, 233, 235, 237

Felipe I el Hermoso 15
Felipe II de Habsbrugo 17, 107, 108, 120, 129, 156, 168, 175, 208, 210, 211, 214, 219, 225
Felipe III 225, 245, 246, 251
Felipe VI 263
Felton, beato John 119, 181, 182
Felton, beato Tomás, 119, 181, 182
Fenn, beato James 151, 152, 153
Fenwick, beato John S.J. 282
Fergus, rey mítico de Escocia 229
Fernando el Católico 18, 19
Ferrer, Alfonso S.J. 225
Ferrier, Jean S.J. 280
Fetherston, beato Richard 89
Fewterer, John 63
Fiennes-Clinton, Edward 115
Fiennes, Gregory 115, 185
Filby, beato William 138, 139
Filcock, beato Roger S.J. 221
Finch, beato John 157, 158, 159
Fineux, John 23
Fingley, beato John 172
Fisher, san Juan 25, 31, 32, 36, 37, 41, 45, 46, 53, 54, 55, 57, 58, 67, 69, 70, 85, 191, 313, 314
FitzEustace, Jacobo, vizconde de Baltinglass 130, 150
FitzEustace, Walter 130, 150
FitzGerald, Gerald, 9.º conde de Kildare 80, 120, 121, 127, 128, 132, 167
FitzGerald, Gerald, 14.º conde de Desmond 80, 120, 121, 127, 128, 132, 167
FitzGerald, Gerald, 15.º conde de Desmond 80, 120, 121, 127, 128, 132, 167
Fitzgerald, Robert 80, 120, 121, 127, 128, 132, 167
Fitzherbert, John 179
FitzMaurice FitzGerald, Jacobo 120, 121, 128
Fitzwilliam, William 92
Flathers, beato Matthew 239, 240
Fleetwood, William 153
Fleming, Tomás 159
Flügel, J.C. 50
Ford, beato Tomás 124, 136, 137, 153, 207
Forest, beato John 64, 83
Fortescue, beato Adrian 83
Fox, Edward, 18, 20, 87
Foxe, John, 74, 109, 112, 113
Fox, Nicholas 18, 20, 87
Fox, Richard, obispo 18, 20, 87
Francisco I 21, 22, 25, 26, 31, 77
Francisco, Baltasar 6, 21, 22, 25, 26, 31, 77, 284, 293, 295, 296, 307
Freeman, beato William, 169, 210
Frink, Elisabeth 262
Frith, John, 36, 51, 94
Fultering, John 232
Fulthrop, beato Edward 215
Gage, Henry y Tomás 267, 271
Gardiner, beato German 48, 51, 77, 83, 90, 94, 106, 107
Gardiner, Esteban, obispo , 48, 51, 77, 83, 90, 94, 106, 107
Gardiner, Stephen, embajador 48, 51, 77, 83, 90, 94, 106, 107
Garlick, beato Nicholas 179
Garnet, Henry S.J. 197, 203, 208, 212, 216, 220, 221, 234, 235, 237, 238, 240, 241
Garnet, santo Tomás S.J. 197, 203, 208, 212, 216, 220, 221, 234, 235, 237, 238, 240, 241
Garret, Tomás, 38, 90
Gavan, beato John S.J. 282
Gennings, san Edmund 194, 195, 196, 209
George's Hill, patíbulo en Dublín 245
Gerard, beato Miles 173, 176, 185, 191, 208, 216, 224, 236, 237, 238
Gerard, John S.J., 173, 176, 185, 191, 208, 216, 224, 235, 236, 237,

238
Gervase, beato George, 239, 282
Gibson, beato William 214, 314
Glanville, John 218
Gloriosa, Revolución 291
Gondomar, conde de (Diego Sarmiento), 246, 258
Gonson (o Gunston), David 93
González de la Puebla, Rodrigo 17
Goodrich, Tomás 92
Good, William S.J. 134
Green, beato Hugh 40, 79, 81, 94, 159, 181, 260, 262, 272
Green, beato Tomás 40, 79, 81, 94, 159, 181, 260, 262, 272
Green, Paul D. 40, 79, 81, 94, 159, 181, 260, 262, 272
Greenwood, beato William 79
Gregorio XIII, papa 113, 122, 127, 129, 159, 243, 312
Grenville, Richard 124, 125
Grey, Jane 15, 104, 105, 106, 108
Grimston, beato Ralph 215
Grissold, beato Robert 231, 232
Grove, beato John 281
Grunter, beato William 182, 183
Guerra Civil Inglesa 256, 258
Guerra de los Concilios 256
Guerra de Sucesión Española 17, 293
Guise, Charles de 165
Guillermo el Conquistador 14
Guillermo III de Orange 290-292
Gunne, Gregory 65
Gwyn, Peter J. 23, 160, 161, 162, 163, 164, 199
Gwyn, Robert 23, 160, 161, 162, 163, 164, 199
Gwyn (White), san Ricardo 23, 160, 161, 162, 163, 164, 199
Haigh, C. 95, 96
Haile, san John, 60, 64, 65
Hales, sir Edward 290
Hall, Edward 17, 36, 193
Halley, George 261
Hambley, beato John 176, 198
Hanse, beato Everarld 131
Hardesty, beato Robert 189, 190
Hart, beato William 148, 222
Hartley, beato William 140, 186, 187
Hastings, Henry 174, 279
Hatt, Cecilia A. 31
Haydock, beato George 151, 152, 153, 154
Heath, beato Henry 74, 211, 264, 268, 287
Heath, Nicholas 74, 211, 264, 268, 287
Hemerford, beato Tomás 151, 153
Hendricks, Lawrence 63
Hepburn, Jacobo 115
Herodes Antipas 34
Herst, beato Richard 253, 254
Hewitt (Weldon), beato John 187
Higgins, beato Peter 264
Hill, beato Richard 69, 191, 245, 262, 287
Hitton, Tomás 40, 41
Hodkings, John 111
Hodgson, beato Sydney 196, 197
Hogg, beato John 191
Holbein, Hans 71
Holford, beato Tomás 180, 181
Holiday, beato Richard 191
Holinshed, Raphael 112, 113
Holland, beato Tomás S.J. 263
Holtby, Richard 134
Hooper, John 101
Hopton, Owen 141
Horne, beato William 79
Horner, beato Nicholas 183, 190
Hough, John 290, 291
Houghton, san John 60, 61, 62, 63, 64, 66, 67, 79
Houghton, W.D. 60, 61, 62, 63, 64, 66, 67, 79
Howard, Anne (esposa de san Felipe) 20, 25, 76, 90, 93, 114, 116, 134, 178, 208, 211, 212, 213, 240, 279, 286, 287

Howard, beato William, vizconde de Stafford 20, 25, 76, 90, 93, 114, 116, 134, 178, 208, 211, 212, 213, 240, 279, 286, 287
Howard, Catalina, 20, 25, 76, 90, 93, 114, 116, 134, 178, 208, 211, 212, 213, 240, 279, 286, 287
Howard, Charles, primer conde de Nottingham y almirante jefe de la Flotal 20, 25, 76, 90, 93, 114, 116, 134, 178, 208, 211, 212, 213, 240, 279, 286, 287
Howard, Edward 20, 25, 76, 90, 93, 114, 116, 134, 178, 208, 211, 212, 213, 240, 279, 286, 287
Howard, Henry, 7.º duque de Norfolk 20, 25, 76, 90, 93, 114, 116, 134, 178, 208, 211, 212, 213, 240, 279, 286, 287
Howard, Henry, 10.º conde de Surrey, hermano del 4.º duque de Norfolk 20, 25, 76, 90, 93, 114, 116, 134, 178, 208, 211, 212, 213, 240, 279, 286, 287
Howard, san Felipe, conde de Arundel, hijo del 4.º duque de Norfolk 20, 25, 76, 90, 93, 114, 116, 134, 178, 208, 211, 212, 213, 240, 279, 286, 287
Howard, Tomás, 3er duque de Norfolk, 20, 25, 76, 90, 93, 114, 116, 134, 178, 208, 211, 212, 213, 240, 279, 286, 287
Howard, Tomás, 4.º duque de Norfolk 20, 25, 76, 90, 93, 114, 116, 134, 178, 208, 211, 212, 213, 240, 279, 286, 287
Hoyle, Robert 96
Huddleston, sir Edmund 217
Hughes, John 161, 162, 163
Hugh, Robert 35, 38, 52, 73, 84, 109, 168, 182, 200, 207, 225, 245, 262
Humphreys, beato Lawrence 192
Hungerford, Walter 87, 248
Hunne, Richard 40
Hunt, beato Thurstan 217, 218, 222
Hunt (Benstead), beato Tomás 217, 218, 222
Hunt, Leonor 217, 218, 222
Hutton, Richard 158, 159
Ingleby, beato Francis, 171, 189
Ingram, beato John S.J. 204, 205, 206
Ingworth, obispo Richard 85
Inocencio XI, papa 292
Instituto de la Beata Virgen María (IVBM) 286
Ireland, beato John 94, 281
Ireland, beato William 94, 281
Ireton, Henry 272
Isabel I de Castilla (la Católica) 17-19
Isabel I Tudor 16, 36, 110, 114, 115, 121, 122, 124, 134, 156, 157, 177, 178, 213, 305
Isabel II del Reino Unido 311
Isabel II de España 291
Isabel de York 14
Ives, E. 33
Jacobo IV 16, 21, 115
Jacobo V 16, 115, 177
James, beato Roger 30, 79, 84, 116, 119, 120, 142, 151, 157, 182, 222, 223, 225, 240, 263, 264, 265, 266, 269, 272, 275, 294, 295
Jerome, William, 38, 90
Johnson, beato Robert 79, 138, 143
Johnson, beato Tomás 79, 138, 143
Jones, beato Edward 191, 216, 217
Jones, san John 191, 216, 217
Jorge IV 297
Josías, rey de Israel 252
Joyce, P.W., 80
Joye, George, 36, 40, 41
Juana de Nápoles 18
Juan de Austria 128
Julio III, papa 103
Julio II, papa, 19, 21, 87

Kearney, Elizabeth 269
Kearny, beato John 272
Kemble, san John 283, 284, 285
Kenraghty, beato Maurice 167
Kimbolton 73
Kingston, William 34, 148, 184
Kirby, san Lucas 139, 140, 141, 142, 143
Kirkby, Christopher 279
Kirk, Iglesia Presbiteriana escocesa 254
Kirkman, beato Richard 147, 148, 149, 150
Knight, beato William 214
Knox, John, 114, 177
Lacey, beato Brian 196, 197
Lacy, san William 147, 148, 149, 150
Laínez, Diego S.J. 208
Lake, Peter 120
Lambert, beato Matthew 14, 83, 130, 131
Lambert, John 14, 83, 130, 131
Lambton, beato Joseph, 198, 199, 202
Lampley, beato William 180
Langhorne, beato Richard 282
Langley, beato Richard 174
Larke, beato John 94
Laski, Jan 100
Latimer, Hugh 35, 36, 38, 39, 52, 71, 73, 82, 90, 94, 98, 108, 109, 188
Laud, William 252, 257, 266
Lawrence Johnson 143
Lawrence, Robert 60, 63
Lawrence, san Robert 51, 57, 60, 61, 62, 63, 64, 65, 69, 70, 91, 135, 143, 144, 170, 192, 193, 232, 236, 274, 287, 288, 289
Lee, Rowland 48
Leigh, beato Richard 184
León XIII, papa 100, 101, 102, 118
León X, papa 21, 22, 23, 36
Levítico 28, 29, 54, 88
Lewis, san David 283, 285
Ley contra los jesuitas, seminaristas, etc. (1584) 164
Ley de Alivio Católico (1829) 297
Ley de Establecimiento (1701) 296
Ley del Juramento de Lealtad de 1606 235
Ley de Prueba (1673), 278, 280, 297
Ley de Recusantes Papistas (1593) 199
Ley de Restricción de Apelaciones (1533) 49, 56
Ley de Supremacía (1534) 56, 58, 63, 68, 81, 110, 111, 112, 120, 162, 301, 305
Ley de Supremacía (1558) 56, 58, 63, 68, 81, 110, 111, 112, 120, 162, 301, 305
Ley de Supremacía de la Corona (1562) 112
Ley de Supresión de Monasterios Menores 72
Ley de Supresión de Monasterios Mayores (1539) 85
Ley de Tolerancia (1689) 253, 291
Ley de Tolerancia de Maryland 253
Ley de Traición (1534) 58, 126, 162
Ley de Uniformidad (1558) 110, 202, 231, 277
Ley de Uniformidad (1604) 110, 202, 231, 277
Ley de Uniformidad (1662) 110, 202, 231, 277
Ley de Unión de los Reinos 293
Leyes de Religión (1549) 99
Ley para el Asentamiento de Irlanda 273
Ley relativa a la Sucesión de la Corona (1534), 53
Libro de Oración Común (1549) 99, 101, 106, 231, 235, 254, 277
Libro de Oración Común (Cuarto, 1637) 99, 101, 106, 231, 235, 254, 277
Libro de Oración Común (Segundo, 1552), 99, 101, 106, 231, 235, 254, 277

Libro de Oración Común (Tercero, 1559), 99, 101, 106, 231, 235, 254, 277
Lindsay, sir Walter 204, 205
Line (Higham), santa Anne 170, 216, 221, 224
Lipscomb, Suzannah 30, 50, 71, 74
Lloyd (Flower), beato Richard 183, 282, 283
Lloyd, san John 183, 282, 283
Locke, John 251
Lockwood, beato John 261
Loftus, Adam 132
Lovaina 134, 139, 156, 239, 241, 247, 272, 287
Lovell, Tomás 38
Lovett, Lady 181
Lowe, beato John 172
Ludlam, beato Robert 176, 179
Luis XII de Francia 21
Luis XIII de Francia 252
Luis XIV de Francia 208, 280, 289, 291
Lutero, Martín 11, 23, 25, 31, 36, 38, 39, 46, 48, 74, 89, 90, 98, 302, 304
Lutterworth 309
Lynch, John 276
MacCaffrey, Wallace 114
MacCarthy, Conor 273
MacCready, Donough 238
Mac-Fall, Ambrose 282
Mahoney, beato Charles 283, 313
Maire, Robert y Grace 191
Malinas 14, 113
Mannox, Enrique 93
Mann, Stephanie A. 46, 47, 95, 96, 100, 103, 105, 110, 111, 113, 157, 165, 167, 178, 226, 227, 228, 229, 252, 255, 258, 276, 298
María de Módena 278, 280
María I Tudor 123
María II Estuardo 291
Marillac, Charles de 84
Marmolejo, Pedro 295
Marney, Henry 18
Marsden, beato William 171
Marshall, beato Tomás (John Beche) 85
Martin, beato Richard 100, 123, 124, 142, 184, 220
Martin, Gregory 100, 123, 124, 142, 184, 220
Maryland 251, 252, 253, 276, 277
Mason, beato John 196, 197
Maxfield, beato Tomás 248, 250
Maximiliano I 18
Maximiliano II 120
Mayer, Thomas F. 76, 77
Mayne, Cuthbert, 124, 125, 126, 135, 202, 287
Maynooth, castillo de 81
McCabe, Conall 250
Melanchton, Felipe, 38, 74
Mendoza, Bernardino 165, 243
Metham, Tomás S.J. 199
Michael Davies 52
Middlemore, Humphrey 61, 67
Middleton, beato Anthony 169, 170, 190, 191, 222
Middleton, beato Robert 169, 170, 190, 191, 222
Milner, beato Ralph 194
Moore, coronel James 294, 295
Moorhouse, Geoffrey 96
More, beato Hugh 182, 183
Morgan, William 130
Moriarty, Thaddeus 273
Moro, santo Tomás 21, 23, 24, 32, 34, 37, 38, 39, 40, 41, 42, 43, 44, 45, 46, 53, 55, 58, 60, 63, 68, 69, 70, 85, 86, 94, 127, 301, 309, 313, 314
Morris, Robert 161, 162, 163
Morrissey, Tomás 269
Morse, beato Henry 266, 267, 274
Morton, beato Robert 116, 182, 184

Moynahan, Brian, 309
Mullett, Michael A., 277
Munden, beato John, 151, 153, 155, 156, 157
Murphy, James 275, 276
Musket, George 264
Myler, beato Robert 130
Napper, beato George 241
Nelson, beato John 95, 126
Nelson, Horacio 95, 126
Neville, Charles, conde de Westmoreland 92, 114, 204
Neville, Edward 92, 114, 204
Newman, san John Henry 298
Nichols, beato George 141, 188, 189
Nichols, John 141, 188, 189
Nix, Richard, obispo 36
Nonsuch, tratado de 166
Norris, Enrique 72, 73, 130, 167
Norris, John, 72, 73, 130, 167
Norton, beato John 220
Nowak, Matthew J. 112
Nueve Años, guerra de los 207, 225, 245, 253
Nugent, Nicolás 132
Nutter, beato John, 151, 153, 154, 155, 219, 220
Nutter, beato Robert 151, 153, 154, 155, 219, 220
Oates, Titus 7, 277, 279, 280, 281, 282, 283, 284, 285, 286, 287, 288, 290
O'Brien, beato obispo Terence Albert 269, 271, 272
O'Brien, Murrough 269, 271, 272
O'Carolan, beato Brian 237
O'Connell, Daniel 272, 297
O'Cullenan, Gelasius 130
O'Daly, Teige 128
O'Day, Rosemary 95
O'Devany, beato Conor-Cornelius, obispo 243
O'Donnell, Hugh Roe (Hugh el Rojo), 207, 245
O'Donnell, Rory, conde de Tyrconnell 207, 245
O'Ferrall, Laurence y Bernard 272
Ogilvie, san John S.J. 247, 314
Oglethorpe, obispo Owen 110
O'Healy, beato obispo Patrick 128, 129
O'Hurley, beato arzobispo Demot 159
O'Lahy, John 131
Oldcorne, beato Edward S.J. 208, 237, 238
O'Loughran, beato Patrick 243, 245
O'Mahony, beato John Conor (Cornelius) 203
O'Mulkern, Eoin 130
O'Neill, Hugh, conde de Tyrone 173, 207, 245
O'Neill, Shane 173, 207, 245
O'Neylan, Donal 130
Ordinales Eduardinos 100
O'Rourke, beato Cornelius 128, 129
Osbaldeston, beato Edward 206
Osborne, Tomás 280
Osiander, Andreas 48
Ostliffe, George 159
O'Sullivan, clan 225, 273
O'Sullivan, Francis 225, 273
Oveton, Richard, dominico 270
Owen, Henry 141, 224, 234, 235, 236, 237, 238
Owen, san Nicolás S.J., 141, 224, 234, 235, 236, 237, 238
Pablo III, papa, 54, 77
Pablo V, papa, 239, 245
Pacto Nacional Escocés 254
Page, beato Anthony 198, 199, 223, 224
Palasor, beato Tomás 220
Parga, Juan 294
Parker, Matthew, 36, 111, 112, 233, 290
Parker, Samuel 36, 111, 112, 233, 290
Parker, William 36, 111, 112, 232, 290
Parr, Catalina, 94, 99
Parsons, Robert 124, 133, 134, 165,

166, 176, 178, 185, 186, 208, 218, 219, 239, 240
Patrimonio Nacional 246
Paulet, John, marqués de Winchester 271
Pavía, batalla de 26
Payne, san John 124, 135, 136
Peel, Robert 297, 298
Penington, Isaac 264
Percy, beato Tomás (hijo, séptimo conde de Northumberland) 27, 30, 73, 78, 114, 116, 242
Percy, Henry, pretendiente y juez de Ana Bolena, 27, 30, 73, 78, 114, 116, 242
Percy, Tomás (padre) 27, 30, 73, 78, 114, 116, 242
Peregrinación de Gracia 76, 77, 78, 90, 93, 95, 96, 114, 302
Pérez de Guzmán, Alonso 178
Perkins, William 113
Peyró, Ignacio 100
Philips, Tomás 40
Pibush, beato John 220
Pickering, beato Tomás 281
Pierson, beato Walter 79
Pike, beato William 198
Pilchard, beato Tomás 175, 176, 198, 262
Pío V, papa 117, 120, 122, 127
Plantagenet, Eduardo 14, 22, 75, 90, 91, 219
Plantagenet, George 14, 22, 75, 90, 91, 219
Plasden, san Polydore 196
Plessington, san John William 282
Plumtree, beato Tomás 115, 116
Plunkett, san Oliver 286, 287, 288, 289, 312, 314
Pointz, sir Nicholas 151
Pole, Henry, barón Montagu 75, 76, 77, 90, 91, 92, 94, 103, 105, 106, 109, 122, 156
Pole, Margarita (Plantagenet) 75, 76, 77, 90, 91, 92, 94, 103, 105, 106, 109, 122, 156
Pole, Reginald, -, -, , -, 75, 76, 77, 90, 91, 92, 94, 103, 105, 106, 109, 122, 156
Pole, Richard 75, 76, 77, 90, 91, 92, 94, 103, 105, 106, 109, 122, 156
Ponet, obispo John 101
Popham, John, - 152, 153, 155, 157, 209, 221, 222, 223
Pormort, beato Tomás 198
Postgate, beato Nicolás 283
Powell, beato Eduardo 89, 267
Powell, beato Philip 89, 267
Praemunire, estatuto de 23, 24, 45, 68, 95, 301, 302, 303, 305
Prescott, H.F.M. 106
Primrose, Patrick 277, 278
Pritchard, beato Humphrey 188, 189
Puckering, John 180
Pugh, Robert 199
Puller, W., 101, 102
Purcell, general Nicolás 272
Puritanos 113, 161, 227, 228, 230, 231, 252, 253, 254, 255, 258, 259, 265, 277, 291
Radclyffe, Tomás 115
Raleigh, sir Walter 197
Rawlins, beato Alexander 209, 210
Real Monasterio de la Encarnación de Madrid 246
Redyng, beato Tomás 79
Reforma inglesa 11, 12, 36, 46, 47, 95, 301, 302, 304, 313
Regnans in Excelsis, bula (1570) 117, 119, 120, 121, 122, 124, 181
Renard, Simon 107
Rescius, Antonio 66
Reynolds (Green), beato Tomás 60, 61, 258, 259, 260, 261
Reynolds, san Richard 60, 61, 258, 259, 260, 261
Ricardo II 107
Ricardo III 14, 91, 219

Richardson, beato Lawrence 138, 143, 145, 146, 147, 226
Richardson, beato William 138, 143, 144, 145, 146, 147, 226
Ridley, Nicholas 36, 100, 101, 108, 109, 188
Ridolfi, complot de, 116, 121, 211
Rigby, san John 216, 217
Rinuccini, nuncio Juan Bautista 272
Rizzio, David 114, 115
Robert Johnson 138
Roberts, san John 242, 243
Robinson, beato Christopher 186, 216
Robinson, beato John 186, 216
Roche, beato John 184
Rochester, beato John 25, 31, 32, 36, 41, 53, 54, 55, 79, 94, 191
Rochford, Robert S.J. 27, 130
Roe, san Bartolomé 207, 258, 259, 260, 261
Rohrbach, P.T., 261
Roma, Colegio Inglés de 24, 27, 31, 32, 33, 34, 35, 43, 48, 49, 51, 59, 76, 89, 109, 113, 121, 122, 125, 132, 133, 134, 136, 137, 140, 141, 142, 145, 146, 148, 151, 152, 153, 154, 156, 159, 165, 172, 173, 175, 183, 184, 185, 187, 190, 191, 195, 196, 197, 198, 201, 202, 203, 204, 208, 210, 216, 218, 219, 220, 223, 234, 237, 240, 245, 248, 261, 267, 268, 282, 283, 285, 286, 287, 312, 313, 314
Roma, Colegio jesuita (romano) 24, 27, 31, 32, 33, 34, 35, 43, 48, 49, 51, 59, 76, 89, 109, 113, 121, 122, 125, 132, 133, 134, 136, 137, 140, 141, 142, 145, 146, 148, 151, 152, 153, 154, 156, 159, 165, 172, 173, 175, 183, 184, 185, 187, 190, 191, 195, 196, 197, 198, 201, 202, 203, 204, 208, 210, 216, 218, 219, 220, 223, 234, 237, 240, 245, 248, 261, 267, 268, 282, 283, 285, 286, 287, 312, 313, 314
Roose, Richard 45, 46
Roper, William, 23, 44, 127
Rostenberg, Leona, -, 218, 219, 223
Rowsham, beato Stephen 176
Royer-Hemet, Catherine, 86
Rugg, beato John 84
Russell, almirante Edward 41, 291, 292, 298, 299, 314
Russell, John 41, 291, 292, 298, 299, 314
Russell, obispo Patrick 41, 291, 292, 298, 299, 314
Salamanca, Colegio Irlandés de 225
Salisbury MacNulty, Arthur 30
Salmon, beato Patrick 203, 262
Salt, beato Robert 79
Sanders, Nicholas 156, 157
Sandys, beato John 148, 172
Sandys, Edwin 148, 172
Saul, James, franciscano 269
Scarisbrick, J. 95
Scory, John 111
Scott, beato Maurus-William 106, 120, 193, 242, 245
Scott, beato Montford 106, 120, 193, 242, 245
Scott, Lorin 106, 120, 193, 242, 245
Scryven, beato Tomás 79
Scurlock, Robert 132
Sebastián, rey de Portugal 156, 225
Seis artículos 82, 86, 141, 146
Sergeant, beato Richard 170
Sevilla, Colegio Inglés de San Gregorio 122, 202, 210, 218, 222, 226, 260, 266, 268, 269
Sevilla, Colegio irlandés 122, 202, 210, 218, 222, 226, 260, 266, 268, 269
Seymour, Edward 73, 81, 98, 99, 103
Seymour, Juana 73, 81, 98, 99, 103

Seymour, Tomás 73, 81, 98, 99, 103
Shakespeare, William, 169, 173, 209, 211
Shaxton, Nicholas 35
Shelley, beato Edward 184
Shert, beato John 137, 138, 153
Sherwin, san Ralph S.J. 132, 134, 135, 140, 143, 211
Sherwood, beato Tomás 126, 127, 194
Sherwood, Richard 126, 127, 194
Shore, Miles F. 30
Sidney, Henry 132
Simancas 19, 225
Simnel, Lambert, 14, 15
Simpson, beato Richard 179
Singer, Samuel Weller, 44
Sixto V, papa 178
Slade, beato John 150
Smerwick 127, 129, 156
Smithfield, Cartuja de Londres 46, 51, 62, 83, 87, 176, 190, 202
Smith, Richard 123, 199, 201, 202
Smith, Roger 123, 199, 201, 202
Snow, beato Peter 215
Somers, beato Tomás 242, 243
Southerne, beato William 250
Southwell, san Robert S.J. 207, 208, 209, 212, 223, 226
Southworth, san John, 254, 274
Speed, beato John 202, 204
Spenser, beato William 189, 190
Spottiswood, John 247
Sprott, beato Tomás 218, 220
Stafford, Edward 22, 23, 180, 249, 286
Staley, William 280
Stanley, Ann, 202, 253, 262
Stanley, William 202, 253, 262
Stanney, Tomás 192, 194
Stapleton, Theobald 94, 269
Stapleton, Thomas, 94, 269
Starkey, David 13, 15, 19, 20, 21, 22, 27, 31, 32, 33, 35, 44, 50, 57, 71, 73, 79, 82, 95, 295
Stokesley, John, obispo 52
Stone, san Juan 85
Storey, beato John 120
Stransham, beato Edward, 169, 210
Stuart, Charles Edward (el joven, Bonnie, Carlos III como pretendiente) 16
Stuart, Henry 16
Stuart, Henry Benedict (Enrique IX como pretendiente, cardenal) 16
Stuart, James Francis Edward (el viejo, Jacobo III como pretendiente) 16
Stukley, sir Tomás 156
Sugar, beato John 231, 232
Sutton, beato Robert, laico 67, 132, 179, 187
Sutton, beato Robert, sacerdote 67, 132, 179, 187
Sutton, David y John 67, 132, 179, 187
Sutton, Thomas 67, 132, 179, 187
Swallowell, beato George 206
Sykes, beato Edmund, 175, 187
Symonds, Richard 14
Taafe, Peter, agustino 270
Talbot, arzobispo Peter 220, 288, 289, 290, 292
Talbot, beato John 220, 288, 289, 290, 292
Talbot, Richard, conde de Tyrconnell 220, 288, 289, 290, 292
Tanner, Joseph Robson 45, 46, 48
Taylor, beato Francis, 160, 168, 249, 250, 263
Taylor, beato Hugh 160, 168, 249, 250, 263
Terpitsas, George 282
Tetzel, Johann 46
Thomson, beato William 37, 39, 42, 43, 170
Thorne, beato John 84
Thorpe, beato Robert 192
Throckmorton, conspiración de 108, 164, 165, 211

Throckmorton, Francis (complot de) 164, 165, 211
Throckmorton, Nicolás 108
Throckmorton, William 281
Thules, beato John 248
Thwing, beato Edward 219, 220, 286
Thwing, beato Tomás 219, 220, 286
Tichborne, Nicolás (padre e hijo) 223, 240
Tichborne, venerable Tomás, 223, 240
Tirry, beato William 273
Tonge, Israel 279
Topcliffe, Richard 112, 133, 139, 190, 191, 193, 194, 195, 196, 197, 198, 204, 208, 210, 216, 236
Travers, venerable John , 81, 313
Tregian, Francis, 124, 125, 126
Treinta y Nueve Artículos 297
Trento, Concilio de 19, 25, 102, 106, 122, 125, 156, 306
Tresham, Francis 233
Trevelyan, G.M. 96
Tudor, Eduardo, Isabel y María: ver Eduardo VI, Isabel I, María I 7, 14, 16, 25, 34, 96, 103, 104, 105, 106, 107, 112, 115, 119, 123, 164, 165, 219, 226, 305
Tudor, Margarita, 7, 14, 16, 25, 34, 96, 103, 104, 105, 106, 107, 112, 115, 119, 123, 164, 165, 219, 226, 305
Tunstall, beato Tomás 36, 250
Tunstall, Cuthbert, obispo 36, 250
Turner, beato Anthony S.J. 282
Twenge, san Juan 220
Tyndale, William 36, 39, 40, 41, 42, 43, 44, 51, 75, 90
Urbano VIII, papa 202
Utrecht, tratado de 17
Valladolid, Colegio Inglés St Albans, 19, 22, 122, 200, 202, 210, 213, 214, 218, 220, 221, 225, 226, 237, 238, 240, 241, 242, 243, 244, 250, 256, 260, 263, 265, 266, 268, 273, 279, 282, 283
Valladolid, Colegio Irlandés de 19, 22, 122, 200, 202, 210, 213, 214, 218, 220, 221, 225, 226, 237, 238, 240, 241, 242, 243, 244, 250, 256, 260, 263, 265, 266, 268, 273, 279, 282, 283
Vaticano I, Concilio 306
Vaticano II, Concilio 306
Vaughan, Dominic 193
Vaux, William, 187, 208
Villaragut 30
Wadsworth, James, 263, 265
Walker, John 71, 277
Wallace, William 51, 114
Wall, san John (Joaquín de Santa Ana) 285
Walpole, san Henry S.J. 209, 210
Walsingham, Francis 155, 156, 157, 165, 188, 205, 208, 211
Walworth, beato James 79
Warblington, castillo 92
Warcop, beato Tomás 215
Ward, santa Margarita 183, 184, 255, 286
Ward, venerable María 183, 184, 255, 286
Ward (Webster), beato William 183, 184, 255, 286
Warham, William, arzobispo 20, 41, 48
Waterson, beato Edward, 198, 201, 202
Watkinson, beato Robert 192, 223
Watkinson, beato Tomás 192, 223
Watson, Richard 183, 184
Way, beato William 184
Webley, beato Henry 168, 182
Webster, san Augustine 60, 63, 255
Weir, Alison 27, 28, 29, 30, 106
Welbourne, beato Tomás 232
Wellesley, Arthur, duque de Wellington 297

Wells, san Swithun 84, 111, 194, 195, 196, 209
Wentworth, lord Thomas (conde de Strafford) 257, 264
West, Nicolás, obispo de Ely 39, 148, 232
Weston, William S.J. 208, 211
Wharton, beato Christopher 217
Whelan, Helen 125
Whitbread, beato Tomás S.J. 282
White, Elizabeth 58, 160, 167, 196, 197, 225
White, san Eustace 58, 160, 167, 196, 197, 225
White, Tomás S.J. 58, 160, 167, 196, 197, 225
White, Victor 58, 160, 167, 196, 197, 225
Whiting, beato Richard 84
Whittaker, beato Tomás 268
Wiclef 36, 40, 44, 309
Widmerpool, beato Robert 185
Wilcox, beato Robert 185
Williams, Maurice 176, 187, 251
Williamson, Tomás 158, 159
Williams, Richard 176, 187, 251
Windsor, Gerald de 25, 52, 80
Windsor, tratado de 25, 52, 80
Wingfield, Richard 38
Wintour, Tomás 233
Wisbech, castillo 193, 199, 216, 218, 219, 220, 222, 238, 248, 250
Wogan, William 132
Wolfe, David, 121, 173
Wolsey, Tomás 20, 22, 27, 29, 30, 31, 32, 33, 34, 36, 38, 39, 45, 52, 72, 73
Woodcock, beato John 268, 287
Woodfen, beato Nicholas 169
Woodhouse, beato Tomás, S.J. 121, 122
Wrenno, beato Roger 248
Wright, beato Peter 237, 271
Wriothesley, Henry 195
Wyatt, George 27, 107
Wyatt, Tomás 27, 107
Yaxley, beato Richard 188, 189
Yepes, obispo Diego de 98, 190, 200